KB097393

더불어
**읽기**

# 더불어 읽기

한현미 지음

맘에드림

# 더불어
# 읽기

**발행일**  2016년  6월 10일 초판 1쇄 발행
2016년 10월 07일 초판 2쇄 발행
**지은이**  한현미
**발행인**  방득일
**편 집**  신윤철
**디자인**  강수경
**마케팅**  김지훈

**발행처**  맘에드림
**주 소**  서울시 도봉구 노해로 379 대성빌딩 902호
**전 화**  02-2269-0425
**팩 스**  02-2269-0426
**e-mail**  nurio1@naver.com

ISBN  978-89-97206-43-8 03370

모든 양서를 읽는다는 것은

지난 몇세기 동안에 걸친 가장 훌륭한 사람들과 대화를 하는 것과 같다.


- 데카르트(René Descartes) -

# 더불어 읽기를 통한 교사의 내적 성장

지금 학교 현장은 교사에게 많은 것을 요구하고 있다. 그중 핵심은, 배움 중심 수업을 실현하는 것이다. 이를 위해 교사가 다양한 연수를 통해 새로운 수업 방법을 익혀서 배움 중심의 수업을 구현하기를 바라고 있다. 교사는 원격 연수를 듣고, 좋은 연수를 쫓아가 배우고, 수업에 열심히 펼쳐 놓는다. 교사가 이렇게 준비하고, 고생하면 수업에서 약간의 변화를 가져올 수는 있다. 아이들이 살아 있는 수업, 집중하는 수업으로 조금은 변화시킬 수 있다. 그러나 이런 외부 자극에서 출발한 연수를 통해 수업을 바꾸고, 학교를 바꾸기에는 한계가 있다.

교사의 내적 성장이 중요하다. 교사의 내적 성장이 있을 때 다양한 수업 방법도 좀 더 알차게 내 것으로 만들 수 있다. 다양하게 배운 내용을 현장에 적용하고, 아이들이 변화하는 것을 볼 때 교사는 뿌듯함을 느낀다.

아이들과 수업을 하다 보면, 예상치 못한 이야기가 나올 때가 종종 있다. 수업 시간에 "'도덕적 실천 동기'가 중요한 이유가 무엇일까?"라는 주제를 주었을 때 한 아이가 도덕적 실천 동기는 중요하지 않다고 이야기한 적이 있다. 그 이유는 사람들은 결과를 놓고 판단하고, 또 동기는 눈에 보이는 것이 아니기 때문이라는 것이다.

이 아이의 말을 들으면서 우리 어른들의 생각이 고스란히 아이들을 지배하고 있다는 생각이 들었다. 이 사회는 눈에 보이는 결과를 놓고 모든 것을 판단한다. '얼마나 큰 집에 사는가?', '얼마나 좋은 차를 타는가?', '어느 학교를 졸업했는가?', '몇 등이나 하는가?'에 온통 정신이 팔려 있다. 한 사람의 내면을 바라보면서 그윽하게 음미할 여유도, 능력도 없다.

삶을 살아갈 때 뿌듯함을 느끼고, 친밀함을 느끼고, 존중하는 마음이 우러나올 수 있는 것은 그 사람의 내면을 볼 때이다. 자기 내면의 힘을 길러야 다른 사람의 내면도 들여다볼 수 있다. 나아가서 이 사회의 내면도 들여다볼 수 있게 된다. 어떤 사회현상을 보고, '원인은 무엇인가?'에 대한 의문을 던지는 힘이 중요하다. 단순히 보이는 것으로 세상을 판단하는 것이 아닌, 언론에서 의도적으로 되뇌는 문제로 세상을 보는 것이 아닌, 자신의 주체적인 생각을 갖고 세상을 봐야 한다. 세상을 통합적으로 볼 수 있는 내면의 힘을 기르는 가장 좋은 방법은 무엇일까? 그것은 책 읽기다. 단순히 책을 읽는 것이 아니라, 책을 왜 읽는지, 어떻게 읽는지, 또 읽은 것을 다른 사람과 어떻게 나누는지에 대해 깨달을 때 참다운 책 읽기가 가능하다. 이 책을 통해 참다운 독서 방법을 깨닫기를 소망한다.

책을 혼자만 읽다 보면 한계에 부딪힌다. 다른 사람과 더불어 읽는 것이 중요하다. 함께 읽기는 생각보다 힘이 세다. '멀리 가려면 함께 가라.'는 말이 있다. 함께 갈 때 끝까지 갈 수 있다. 서로서로 버팀목이 되어주는 것이다. 속이 텅 빈 대나무가 쓰러지지 않고, 몇십 미터까지 자랄 수 있는 것은 중간중간에 마디가 있기 때문이다. 함께 읽는다는 것은 이 대나무의 마디에 해당한다. 곁에 있는 사람들이 서로 자랄 수 있도록 지지해 주는 역할을 해 준다. 꾸준히 함께 하다 보면 서로 의지하며, 내면이 조금씩 성장하는 것을 느낄 수 있다. 교사의 성장은 자연스럽게 학생의 성장으로 이어지고, 이것은 학교의 성장과 변화로 이어진다. 이 책을 통하여 성장과 변화를 이끌어 내길 간절히 열망한다.

인간에게 가장 즐거운 일은 성장하는 것이다. 함께 읽기를 통해 의식의 한계를 깨고, 성장할 수 있다. 더불어 읽어 보자. 성장의 결과로 예상치 못한 뿌듯한 나날들이 펼쳐질 것이다.

2016년 5월

한현미

차례

## 1장

교사라는 이름으로

# 교사라서 행복한가?

그날은 콧물까지 얼어붙어 킁킁거려야 했다. 귓불도 시리다 못해 아파 왔다. 가느다란 목은 목도리로 칭칭 감았지만 차가운 바람이 목을 타고 내려와 내 가슴속으로 깊이 파고 들어왔다. 아무도 없는 어둑한 새벽, 큰길가에서 나는 택시를 잡아탔다. 긴장으로 얼어붙은 마음을 달래며 '교원 임용시험' 장소로 향했다. 시험을 보는 데 문제가 보이지 않았다. 보고 또 봐도 문제는 보이지 않고, 시간은 그냥 흘러갔다. 5분밖에 남지 않았는데 못 푼 시험지는 여러 장이었고, 컴퓨터용 사인펜은 잘 나오지 않았다. 신음 소리와 함께 눈물이 흘렀다.

"아~ 아~ 흑, 흑, 흑."

잠에서 깨었다. 꿈이었다. 꿈이라서 참 다행이었다. 나는 교사 임용시험에 합격하여 발령을 받은 후에도 몇 년간 똑같은 꿈에 시달렸다. 꿈속에서 '분명히 발령을 받고, 담임까지 맡고 있는데 내가 왜 임용시험을 보고 있는 거지?'라는 생각을 하면서 시험을 보기도 했다. 임용시험을 두 번 떨어진 나! 간절한 소망과 탈락 사이에서 느꼈던 스트레스가 생각보다 컸나 보다. 몇 년을 두고 똑같은 꿈이 나를 괴롭혔으니 말이다.

계룡산 연천봉 아래 깊은 산골에서 태어난 내가 접한 사람들은 농부와 교사가 전부였다. 세상에 직업은 농부와 교사 외에는 없는 줄 알았다. 산골 마을 농부로 평생을 살아오신 부모님의 삶은 어린 내 눈에도 너무 힘들어 보였다. 선생님의 삶으로 눈을 돌렸다. 선생님이 되고 싶었다. 이상과 꿈을 안고 교단에 섰다. 교사가 되었을 때의 설렘! 온 세상이 내 것처럼 느껴졌다. 학교로 들어와서 나의 이상과 꿈이 진짜 이상일 뿐이고, 진짜 꿈일 뿐이라는 것을 알았다.

학교에서 사용하는 용어도 이해할 수 없었다. '역점 사업, 특색 사업, 실적 보고'라는 단어들을 보며 '학교가 기업인가? 교육은 백년지대계라고 했는데 단 1년을 가르치고 아이들을 통해 실적을 알아낼 수 있다는 것인가?' 하고 의문을 품기도 했다. 그래도 교사들은 화려하게 실적을 보고한다. 누가 봐도 뻔한, 화려하고 또 화려한 실적 보고서를 위해 밤을 새운다. 수업에 신경 쓸 시간은 없다. 꼭 저렇게 해야 하는가? 하지 않아도 되는 것에 힘을 쓸 필요가 있는가? 내면이 중요하지 않은가? 보이는 것에 신경을 쓰면서 시간을 낭비할 필요가 있는가? 이런 의문은 계속 들었다.

누군가는 그래도 보이는 것이 중요하다고 말한다. 눈에 보이는 것만을 보고 평가를 당하며, 평가의 결과는 교사의 마음에 고스란히 상처로 다가온다. 교사들을 평가하기 위한 공개수업이 해마다 두 차례씩 의무적으로 열린다. 수업이 왜 평가의 대상이어야 하는가? 공개수업을 통해 교사가 서로 보고 배우며 성장할 수는 없는가? 교사의 공개수업을 볼 때 체크리스트가 있다. 교사의 수업을 보고 매우 우수, 우수, 보통, 미흡, 매우 미흡 5단계로 점수를 준다. 그리고 총점을 내서 쓰게 되어 있다. 이것은 교사의 사기를 떨어뜨리는 행동이다. 그 자체만으로 교사는 상처를 받는다.

교사의 자존감을 살려 줄 수는 없는가? 학교 여기저기에 교사의 자존감을 짓밟는 환경이 너무나 많다. 이런 환경 속에서 교사들은 서로 철저히 무관심하다. 사회 시스템이 서로 무관심하도록 만들어 놓았다. 서로 관심을 가질 만한 시간이 없다. 수업과 생활지도로 벅차고, 많은 잡무는 교사 서로 간의 관계를 끊어 놓았다. 잡무 이전에 컴퓨터가 교사들을 갈라놓았다. 1990년대까지만 해도 우리 학교는 교무실 한가운데 난로가 있었다. 난로 주변에서 교사들은 소통을 할 수 있었다. 그때는 교무실 한쪽에 컴퓨터가 두세 대 정도 자리 잡고 있었다. 교사들끼리 서로 학생들에 대해 이야기하고, 삶에 대해 논할 수 있는 여건이 되었다. 이런저런 이야기 속에서 서로 공감대도 형성하고, 함께한다는 생각도 가졌다. 서로의 고민도 알게 되고, 그 고민을 들어주면서 속상함을 다독여 주기도 하였다.

지금은 모든 교사가 노트북을 가지고 있다. 쉬는 시간에도 노트북을 보면서 업무와 씨름을 한다. 아이들 역시 서로 같은 공간에 있을 때도 항상 스마트폰을 들여다본다. 서로 얼굴을 보며 진지하게 얘기를 나누는 시간은 드물다. 함께 있으면서도 카카오톡(카톡)이나 문자로 대화를 나눈다. 이런 모습을 보며, 교사들은 아이들이 대화로 소통하지 않는 것에 대해 걱정을 한다. 그러나 지금 아이들 풍경은 교무실 풍경과 닮은꼴이다. 교사들도 저마다 컴퓨터 앞 모니터만 뚫어지게 쳐다보며 일을 한다. 교사들 간의 상호작용은 사라진 지 오래다.

교사의 마음은 외롭고, 허전하다. 이 삭막한 교무실, 업무의 화수분인 컴퓨터에서 벗어나고 싶다. 그러나 학교 어디에도 교사의 이 같은 마음을 달래 줄 문화는 존재하지 않는다. 마치 감정 없는 기계처럼 교실, 교무실, 집을 왔다 갔다 한다. 삶의 본질에서 벗어나도 한참 벗어났다. 아이들을 외줄 위에 위태하게 줄 세우더니, 이제는 교사들도 외줄 위에 위태롭게 서 있다. 언제 떨어질지 모른다. 편안하고, 안전한 학교생활을 할 수는 없을까? 잠자는 시간을 빼면 학교에 있는 시간이 더 많다. 그 시간을 행복하게 보내고 싶다.

학교라는 공간이 아이도 교사도 그냥 뛰쳐나가고 싶은 공간이 되었다. 교사는 출장도 많다. 출장을 위해 많은 교체 수업을 한다. 교체 수업을 하면 수업이 많아져서 힘들지만 남들이 다 학교에 있을 때 학교를 빠져나가는 기분은 왠지 감옥에서 탈출하는 것 같다. 묘한 스릴을 느끼기까지 한다. 학생이 학교에 느끼는 마음 역시 교사와 같을 것이다.

학생들은 왜 학교생활이 편안하지 않을까? 경쟁과 효율이라는 논리가 학교 현장에 들어서면서 교사는 학생들의 경쟁을 어쩔 수 없는 것으로 여기고, 효율적이지 않은 교육과정은 뒷자리로 밀어냈다. 아이들은 남과의 경쟁에서 이겨야 살아남는다는 것을 어렸을 때부터 교육받는다. 경쟁만이 살길이라고 여기게 된다. 경쟁하느라 지쳐 인간의 삶과 사회의 중요한 문제에 관심을 갖고 고민할 여유가 없다. 그러나 비인간적인 경쟁으로 행복한 사회가 만들어질 수는 없으며, 패자뿐 아니라 승자라도 진정 행복할 수는 없다. 정말 행복한 사람은 관계에서 서로 협력하고, 관계에서 즐거운 사람이다.

퇴직한 노인들 가운데 진정한 행복을 느끼는 사람은 경제적으로 부유한 사람도 아니요, 지위가 높은 사람도 아니라고 한다. 인간관계에 성공하여 좋은 사람이 곁에 있는 노인이 진정한 행복을 느낀다고 한다. 지금의 아이들이 사회에서 행복하기 위에서는 함께 더불어 협력하면서 살아가는 방법을 배워야 한다. 아이들에게 함께하는 방법을 가르치기 전에 교사가 함께 행복하게 생활하는 모습을 보여 줘야 한다. 아이들은 교사의 삶을 보면서 배운다. 단순히 교사가 수업 시간에 가르치는 지식 이상의 것을 아이들은 보고, 느끼고, 배운다.

교사는 관계 맺음의 지혜로 아이들에게 더불어 협력하는 방법을 가르칠 필요가 있다. 그러기 위해서는 교사가 먼저 함께 배우고 성장해야 한다. 아이들은 함께 성장하는 교사의 모습을 보고 은연중에 많은 것을 배울 것이다. 교사 또한 스스로 변화하고 성장해야 행복할 수 있다. 성장의 가장 좋은 방법은 함께 배우는 것이다.

함께 배우는 학습공동체는 교사를 성장으로 이끈다. 함께 모여서 학습하기 가장 좋은 방법은 독서 토론이다. 사색하고, 토론하고, 적용하고, 성찰한 것을 함께 나누는 것이다. 오랜 관행과 격무를 통해 형성된 습관과 의식이 연수에 몇 번 참여하거나 주변의 충고로 변화하기는 힘들다.

사람을 변화시킬 수 있는 방법은 딱 한 가지, 독서뿐이다. 그러나 혼자 책을 아무리 많이 읽는다고 해도 쉽게 변화하기는 어렵다. 자신의 생각의 틀에 갇혀 있기 때문이다. 같은 책을 함께 읽고, 다른 생각을 이야기하고, 공감하며 듣기가 이루어질 때 조금씩 프레임에 갇힌 자신의 생각이 열리기 시작한다. 조금씩 성장하는 것이다. 함께 배우고 성장하는 자신과 동료의 모습을 지켜볼 때 뿌듯함을 느낄 수 있다.

교사라서 행복한가? 교실에서 아이들의 눈빛과 마주칠 때, 아이들의 환한 웃음과 마주칠 때, 동료 교사의 진심과 마주칠 때 난 교사라서 행복하다.


## 교사의 자기다움은 무엇인가?

교사가 되고 몇 년 동안은 흔들림의 연속이었다. 혼란스러운 교실 질서를 바로잡기 위해 옆 반 선생님은 어떻게 하는지 슬쩍슬쩍 엿보기도 했다. 학기 초에 아이들을 잘 잡아야 1년이 편하다는 선배 교사의 말에 억지로 얼굴을 굳히고 교실에 들어가, 엄숙한 분위기를 잡아 보기도 했다. 그러나 사람의 성향은 억지로 꾸민다고 되는 것이 아니다. 학기 초에 학생이 교사를 파악하는 데 단 14초면 가능하다는 이야기도 있다. 나는 아이들을 매우 좋아한다. 아이들을 보기만 해도 미소가 저절로 나온다. 그런데 억지로 화난 표정을 하고 교실에 들어가려니 나 스스로가 더욱더 힘들었다. 그것을 눈치 못 챌 아이들이 아니다. 내 엄한 척한 표정은, 아이의 농담 한마디에 와르르 무너지고 말았다.

어떻게 하면 아이들과 경계를 세울 수 있을까? 나는 천천히 아이들을 기다려 주기로 했다. 행동을 천천히 하는 아이가 있고, 빨리 하는 아이가 있다. 항상 바른 행동을 하는 아이도 있고, 잘못된 행동을 되풀이하는 아이도 있다. 잘못된 행동을 한 아이를 한 번 타일렀다고 해서 그 행동이 금방 바뀌는 것은 아니다. 10여 년 동안 형성된 아이의 생활습관을 하루아침에 변화시키기는 힘들다. 조급해하지 말아야겠다는 생각을 했다. 구름이 모여야 비가 되고, 비가 내려야 냇물이 흐르듯이 차분히 기다려 주자. 그래도 일사분란하게 행동하는 옆 반을 보면 마음이 불안하고, 내가 하는 방법들에 대한 신념이 없어 마구 흔들렸다.

나 자신을 돌아보았다. 나다운 것은 무엇인가? 아이들이 똑같은 교사 밑에서 똑같은 방법으로 가르침을 받는다면 결과는 어떻게 될까? 생각만 해도 끔찍하다. 아이들 생각의 다양성이 중요한 만큼 교사의 다양성도 중요하다. 여기저기 기웃거릴 것이 아니라 자기다움을 가져보자. 나만의 색깔로 아이들과 관계 맺음을 해보자는 생각이 들었다. 욕심내지 않고, 다른 교사를 의식하지 않고, 처음 교단에 선 그 느낌 그대로 꾸준히 오직 자신에게 집중해야겠다는 생각이 들었다.

일본 장기의 명인 하부 요시하루는 1990년 열아홉 살 때 일본 프로 장기 대회에서 첫 우승을 차지했고, 스물다섯 살에 이미 7관왕을 달성했다. 세상의 부러움과 관심을 듬뿍 받으며 7관왕에 오른 하부 요시하루 역시 고민과, 갈등, 좌절의 시간이 있었다.

하나하나 타이틀을 빼앗기기 시작했던 것이다. 그럴 때마다 하부 요시하루는 자신의 타이틀을 지키기 위해 온갖 힘을 쏟았다. 급기야는 단 하나의 타이틀만 남았다. 그러던 어느 날, 60세의 베테랑 기사와 신인 기사가 장기를 두는 모습을 보았다. 신인 기사와 장기를 둠에도 겸허한 마음으로 어느 것에도 연연하지 않고 주변의 눈치를 보지 않으며 의연히 장기를 두는 60세 베테랑 기사의 모습에서 깨달음을 얻었다.

이기기 위한 장기가 아니라, 타이틀을 지켜 내기 위한 장기가 아니라, 내면의 힘에서 우러나오는 장기를 두어야겠다는 다짐을 하게 된다. 그 후부터 하부 요시하루는 차분하게 내면에서 흐르는 자신의 기운을 바탕으로, 겸허한 마음으로 집중하며 승리를 하나하나 거머쥘 수 있었다. 교사의 삶도 마찬가지이다. 교사가 내면의 힘에 집중하지 않고, 남에게 보이는 것에 더 집중한다면 흔들릴 수밖에 없고, 진정한 성장으로 이어질 수 없다. 그러는 교사 자신도 참다운 행복을 느낄 수 없다.

삶에 정답은 없다. 중요한 것은 자신의 내면이 자연스럽게 우러나올 수 있도록 힘을 기울이는 자세이다. 여기저기 기웃거리며 조바심할 필요도 없다. 꾸준히 내면을 채우다 보면 어느덧 차고 넘치게 된다. 자신의 색깔로 아이들 앞에서 당당하고, 차분하게,

그리고 행복하게 생활할 수 있는 것이다. 내면의 힘이 강한 사람일수록 겸허하다. 또 겸허한 사람일수록 내면의 힘이 강하다. 자신을 드러내기 위해 온갖 노력을 하는 사람일수록 내면이 허전해서 그런 것이다. 그러나 어떤 조직이든지 그런 사람은 꼭 있기 마련이다. 그런 사람까지 끌어안고 갈 수 있는 넓고, 깊은 내면의 힘이 필요하다.

　겸손한 마음으로 나다움을 갖기 위해 꾸준히, 천천히 나아가자. 아이들에게 말 한마디 건넬 때도 마음을 담아 보자. 같은 말이라도 상대의 마음을 움직이게 하기도 하고, 상대의 마음을 움츠리게 하기도 한다. 그것은 말에 담긴 마음의 깊이가 다르기 때문이다. 행동도 이와 똑같다. 깊은 마음이 스며 있지 않은 행동으로 아이의 마음을 움직일 수 없다. 아이의 행동을 변화시키지도 못한다. 따뜻한 마음이 중요하다. 차분히 아이들을 존중과 사랑의 눈빛으로 바라보자. 수업도 아이의 개성을 생각하며, 존중의 마음을 바탕에 깔고 진행해 보자. 엄한 모습, 목청 높이는 모습은 필요 없게 되고, 신뢰를 바탕으로 교사와 학생 간 경계가 저절로 형성된다.

　교실 속 한 명 한 명에게 존중의 마음을 실어 보자. 우리는 얼마나 아이들을 존중하면서 수업을 진행하는가? 교실 속 교사는 작은 왕궁의 제왕처럼 군림하지 않았는가? 한 사람 한 사람의 생각과 다양성이 보장되는 교실 문화를 만들어 보자. 다양한 생각과 다양한 표현들이 존중되는 교실이 되어야 한다. 교실에서 아이들의 다양한 생각과 표현은 얼마나 존중받을까? 교사가 먼저 아이 한 명 한 명을 존중의 마음과 존중의 눈길로 대해 보자. 교사의 마음이 아이들에게 그대로 전해져서 서로 존중하는 마음으로 나타난다. 아이, 그 자체는 참으로 소중하고 귀한 존재이다.

중학교 1학년 교실은 활기가 있다. 활기가 있는 만큼 나와 다른 생각에 대한 비난의 소리도 거리낌 없이 툭툭 튀어나온다. 어느 날, 도덕적 실천 동기가 왜 중요한지에 대해 이야기를 나누고 있었다. 저 뒤쪽에 앉아 있던 동진이가 퉁명스럽게 한마디 던진다.

"선생님! 도덕적 실천 동기는 중요하지 않아요."

순간, 아이들은 소리 나는 쪽으로 고개를 돌리지도 않고 못마땅하다는 듯이 툭툭 한마디씩 던진다.

"뭐야?", "어휴~", "쟤 또 저래."

동진이가 내뱉은 한마디는, 도덕적 실천 동기는 당연히 중요하다고 생각하고, 왜 중요한지를 생각하고 있는 아이들에게는 걸림돌처럼 짜증스럽게 날아온 것이다. 이때 교사가 동진이의 의견을 못 들은 척하거나 조용히 할 것을 권한다면, 아이들은 자신들과 조금이라도 다른 의견이 나오면 무조건 짜증부터 낼 것이다. 다른 의견에 동요하지 않고, 담담하게 받아들이면서 자신의 이야기를 차분히 펼칠 수 있는 것, 이것이 배려이고 존중이다.

"얘들아. 동진이가 도덕적 실천 동기는 중요하지 않다고 했는데 왜 그런지 이야기를 들어 보자."

"네~"

"동진아! 도덕적 실천 동기가 왜 중요하지 않을까?"

"다른 사람의 실천 동기는 보이지 않잖아요. 사람은 결과만 보고 판단하잖아요."

동진이도 자신만의 생각이 있는 것이다. 아이들에게 동진이의 생각을 되돌렸다.

"동진이가 도덕적 실천 동기는 중요하지 않다고 이야기했는데, 이것에 대해 자신의 생각을 이야기해 볼 사람?"

"그래도 착한 마음을 가지고 행동을 하면 마음이 뿌듯하잖아요. 그래서 도덕적 실천 동기는 중요합니다." 한 여학생이 또랑또랑한 목소리로 자신의 생각을 표현했다.

동진이는 여전히 생각이 바뀌지 않은 듯 뽀얀 얼굴을 약간 찡그리며 말한다. "그래도 다른 사람의 도덕적 실천 동기는 알 수 없어서 필요 없다고 생각합니다."

"좋은 마음을 가지고 행동을 하면 자존감도 높아집니다. 그래서 도덕적 실천 동기는 중요합니다." 여학생의 말소리가 한마디 한마디 청아한 종소리가 되어서 교실을 파고들었다.

그렇게 이야기가 오가고 도덕 수업을 끝내면서 나는 한마디를 덧붙였다.

"얘들아, 우리는 동진이 덕분에 좀 더 깊이 있는 도덕 수업을 하게 되었다. 동진이가 참 고맙지?"

"네~"

아이들이 대답과 함께 박수를 친다. 아주 예쁘고, 예쁜 우리 아이들이다.

아이들은 존중하고 사랑하는 만큼 내 품안으로 들어왔다. 경계를 세운다고 소리를 지르고, 엄하게 할수록 아이들은 달아나고, 달아나는 아이들을 볼 때 나의 자존감은 바닥을 쳤다. 아이들을 억지로 이끌 수는 없다. 마음이 통해야 한다. 교사의 자존감을 살리려고 윽박지를수록 아이의 자존감은 곤두박질친다. 아이를 존중하면 아이의 자존감이 살아나고, 서로 소통하게 되며, 이때 교사의 자존감도 높아지는 것이다. 교사의 자존감이 높아야 자신의 색깔로 자신만의 수업을 행복하게 진행할 수 있다.

교사가 먼저 다양한 의견에 귀 기울이고, 다양한 소리에 온 촉각을 집중하여 존중해야 한다. 교사의 몸짓을 보며 은연중에 아이들은 배우게 되는 것이다. 교실에서 아이들 한 명 한 명에 대한 존중의 기운이 맴돌 때 교실은 편안해지며, 아이들은 자유롭게 생각의 나래를 펼치고, 무한하게 생각의 폭을 넓힐 수 있다. 아이들이 존중받지 못하고, 교사의 경계가 아이들 머리 위를 휘감아 돌 때 아이들의 생각은 고정되고, 틀에 갇혀 조금도 앞으로 나아가지 못한다. 교사는 교실 속에서 아이 한 명 한 명이 주체적으로 설 수 있도록 지지하고, 존중하고, 응원해 주어야 한다.

대지에 뿌리를 깊게 내린 나무는 바람에 흔들리기는 하지만 항상 그 자리에서 의연하게 자리를 잡고 있다. 아이에 대한 '사랑과 존중'에 뿌리를 내림으로써 외부의 어떤 상황에도 흔들리지 않는 것은 교사 내면의 힘이다. 교사 내면의 힘, 이것이 자기다움이다. 법정 스님은 《살아 있는 것은 다 행복하라》에서 자기 자신답게 살라는 것을 강조하였다.

> 지금 이 자리에서 최선을 다해
> 최대한으로 살 수 있다면
> 여기에는 삶과 죽음의 두려움도 발붙일 수 없다.
> 저마다 서 있는 자리에서 자기 자신답게 살라.[1]

## 아이들을 잘 가르치기 위해서는 사유가 필요하다

아이들에게 필요한 것은 교사의 지식이 아니라 교사의 영혼이다. 세상은 항상 변한다. 하루가 다르게 지식과 정보가 쏟아져 나온다. 지금 디지털 시대에는 정보의 양이 얼마나 되는지 가늠하기조차 힘들다.

아이들에게 창의적이고, 융합적인 능력을 길러 주기 위해서는 끊임없는 교사의 고민과 생각이 있어야 한다. 자신의 생각이 자신의 운명을 결정한다. 아름다운 생각은 아름다운 행동을 만들고, 아름다운 행동은 상황을 따뜻하게 만든다. 맑은 바람과 따뜻한 햇살이 들어오는 공간이 위생적이고 쾌적하듯이, 평화로운 생각을 가진 교사 아래서 자란 아이들이 안정적이고, 진정한 평화를 체득하며 행복한 삶을 꾸려 나갈 수 있다.

---

1. 법정 지음, 류시화 엮음, 《살아 있는 것은 다 행복하라》, 조화로운삶, 2006, 23쪽

날마다 평화로운 생각으로 가득 찬 교사의 기운은 따뜻함이 넘쳐흐른다. 아이들도 그런 편안한 기운 아래서 다양한 생각을 하고, 그 생각을 자유롭게 표현할 수 있다. 학급 활동을 하고 1년이 지난 후 그 반 아이들의 분위기를 보면 놀랍게도 담임교사의 분위기를 그대로 닮아 있다. 교사는 이렇게 무서운 존재이다. 1년 동안 아이들과 어떤 마음으로, 어떤 말을 하고, 어떤 행동을 했는가가 아이들의 생활에 고스란히 배어드는 것이다.

　그러므로 교사의 생각의 힘, 사유의 힘은 중요하다. 교사는 주변 상황에 휘둘리지 않고, 항상 고요한 마음을 유지할 수 있는, 자기 절제가 가능해야 한다. 자기 절제는 오랫동안 참고 노력해야 가능하다. 마음이 평온하다는 것은 그만큼 삶의 방법이 축적된 결과이고, 자신만의 생각의 법칙과 행동의 방법을 가지고 있는 것이다. 지금 드러난 인생은 우리가 여태껏 생각해 온 것이 쌓인 결과물이다. 어떤 생각을 가지고, 어떤 삶을 살아야 하는가? 어떤 생각을 가지고 아이들을 대해야 하는가? 교사가 아이들을 대하기 위한 기본적인 생각 네 가지를 정리해 보았다.

　첫째, 아이들을 교사의 기준, 교사의 잣대로 판단하지 말아야 한다. 학기 초가 되면 이전 담임교사를 찾아가 아이에 대한 정보를 얻고, 그 정보를 바탕으로 아이를 미리 판단하기도 한다. 아이에 대한 정보는 그냥 정보로 두자. 좋은 점이 없는 아이는 없다. 미리 선입견을 가지고 판단해 버리면 성장 가능성이 보이지 않는다. 아이를 그 자체로서 인정해 주자. '이 아이는 이런 아이다'라고 판단하는 것은 일종의 죄악이다. 아이는 무한한 가능성을 가진 존재라는 것을 잊지 말자. 교사가 하나의 틀을 가지고 아이를 규정해 버리면 아이는 거기까지밖에 클 수 없다. 교사의 섣부른 판단은 무한정 앞으로 뻗어 갈 수 있는 아이의 싹을 자르는 행동과 같다.

둘째, 처음의 그 설렘을 잊지 말아야 한다. 대한민국에서 교사가 되는 길은 멀고, 험난하다. 난 어렸을 때부터 교사가 되고 싶었다. 중학교 때까지 맨 앞줄에 앉았던 나는 '키가 작아서 판서하기 힘들면 어쩌나' 하는 고민으로 쉬는 시간에 팔을 위로 쭉 뻗어서 판서를 해 보곤 했다. 키가 작다고 교사노릇이 어려운 것도 아닌데, 어린 나이에 까치발까지 서 가면서 판서를 연습하는 모습을 생각하면 웃음이 나온다. 그러나 그만큼 교사에 대한 꿈은 강렬했다. 그냥 아이들이 좋았고, 무엇을 남에게 알려 줄 수 있다는 것이 좋았다. 거의 대부분의 교사가 그냥 그 좋은 생각, 긍정의 생각을 가지고 처음 교단에 섰을 것이다. 춥디추운 1996년 3월 첫날, 운동장에 아이들을 모아 놓고 단상에 서서 인사했던 생각이 난다.

"옷깃만 스쳐도 인연이라고 하는데, 지구촌 수십억의 인구 중에 대한민국, 그중에서 충청남도 천안, 그리고 동성중학교에서 여러분을 만난 것은 엄청난 인연이라고 생각합니다. 여러분을 사랑하며 열심히 생활하겠습니다."

대략 이런 내용으로 추위에 달달 떨면서 인사말을 했던 기억이 난다. 아이들과의 만남, 관계 그것이 바로 인연이다. 이 인연의 설렘으로 처음을 맞이했다. 그 설렘을 잊지 말고, 아이들을 사랑하면서 하루하루를 살아야 한다. 우리에게 깊은 슬픔과 함께 이 사회에 대한 책임을 안겨 주고 떠난 신영복의 시 〈처음처럼〉이 잔잔하게 마음을 울린다.

처음처럼

신영복

처음으로 하늘을 만나는 어린 새처럼
처음으로 땅을 밟는 새싹처럼
우리는 하루가 저무는 저녁에도 마치
아침처럼
새봄처럼
처음처럼
언제나 새 날을 시작하고 있습니다.
산다는 것은 수많은 처음을 만들어 가는 끊임없는 시작입니다.[2]

셋째, 지나치게 통제하지 말고 내려놓아야 한다. 학교생활에서 교사와 학생은 어느 정도의 경계를 세워야 하는가? 교사와 학생은 친구 관계가 아니다. 친밀한 관계를 유지하는 것은 좋지만 그것을 빌미로 경계가 와르르 무너지면 교실의 분위기는 방임의 형

---

2. 신영복, 《처음처럼》, 돌베개, 2016, 21쪽

태가 된다. 이때 경계의 필요성을 느끼고 새롭게 경계를 세우려고 하지만, 이미 무너진 경계를 회복하기는 어렵다. 그렇다고 해서 "3월에 아이들을 잘 잡아야 해. 좀 더 엄격하게 해서 분위기를 제압하면 1년이 참 편해."라는 말에 현혹되어서는 안 된다. 아이들은 잡아야 할 대상이 아니다. 존중받아야 할 독립된 인격체이다. 경계를 위해 아이들을 지나치게 억압하고 강제해서는 안 된다. 그 속에서는 가르치기 위한 통제는 있지만 배우기 위한 존중은 없는 것이다. 통제의 강도를 낮추고 관계의 신뢰도를 높여야 한다. 수업에서 중요한 것은 교사의 '효율적인 통제'가 아닌 학생들의 '살아 있는 눈빛'이다.

교사는 아이들을 자립심과 책임감을 가진 능력 있는 사람으로 자랄 수 있게 할 수도 있고, 인격을 무시하고 통제하여 수동적이고 타율적이고 무책임한 사람으로 자라게 할 수도 있다. 억지로 아이들을 이끌 수는 없다. 지나친 통제는 아이들을 일시적으로 끌어들일 수는 있지만, 이때 아이들의 창의적인 사고는 정지된다. 통제가 강한 교사 밑에서 배우는 아이들은 수동적으로 변하며, 서로 간의 협력보다는 눈치를 보면서 서로의 잘못을 찾아내기 위해 힘쓴다. 그런 아이들이 자라서 이 사회를 이끈다면 이 사회가 행복할 수 있겠는가?

학교생활에서 자발성을 통해 스스로 생각하고, 스스로 행동하고, 그 행동에 대한 책임은 스스로 지는 방법을 길러 줘야 한다. 그러기 위해서 교사는 강한 통제에서 벗어나야 하며, 아이들을 억지로 이끌어야겠다는 마음을 내려놓아야 한다. 아이들은 스스로 할 기회를 주면 생각보다 훨씬 잘 해낸다. 교사는 최소한의 방향만 제시하고, 학생이 가능하면 알아서 할 수 있는 경험의 기회를 많이 줘야 한다. 수업이든 학급 활동이든 다 마찬가지다. 아이들에 대한 통제를 낮춰 교실을 즐거운 공간으로 만들어 보자. 공부 못지않게 즐거운 마음으로 생활하는 것도 아이들에게는 중요하다.

넷째, 믿음을 가지고 기다려 주어야 한다. 관계에서 믿음은 중요하다. 서로 믿는 관계일수록 모든 일이 신속하게 처리된다. 믿지 못할 때는 각종 계약서를 쓰고 곳곳에 도장을 찍고, 심지어는 간인까지 꾹꾹 눌러 찍는다. 믿는 관계에는 서류가 필요 없다. 눈빛 하나로도 정확하게, 내 마음에 쏙 들게 일이 진행된다.

아이들과의 관계도 마찬가지다. 믿고 기다려 주면 아이는 느리지만 꾸준히 따라온다. 아이를 총체적으로 보면 이해할 수 있게 되고, 신뢰가 쌓이며, 기다려 줄 수 있는 여유가 생긴다. 아이가 지각을 자주 할 경우, 그 행동만 볼 때는 화가 은근히 치밀어 오른다. 하지만 그 아이가 집안일을 해야 하고, 동생도 돌봐야 하는 상황이라는 것을 파악하고 있으면 저절로 이해되고 수용하게 된다.

김창옥의 《유쾌한 소통의 법칙》을 보면 전철에서의 아이와 아빠 이야기가 나온다. 다섯 살 정도 남자아이가 아빠와 전철을 타고 가고 있었다. 아이는 신발을 신은 채 의자 위에 올라가기도 하고, 여기저기 뛰어다니기도 하였다. 가만히 이를 지켜보던 아저씨가 "아이가 장난이 심합니다. 못 하도록 해 주십시오."라고 말했다. 그때까지 멍하니 창밖만 바라보던 아이의 아빠가 "죄송합니다. 사실 제가 지금 아이 엄마를 하늘나라로 보내고 오는 길입니다."라고 대답했다. 이 상황에서 누가 그 아이 아빠에게 뭐라고 할 수 있겠는가? 상황은 아까와 똑같지만 상대의 사정을 알고, 이해하고, 배려하기 시작하니 화났던 마음이 사그라지고, 공감의 눈물이 흘러내리게 된다.

아이가 어떤 잘못을 했을 때, 왜 그런 행동을 했는지 물어 보자. 그리고 어떻게 행동해야 하는지도 질문해 보자. 아이는 질문에 대해 생각해 보게 되고, 답을 찾으면 행동으로 이어지게 된다. 아이들은 교사가 자신을 믿고, 관심을 갖고 있다고 여길 때 자신감을 갖고 더 잘하려고 노력한다.

나는 책을 통해 많은 것을 얻었다. 책을 읽기 전에는 내 행동에 대한 소신이 없이 이리저리 흔들렸다. 그러나 조금씩 책을 읽으면서 내 고민과 같은 고민을 만나고, 내 생각과 같은 생각을 만나게 되었다. 이를 통해 좀 더 깊이 사색하게 되고, 조금씩 생각의 힘을 길러 나갈 수 있었다. 독서를 하면 세상을 알게 되고, 더 많이 생각하게 되고, 더 많이 아이들을 이해하고 존중하게 된다.

## 책 읽기의 시작: 나는 쓸쓸한 독서가

'지인', 지인은 참 무서운 존재다. 10여 년 전, 건축업을 하던 지인에게 1억 7000만 원을 빌려주었고, 그 돈은 끝내 돌려받지 못했다. 사업을 확장하기 위해 여기저기서 10억 원 넘게 빚을 진 지인은 그것을 감당하지 못하고, 자취를 감추었다. 1억 7000만 원이라는 돈이 우리의 순수 자산이었다면, 그것을 잃으면 그만이다. 그러나 그것은 거의 빚이었다. 반은 살고 있던 아파트로 해결했고, 반은 10년 동안 월급에서 빠져나갔다. 우리 가정의 경제에 빨간불이 들어왔다. 다섯 식구의 삶이 걱정되어 잠이 오지 않았다. 불면증에 시달렸다. 밤이 무서웠다. 쌔근쌔근 자고 있는 세 아이를 보면서 마음을 다잡았다.

이때 내가 찾은 의지처가 바로 책이었다. 마음의 평화를 가져다 줄 수 있는 책은 이때 모조리 읽었다. 달라이 라마의 《용서》, 틱낫한 스님의 《기도》, 《평화로움》, 《마음에는 평화 얼굴에는 미소》, 《비움》, 《힘》, 《화》, 《아 붓다》, 《마음을 멈추고 다만 바라보라》, 《틱낫한 스님이 읽어주는 법화경》, 《어디에 있든 자유로워라》, 텐진빠모의 《마음공부》, 지두 크리슈나무르티의 《명상》, 《생활의 기술》, 《관계》, 오쇼 라즈니위의 《쉼》, 《더 북》, 《명상여행》, 《삶의 길 흰구름의 길》, 《달마》, 《오쇼 라즈니쉬 자서전》, 조셉 아르파이아 · 롭상 랍가이의 《마음을 다스리는 티베트 명상법》, 법정 스님의 《진리의 말씀 법구경》, 《살아 있는 것은 다 행복하라》, 《숫타니파타》, 《일기일회》, 《홀로 사는 즐거움》, 조연현의 《지금 용서하고 지금 사랑하라》 등을 읽었다. 책 읽는 동안은 평화로웠다. 이 책들은 흔들리는 내 삶에 든든한 뿌리가 되어 주었다.

'나는 왜 날마다 불행하게 사는가?'라는 의문에 답을 해 주신 분은 법정 스님이었다. 현대인의 불행은 가진 것이 적어서가 아니라 오히려 너무 많이 가졌기 때문이며, 따뜻한 마음을 잃어 가고 있기 때문이라는 것이다. 많은 것을 잃었다고 생각하고 좌절하고 있었지만, 내가 잃은 것은 그냥 돈뿐이었다. 그리고 지인에 대한 따뜻한 마음을 잃어 가고 있었다. 그래서 더 불행해지고 있었던 것이다. 가만히 생각해 보니 나는 가진 것이 너무 많았다. 사랑하는 세 아이와 남편이 옆에 있었고, 아이들을 가르칠 수 있는 학교라는 공간을 가지고 있었다. 이것이면 충분하지 않은가?

현대인의 불행은 모자람이 아니라
오히려 넘침에 있다.
모자람이 채워지면 고마움과 만족함을 알지만
넘침에는 고마움과 만족이 따르지 않는다.

우리가 불행한 것은 가진 것이 적어서가 아니라
따뜻한 가슴을 잃어 가기 때문이다.
따뜻한 가슴을 잃지 않으려면
이웃을 사랑해야 한다.
뿐만 아니라 동물이나 식물 등 살아 있는 생물과도

교감할 줄 알아야 한다.[3]

　그래도 내 머리와 마음은 따로 놀고 있었다. 머리로는 용서하며 지난 일을 잊으려고 하였지만 그 돈만 있었으면 '좀 더 편안하게 살 수 있을 텐데', '더 좋은 집에서 살 수 있었을 텐데'라는 생각이 문득문득 들면서 내 마음을 뒤집어 놓았다. 그때 접한 책이 달라이 라마의 《용서》다.

　여기서 진정한 용서의 의미를 알았다. 용서는 상대방을 위해서 하는 것이 아니다. 상대방을 원망하면 할수록 나는 화가 치밀어 오른다. 그리고 머리가 아파 온다. 결국 자기 자신을 위해서 용서하는 것이다. 모든 것을 내려놓고 있는 그대로를 받아들이려고 생각하니 마음이 편안해졌다. 모든 것은 내 마음에 달려 있다는 것을 깨달았다. 사실 삶이란 아무것도 아니지 않은가? 죽으면 다 흙으로 돌아가고, 이 몸은 먼지에 불과하다는 생각을 했다. 내 먼지의 무게 49킬로그램. 돈의 노예가 되지 않으리라. 평화로운 마음을 유지하리라. "어떤 구름도 너의 햇빛 화창한 날을 망치게 하지 말라."라는 구절을 마음에 새겼다. 가장 큰 수행은 '용서'라는 것을 깨달았다.


　　용서는 값싼 것이 아니다. 그리고 화해도 쉬운 것이 아니다.
　　하지만 용서할 때 누군가에게 문을 열 수 있다. 지난 일에 대해

---

3. 법정 지음, 류시화 엮음, 같은 책, 68쪽

마음의 문을 꼭꼭 닫아걸고 있던 누군가가 그 문을 열기 위해
서는 무조건 용서해야 한다.[4]

내 마음의 평화를 위해 나는 홀로 읽고, 또 읽었다. 누구에게
하소연한다고 상황이 더 나아지는 것은 아니다. 무엇인가에 집착
하면 할수록 힘과 자유를 잃게 되는 것이다. 집착에서 벗어나 현
재에 충실할 때 진정한 힘이 솟는다.

틱낫한 스님은 《힘》에서 "천천히 매 순간 행복하게 일하라. 그
순간이 모여서 힘이 된다."라고 하였다. 이 글귀를 정성껏 써서
내 책상 위에 붙여 놓았다. 지금 이 순간을 어떻게 사느냐에 따
라 미래의 내가 결정된다. 지금 걱정과 번민 속에 산다면 그것이
곧 미래의 나의 모습이고, 지금 평화와 미소로 살아간다면 그것
이 곧 미래의 나의 모습이다. 책 속에 마음을 파묻고 몇 년을 사
니 저절로 평화로워졌다. 불면증도 사라졌다. 읽고 싶은 책을 맘
껏 읽을 수 있다는 것에 감사했다.

## 내 생각은 어떻게 내 것이 되었나?

2009년, 어느 날 내 옆자리에 앉았던 유재홍 선생님이 "한 선생
은 쭉 그런 책만 읽네요. 너무 편협한 것 아니에요?"라는 말을 툭
던졌다. 그 지나가듯 던진 말 한마디가 내 가슴을 쾅 쳤다. 그리

---

4. 달라이 라마 · 빅터 챈, 《용서》, 류시화 옮김, 오래된미래, 2004, 75쪽

고 그 동안 읽었던 책들을 떠올렸다. '아! 내가 내 마음의 안정을 위해 마음 수양 관련 책만 읽었구나.'

다양한 분야의 책을 읽고 싶었다. 그러나 무슨 책을 어떻게 읽어야 하는지 갈피를 잡지 못했다. 유 선생님은 그때 독서 모임을 하고 있었다. 그 독서 모임에서 1년 동안 읽을 예정인 목록을 부탁해서 얻었다. 그중에서 박성후의 《포커스 리딩》이 내 눈에 들어왔다. 책 읽는 구체적인 방법을 제시해 주는 내용이었다. 막연히 그냥 책 읽기가 좋아서 읽는 나에게 핵심을 콕콕 집어 준 책이다. 안개가 걷히고 맑은 날이 온 느낌이었다.

나의 목적에 맞는 책을 읽어야 하며 핵심을 뽑아 낼 수 있어야 한다. "책은 사람의 말보다 잘 정리된 깊이 있는 콘텐츠이며 인터넷보다 신뢰할 수 있는 매체다."라는 말에 눈이 갔다. 인터넷에 넘쳐 나는 글을 매일 읽어도 사람이 성장할 수 없는 것은 그것이 정제된 글이 아니며, 신뢰하기 어려운 글도 많기 때문이다. 그래서 성장하기 위해서는 꼭 책을 읽어야 한다. 책은 귀하고, 깊이 있는 체계적인 정보들로 이루어진다. 쇼펜하우어의 "몸은 음식으로 자라지만 정신은 책으로 자란다."라는 글귀도 마음에 새겼다.

책은 좀 더 많이 읽고, 좀 더 빨리 읽어야 한다. 많이 읽어야 하는 이유는 양이 질을 이기기 때문이다. 취미 수준에서 적당히 읽는다면 사고의 한계를 뛰어넘기 어렵다. 많은 책을 읽으면 깊이 사색할 수 있는 힘이 생긴다. 양이 질을 이끌어 낼 수 있다. 도예 선생님이 학급을 두 팀으로 나눠서 평가했다. 한 팀은 작품의 양만을 가지고 평가하고, 한 팀은 질로 평가한 것이다. 그 결과는 놀랍게도 무조건 많은 양의 작품을 만들어 낸 팀에서 예술성이 훌륭한 작품이 나왔다.

"양 평가" 집단의 경우는 수업 마지막 날 저울을 가지고 와서 작품 무게를 재어, 그 무게가 20킬로그램 나가면 "A"를 주고, 15킬로그램에는 "B" 이런 식이었다. 반면 "질 평가" 집단의 학생들은 "A"를 받을 수 있는 완벽한 하나의 작품만을 제출해야만 했다. 자, 평가 시간이 되었다. 그런데 이상한 일이 생겼다. 가장 훌륭한 작품들은 모두 양으로 평가받은 집단에서 나온 것이다. "양" 집단이 부지런히 작품들을 쌓아 나가면서 실수로부터 배워 나가는 동안, "질" 집단은 가만히 앉아 어떻게 하면 완벽한 작품을 만들까 하는 궁리만 하다가 종국에는 방대한 이론들과 점토 더미 말고는 내보일 게 아무것도 없게 되고 만 것이다.[5]

물을 끓이기 위해서는 100도까지 계속 불을 지펴야 한다. 100도가 되기 전에 불이 꺼진다면, 아무리 여러 번 반복해서 불을 지펴줘도 물은 절대 끓지 않는다. 인간의 의식 수준도 이와 같다. 의식의 한계를 뛰어넘을 수 있는 독서량이 있는 것이다. 보통 가능한 빠른 시일 내에 300~400권 정도를 읽었을 때 다양하고 깊은 사고를 하고 있는 자신을 느낄 수 있다. 어떤 일에 대한 자신의

---

5. 데이비드 베일즈 · 테드 올랜드, 《예술가여, 무엇이 두려운가》, 임경아 옮김, 루비박스, 2015, 60쪽

생각을 가지게 되는 것이다. 물론 3~4권을 읽어도 깨달음을 얻을 수 있다. 하지만 그것이 내면화되고 몸에 배어 삶으로 표출되어 나오기 위해서는 300권은 넘어야 한다. 읽은 만큼 세상이 보이기 시작한다.

시간 날 때 조금씩 하는 취미 수준의 독서로는 의식의 한계를 뛰어넘을 수 없다. 취미 수준의 독서가 아니라 시간을 만들어서 늘 독서를 해야 한다. 책을 옆에 두고, 항상 읽는 습관을 가지면 많이 읽을 수 있다. 교실에도 가지고 들어가고, 병원 갈 때도 가지고 가고, 시장 갈 때도 가지고 가면 읽을 시간은 만들어진다. 좋은 습관은 좋은 결과를 낳고, 나쁜 습관은 나쁜 결과를 낳는다. 습관이 중요하다. 사람은 스스로의 습관을 만들지만 습관이 또한 사람을 만든다. 책 읽는 습관을 기르자. 우리는 날마다 하루 세끼 밥은 먹는다. 하지만 날마다 책을 읽진 않는다. 날마다 책을 읽어 보자. 사람이 밥 먹는 것보다 더 자주, 항상 하는 것이 있다. 숨을 쉬는 것이다. 항상 숨을 쉬듯이 늘 책을 읽어 보자. 늘 책을 읽기 위해서는 항상 책을 가지고 다녀야 한다. 학교에 갈 때도 책을 가져가고 수업에 들어갈 때도 책을 가지고 들어간다. 그리고 아이들과 함께 읽는다.

나는 수업 시간에 '삼책운동'을 한다. 삼책운동? 바로 '도덕 책, 읽을 책, 공책을 가지고 다니자'는 운동이다. 교과서는 당연히 가지고 다녀야 하고, 공책은 기록을 위해서 가지고 다니며, 읽을 책은 항상 옆에 둬야 읽을 수 있기 때문에 가지고 다닐 것을 권한다. 수업 시작 전 아이들과 함께 10분 독서를 한다. "얘들아 책 읽어라."라고 말하고 교사가 다른 일을 하면 책을 읽는 아이는 그리 많지 않다. 10분의 소중함을 모르고, 아이들은 책상에 엎드리거나 친구랑 떠든다. 10분이면 10쪽 가량 읽을 수 있다. 아이들에게 10분, 10쪽 읽기를 권하고 함께 읽으면 모든 아이가 책에 시선을 돌리고 고요히 읽기 시작한다.

교사의 책 읽는 모습을 보면서 아이들도 함께 읽는 것이다. 집에서도 마찬가지다. 부모가 먼저 책을 읽으면 아이들도 쉽게 따라 읽게 되고, 독서 습관이 자연스럽게 길러진다. 독서 습관은 인생을 바꿀 수 있는 가장 귀한 습관이다. 습관이 미래를 결정한다.

병원에서 대기하는 시간에 대부분 사람은 스마트폰을 만지거나 텔레비전을 본다. 환자가 많을 때는 1시간 이상 기다리기도 한다. 나는 이렇게 허비되는 시간이 참 아깝다. 이럴 때 책이 옆에 있으면 읽을 수 있다. 나의 분신처럼, 항상 책을 가지고 다니고, 늘 책을 읽을 수 있도록 노력해 보자. 늘 곁에 두고 읽다 보면 많은 양을 읽을 수 있다. 보통 300~400권 정도를 읽는 순간이 되면 스스로 내면의 힘이 강해졌다는 것을 느낀다. 그 강한 힘으로 세상을 보는 시각이 생기고, 내 생각을 갖게 되는 것이다.

책을 좀 더 빨리 읽어야 하는 이유는, 빨리 읽을수록 우리는 더 많은 정보를 얻을 수 있고, 뇌가 더욱더 몰입할 수 있기 때문이다. 아무런 의식 없이 천천히 읽다가, 빨리 읽고자 의식을 모으면 몰입하여 빠르게 읽게 되고, 내용도 더 잘 이해된다.

책을 빨리 읽을수록 더 많은 정보를 얻는다. 빨리 읽을수록 정신은 더 집중하도록 압박을 받는데 이렇게 긴장된 뇌는 당신을 더 총명하게 만들어 준다.[6]

우리는 책을 천천히 읽는 습관이 있다. 스스로 한계를 짓는 것이다. 다 큰 코끼리는 몸무게가 7~8톤가량 나가며, 엄청난 힘을 가졌다. 그럼에도 조련사가 줄을 묶어 말뚝에 매어 놓으면 도망가지 않고 주위만 맴돈다. 조금만 힘을 주면 말뚝이 휙 빠져 버릴 것 같은데, 왜 그럴까? 그것은 아주 어렸을 때부터 말뚝에 매어 놓았기 때문이다. 처음에는 말뚝에서 벗어나려고 발버둥을 치고 힘도 써 본다. 하지만 어느 정도 시일이 지나면 코끼리는 포기해 버린다. 스스로의 능력을 한계 지어 놓고, 시도조차 하지 않는 것이다.

우리 인간도 마찬가지다. 인간의 능력은 무한하다. 빠르게 읽을 수 있는 능력을 가지고 있다. 빨리 읽으면 읽을수록 뇌는 집중하게 된다. 천천히 읽을수록 뇌는 집중하지 못하고, 딴 생각을 하게 된다. 많이 읽고 빨리 읽어서 의식의 한계를 뛰어넘어 보자. 생각의 힘을 길러 보자.

많은 책을 가능한 한 빠른 시간 내에 읽는 것, 그리고 그것을 다시 한 번 보면서 차근차근 기록하는 것은 자신의 생각을 키워 나가는 좋은 방법이다. 1년에 100권을 읽은 사람과 10년에 100권

---

6. 브라이언 트레이스(박성후, 《포커스 리딩》, 한언, 2008, 206쪽)

을 읽은 사람은 전혀 다른 결과가 나타난다. 똑같은 100권이지만 얼마나 빨리, 얼마나 자주, 얼마나 집중적으로 뇌에 자극을 주었느냐에 따라 결과는 다르다. 집중적으로 자극을 받을 때 의식 수준이 성장할 수 있다. 자신의 생각을 갖는다는 것은 삶을 주체적으로 산다는 것이다. 누가 시켜서 하는 것이 아니라 스스로 무엇을 해낼 때 성취감을 느끼고, 자존감도 높아진다. 이것은 아이나 어른이나 똑같다. 자신의 생각을 가지고, 좀 더 나은 방법으로 방향을 잡고 꾸준히 수업을 하고 학급 운영을 하고 업무를 해 나갈 때 뿌듯함을 느끼게 된다.

막연히 아이들을 존중하고 사랑해야 한다는 마음을 갖는 것과, 왜 그렇게 해야 하는지를 깨닫고 실천하는 것은 다르다. 깨닫지도 못하고 행동할 때는 힘이 없다. 아이의 작은 잘못에도 화가 치밀어 오른다. 그러나 아이가 소중한 존재임을 깨닫고, 아이가 왜 잘못했는지 근본 원인을 찾아내는 힘이 있다면 공감의 힘, 사랑의 힘은 더 커진다.


## 저자와의 대화는 나를 살찌운다

사람은 자기가 보고 싶은 것만 보고, 듣고 싶은 것만 듣는다. 읽기도 마찬가지다. 이미 형성된 의식의 틀 속에서 책을 보려는 경향이 있다. 제목과 목차만 쭉 훑어 본 후 '다 아는 이야기인데 무엇 하러 읽지?'라고 생각한다든지, 자기 계발서를 보면서 '뻔한 것 아니야. 나도 다 알고 있어!'라고 생각한다든지, 또 책을 다 읽은 후에 배울 점을 찾지 못하고 자신의 입장에서 비판을 가하기도 한다. 이럴 경우 독서를 통한 성장은 기대하기 힘들다.

책을 읽고 비판을 하는 것은 좋다. 하지만 저자가 이야기하려는 핵심 내용을 제대로 파악하지도 않고, 자기 맘대로 비난하는 것은 인생에 전혀 도움이 되지 않는다. 최소한 저자가 얘기하고 싶은 것은 무엇인지 파악하자. 그러기 위해서는 저자와의 대화가 필요하다. 저자와의 대화라는 것은 저자의 삶뿐만 아니라, 그 책의 내용과 대화를 하는 것이다. 이 글의 '주인공은 왜 이렇게 행동했을까?', '등장인물의 행동이 변한 계기는 무엇인가?', '그러면 나는 어떻게 살아야 하는가?' 등등 끊임없는 대화를 통해 자신의 삶을 성찰하게 되고, 변화하고 성장하는 계기가 된다. 내 삶이 조금씩 깊어지고, 그윽한 향기가 나게 되는 것이다. 내 존재 자체로 주변이 행복해질 수 있는 것이다. 그것이 사람의 향기다. 저자와의 끊임없는 대화 과정에서 좋은 사람의 내음을 풍길 수 있는 힘을 얻을 수 있다.

저자가 어떤 마음으로 이 글을 썼는지, 이 책을 통해 전하려는 주제는 무엇인지 저자의 입장에서 생각해 보면 새로운 점을 깨달을 수 있다. 핵심 내용을 파악하기 위해서는 목차를 먼저 훑어 본다. 목차들은 핵심을 한 문장으로 표현한 것이다. 그 목차를 보면서 내용을 미리 상상해 본다. 목차는 저자의 생각이 응축된 것이다. 그리고 책날개도 곰곰이 읽어 본다.

본격적으로 책을 읽기 시작할 때는 항상 저자와 이야기를 나눈다는 마음으로, 핵심 단어를 찾아 기록해 보자. 핵심을 꿰뚫을 수 있는 단어들을 찾아보는 것이다. 그리고 그 단어를 바탕으로 저자가 말하고자 하는 것을 자신의 언어로 다시 기록해 본다. 마지막 책장을 덮을 때, 내 기억도 함께 덮어지듯 아무것도 생각나지 않는다. 그러나 표시했던 핵심 단어를 기록하고, 그것을 바탕으로 내 생각을 정리하는 순간 가물가물했던 내 의식들이 살아나서 확실한 실체가 된다.

　자신의 가치관과 저자의 가치관이 다를 수 있어 이해하기 힘든 부분도 있다. 그럴 때도 그냥 평가절하 하지 말고, 왜 그런 생각을 갖게 되었는지, 그런 생각들은 사회에 어떤 영향을 미치는지 생각해 본다면, 의식이 서서히 한계에서 벗어나서 말랑말랑해진다. 말랑하다는 것은 어떤 형태로든 변화하거나 성장의 가능성이 무한하다는 것이다. 마음이 열려 있는 것이다. 이럴 때는 어떤 책을 읽어도 온몸으로 흡수해 내 것으로 만들 수 있다. 내 삶으로 끌고 들어와 행동으로 옮겨지는 것이다. 이것이 실천이다. 읽기의 결과는 실천인 것이다.

　책을 한 번 읽는 것으로는 잘 이해하기도 어렵고 기억하기도 어렵다. 그렇게 되면 실천으로 이어지기가 힘들다. 이해하기 힘든 것은 내 의식 수준이 아직 미약하기 때문이기도 하고, 내 사고의 틀에 갇혀서 책을 의식하기 때문이기도 하다. 반복해서 읽어 보자. 두 번, 세 번 반복할수록, 점점 더 많은 부분을 이해하게 되고, 더 많은 부분을 기억하게 된다. 또 처음에는 보이지 않던 좋은 글들이 보이기 시작한다.

나는 손우정의 《배움의 공동체》를 다섯 번 읽었다. 내용을 알기 위해 읽고, 좀 더 깊이 이해하기 위해 읽고, 수업에 적용하기 위해 읽고, 나중에는 적용한 것을 바탕으로 수업 나눔을 하기 위해 읽었다. 같은 책을 여러 번 읽으면 이해하게 되고, 체득하게 되고, 삶에 적용하게 되고, 남과 나눌 수 있게 된다. 저자와 대화하면서 여러 번 읽다 보면 나에게 의미 있고, 가치 있는 책이 된다. 오롯이 나에게 내면화되어, 실천으로 이어지게 된다.

## 가르침에 대한 깊은 애정을 품은 계기

교사가 되고, 한참 동안 책과 공책을 가져오지 않은 학생은 손바닥을 때리고 수업을 시작했다. 아이들이 느낄 고통은 아랑곳하지 않았다. 준비가 안 되면 맞기로 규칙을 정했고, 그 규칙을 적용한 것뿐이라고 생각했다. 그러나 이러한 내 생각이 잘못되었다고 느낀 것은 도종환의 《마지막 한 번을 더 용서하는 마음》을 읽은 후부터였다. 사람은 때려서는 안 된다. 체벌은 노예를 대상으로 행해졌던 것이며, 교육의 방법이 될 수는 없다. 폭력 앞에서 아이들은 침묵하는 법을 배운다. 그 침묵은 사회에 나가서까지 이어진다. 정의롭지 못한 것을 보고도 침묵하게 된다. 그런 아이가 많을수록 이 사회는 어떻게 되겠는가?

맞기 전에 아이들은 불안하다. 불안한 교실 속에서 생각을 자유롭게 표현하는 것은 불가능하다. 체벌은 교사의 무능을 드러내는 교육방법이라는 생각이 든다. 로마 시대 교육사상가 쿠인틸리아누스(Marcus Fabius Quintilianus)는 체벌을 반대했다. 그 이유는 첫째, 체벌은 노예를 대상으로 하는 것이며, 자유인의 교육 방법이 아니다. 둘째, 교육 방법 가운데 가장 졸렬한 방법이다. 셋째, 매는 습관화된다. 처음 때릴 때는 어렵지만 손을 대다 보면 습관적으로 안 때려도 될 것도 때리게 된다. 넷째, 매는 공포를 느끼도록 인간을 압박하여 정신적, 육체적으로 해로운 것이다. 다섯째, 매는 당사자 아닌 다른 아이들에게도 공포심을 조성하여 나쁜 영향을 미친다.

물론 지금은 아이들에게 매를 대는 교사는 없을 것이다. 그러나 얼마 전까지만 해도, 많은 교사가 어쩔 수 없는 상황이라면 체벌을 해야 한다고들 생각했다. 그러나 사랑의 눈으로 바라보면 때릴 일은 없다. 앞의 도종환의 책을 읽은 후엔 아이들에게 매를 대지 않았다. "꽃으로도 때리지 말라."라는 말이 있다. 무엇보다도 소중하고, 귀한 아이들이다.

부드러운 마음을 가지고 다가설수록 아이들은 마음을 연다. 큰 바윗덩어리에 비하면 물 한 방울은 아무런 힘이 없어 보인다. 하지만 물 한 방울이 떨어지고 또 떨어져서 바위를 뚫는다. 교사의 자상하고 따뜻한 마음 역시 꽁꽁 언 아이의 마음을 녹일 수 있다. 아주 부드러운 눈이 쌓이고 쌓이다 보면 어느 순간 딱딱한 나

묫가지를 부러뜨린다. 시골에서 겨울밤을 지내다 보면, 숲 속에서 큰 나뭇가지들이 우지끈 부러지는 소리를 들을 수 있다. 새털보다 여린 눈송이가 굵고 단단한 나뭇가지를 부러뜨리는 것이다. 강하고 반항적인 아이일수록 속이 허하고, 사랑이 결핍되어 있는 경우가 많다. '강함'에 '강함'으로 대하면 서로 부딪히고 깨질 수밖에 없다.

　나는 교사의 부드러운 마음이 아이의 마음을 녹일 수 있다고 확신한다. 진심 어린 따뜻한 말 한마디로도 아이의 마음을 움직일 수 있다. 아이의 표정을 읽고, "○○야 무슨 일 있니?"라는 한마디에 아이들은 말하기 힘든 비밀도 교사에게 털어놓게 된다. 1년 동안 소소한 잘못으로 자주 혼난 여학생이 있었다. 선배 생일 선물 사 줘야 한다며 친구들에게 돈을 달라고(?) 한 일, 노래방에 가서 친구들과 패싸움한 일, 허구한 날 지각한 일, 아파트 지하주차장에서 담배를 핀 일, 방과 후 활동을 신청하고 이유 없이 날마다 빠진 일 등, 그 아이 한 명에게 신경 쓰느라 다른 아이들에게는 마음 쓸 여유가 없어서 미안한 한 해였다. 1년을 마무리하면서 그 여학생으로부터 편지를 받은 적이 있다. 몇 년 전 일이라 까마득히 잊고 있었는데 그동안 썼던 독서록에서 이 편지를 발견했다.

　　선생님 오늘 방학식이네요. 1년 동안 많은 일이 있었던 것 같아요. 제가 젤 많이 실망시키고, 말을 안 들은 것 같아요. 선생님께 죄송하다고 말하고 싶어요. … 하지만 용기가 없어서…

이렇게라도 말 안 했더라면 마음속 깊이 후회했을 것 같아요.
제가 무슨 고민 있을 때 선생님께서 먼저 무슨 일 있냐고 물어
볼 때 정말 감동이었어요. 말하기 힘든 비밀도 선생님에겐 말
할 수 있을 것 같아요.

이 아이를 감싸면서 1년을 기다린 결과 내면에서 우러나오는
진심어린 말을 들을 수 있었다. 아이의 편지 한 통은 힘든 나날에
대한 보상이 되고도 남는다. 그러면서 가르침에 대한 기쁨, 희열,
애정을 갖게 된다. 학교라는 공간에서 내가 사랑하는 아이들과
함께 생활할 수 있다는 것에 감사한 마음이 든다.

대부분 직장인이 주말에 푹 쉬어도 월요일은 피곤하다. 그래서
'월요병'이라는 단어도 생겨났다. 나는 주말에 축 처져 있다가도
학교에 오면 생기가 돈다. 아이들을 보면 삶에 대한 의지가 솔
솔 나오나 보다. 아이들은 학교에서 행복할 권리가 있다. 교사도
학교에서 행복할 권리가 있다. 내주면 줄수록 행복하다.

너무 많이, 억지로 아이들을 내 틀에 가두려고 하지 말아야 한
다. 아이들은 저마다의 색깔을 갖고 커야 한다. 내 틀에 아이를
가두는 것은 진정한 사랑이 아니다. 자유롭게 크도록 가만히 지
켜볼 수 있는 여유, 이것이 교사의 아이에 대한 존중이다. 우리가
아이들에게 할 수 있는 가장 중요한 것은 마음을 편안하게 해 주
고, 다양한 배움을 얻을 수 있는 기회를 주는 것이다. 아이를 따
뜻하고 부드럽게 대하면 아이와 내가 소모전을 벌일 일이 없다.
교사는 아이 앞에서 행복할 수 있고, 아이는 교사 앞에서 행복하

게 자랄 수 있다. 따뜻한 사람이 세상을 움직인다.

## 교양의 기본은 바로 독서

왕 중의 왕 송골매! 송골매의 한쪽 날개는 30센티미터가 넘고, 부리 길이는 2.7센티미터에 이른다. 양 날개를 펼치고, 갈고리 모양의 부리와 발톱으로 세상을 호령한다. 40년간 세상의 왕으로 군림하는데, 그만큼 세월이 흐름에 따라 날개가 점점 자라 날기 힘들게 되고 부리와 발톱은 뭉툭해진다. 송골매에게 위기가 찾아온 것이다. 그러면 송골매는 산꼭대기로 오른다. 부리로 털을 뽑은 다음, 바위에 부딪쳐 부리를 부러뜨리고, 발톱은 다 뽑아 버린다. 송골매는 비로소 새로운 날개와 부리를 갖게 되고, 30년 동안 또 세상을 지배할 수 있게 된다. 40년간 사용한 뼈를 갈아 끼우고 (환골), 태를 벗기어(탈태) 새롭게 다시 태어나는 것이다.

사람이 환골탈태할 수 있는 방법은 무엇인가? 독서다. 아이들은 자신의 생각을 갖고, 표현하는 것을 두려워한다. 수업 시간에 어떤 주제가 주어지면 스스로 생각하려 하지 않고, 교과서의 단어를 그대로 표현하거나 친구의 의견과 같다고 말한다. 모두가 비슷한 생각을 한다는 것은 아무도 생각하지 않는 것과 같다.

아이들뿐 아니라 어른들도 스스로 생각하는 것을 힘들어 한다. 생각의 힘이 약하기 때문이다. 생각의 힘을 기르기 위해서는 많이 읽어야 한다. 흥미 위주의 책이 아닌 양서를 읽어야 한다. 독서를 통해 다양한 삶의 방식, 역사적 사실, 온갖 삶에 대한 질문을 접하게 된다. 그러면서 생각에 힘이 붙게 된다. '생각은 우물을 파는 것과 닮아서 처음에는 흐려 있지만 차차 맑아진다.'라는 중국 속담이 있다. 생각할수록 생각이 더욱 선명해지고 뚜렷해지는 것이다. 독서는 삶에 통찰력과 지혜를 길러 준다. 한 인간을 결정짓는 것은 그가 지금 읽은 책이다. 지금 어떤 책을 읽느냐에 따라 미래의 그 사람의 모습이 결정된다. 글을 읽는 것은 낭비가 아니라 천배 만 배가 되는 이익을 가져다준다. 독서는 나에게 주는 선물이다. 독서를 통해 얻는 것은 생각보다 크다.

첫째, 인생의 가치관을 세우게 해 준다. 어떻게 살 것인가에 대한 답을 얻을 수 있다. 그것은 영혼을 풍요롭게 해 주며 좀 더 값진 삶을 가능하게 해 준다. 나는 책을 읽으면서 꾸준히 기부를 하게 되었다. 유대인의 가르침 가운데 "수입의 10퍼센트는 기부를 하고, 10퍼센트는 저축을 하고, 10퍼센트는 빚을 갚는다. 그리고 나머지 70퍼센트로 생활을 한다."라는 말이 있다. 국제사회에서 경제, 사회, 문화, 교육을 이끌고 있는 유대인의 생활 방법을 아이들과 나누고 싶었다. 나도 연봉의 10퍼센트를 기부해야겠다는 다짐을 했다. 내 연봉은 한없이 적다고 생각했는데 연봉의 10퍼센트를 기부하려고 하니 기부금이 많게 느껴졌다. '연봉의 10퍼센트는 기부를 하자'는 나의 마음과 '그 금액은 좀 무리다'라는 나의 이성이 서로 갈등을 했다. 이런 속물근성! 나를 합리화시키고자 약간 마음을 비틀었다. 그래 실수령액의 10퍼센트를 기부하자. 지금은 세금을 제한 실수령액의 10퍼센트 정도를 기부하고 있다.

처음에는 방과 후 활동에 대한 급여를 기부하는 것에서 시작했다. 2005년부터 2014년까지 10년간 방과 후 교육 활동으로 요가를 가르쳤는데, 거기서 나온 돈을 모두 기부했다. 그러나 그 이상의 금액을 기부하고 싶었다. 일단 월급에서 다달이 빠져나가는 기부금을 높여 놓았다. 그런데 신기한 일이 발생했다. 내가 기부한 금액 이상으로 월급 이외의 수입이 생기기 시작했다. 충남교육연수원, 지역 교육청 등에서 '독서, 배움 중심 수업, 교사 학습 공동체'에 대한 강의 의뢰가 들어왔고, 독서교육 원격 연수 콘텐츠 개발에 참여하는 기회도 얻을 수 있었다.

기부라는 것은 물질적이든 정신적이든, 내가 베푼 그 이상의 것을 나에게 안겨다 준다. 남에게 베푼 경험을 갖는 것이 중요하다. 남을 도와 준 경험이 있는 사람이 또 다른 사람을 도와줄 수 있다. 아이들과 기부의 즐거움을 함께 나누고 싶었다. 물질은 거름과 같다. 모아 놓으면 냄새가 나지만 흩어뜨리면 식물의 자양분이 되는 것과 같다.

지금 교실에 앉아 있는 학생들은 사회에 나가 어떤 역할을 할까? 남을 도와주는 사람이 될 수도 있고, 남에게 도움을 받는 사람이 될 수도 있고, 남에게 피해를 끼치는 사람이 될 수도 있다. 학생 때부터 남을 돕는 행동을 조금씩 실천한다면 저절로 남을 돕는 사람으로 성장하게 될 것이다. 기부는 인간을 인간답게 만들어 준다. 영혼을 풍요롭게 만들어 준다.

내가 가르치는 아이들에게도 '나누는 즐거움'을 느끼게 해 주고 싶었다. 나눈다는 것은 나눈 만큼 없어지는 것이 아니다. 나중에 어떤 형태로든 몇십 배, 몇백 배가 되어 자신에게 돌아오는 것이다. 나누면서 느끼는 행복감은 돈으로 환산할 수 없는 것이다. 그래서 나는 교실에 '나누는 즐거움! 용돈 모아 등대의 집으로!'라는 문구를 붙인 저금통을 놓았다.

학기 초에는 아이들에게 나눔의 중요성을 설명해 준다. 인간은 혼자의 힘으로는 온전하게 성장할 수 없다. 내가 밥을 먹을 수 있기까지 주변의 많은 도움이 필요하다. 벼는 날마다 찾아오는 농부의 발소리를 듣고 자란다는 말이 있다. 봄부터 가을까지 농부의 수고가 없었다면 아이들은 맛있는 밥을 먹지 못했을 것이다. 밥 한 끼 먹기 위해서는 흙, 바람, 햇빛의 도움 또한 절대적이다. 세상 만물은 이렇게 모두 이어져 있다.

주변의 모든 것이 아이들에게 도움을 주듯이 아이들도 나누는 마음을 길러야 한다. 나는 아이들이 용돈을 모아 장애우 복지 단체인 '등대의 집'에 기부할 수 있도록 기회를 마련해 주었다. 아이들은 기부 저금통에 용돈을 넣을 때 환하게 웃는다. 학기 말이 되면 등대의 집에 기부를 하고 받은 영수증을 종이에 붙이고, 가장자리에 꽃그림을 넣어 학급 뒤 게시판을 장식한다. 남을 돕는 길이 멀리 있다면 학생들은 실천하기가 어렵다. 봉사하면서 사는 사람이 더 건강하고, 행복하게 산다는 연구 결과도 있다.

선행과 행복의 관계에 대한 실험이 있다. 2005년 리버사이드 캘리포니아 대학에서 이루어진 한 연구는 실험 대상자들에게 6주 동안 의식적으로 친절한 행위를 하도록 하였다. 친절한 행위는 모두 15가지였는데 예를 들면 노숙자에게 햄버거 사 주기, 헌혈하기, 친구의 가사일 돕기, 노인 친척 방문하기, 감사 편지 쓰기 등이다. 실험 대상자들은 세 개의 그룹으로 나누어 6주간 관찰되었다. 첫 번째 그룹에게는 가능한 한 아무런 선행도 하지 말 것을 지시했고, 두 번째 그룹에게는 일주일에 하루를 골라서 다섯 가지 친절한 행동을 한꺼번에 하도록 했다. 세 번째 그룹(일상생활을 할 때와 비슷하게)의 사람들은 다섯 가지 선행을 한 주 동안 고루 나누어서 하게끔 했다. 동시에 자신들의 생활 만족도를 1(전혀 행복하지 않음)에서 7(매우 행복함)까지의 등급에 따라 평가하도록 하였다. 첫 번째 비봉사자 그룹의 만족도는 실험이 경과하면서 현저히 줄어들었고, 세 번째 그룹의 행복도는 거의 변함이 없었다. 주당 하루에 의식적으로, 그리고 집중적으로 선행을 한 실험 대상자들의 만족도는 매우 높아졌다.[7]

나누는 사람은 세상을 따뜻하게 만드는 역할을 한다. 또 그런 사람이 오히려 더 오래 산다는 연구 결과도 있다. 자원봉사를 하면서 사는 노인이 그렇지 않은 노인보다 사망률이 낮다는 것이다. 행복한 마음으로 타인의 아픔을 감싸면서 사는 삶은 의미 있고 가치 있다. 이렇게 사는 사람이 더 오래 사는 것은 당연하지 않은가!

---

7. 토마스 람게, 《행복한 기부》, 이구호 옮김, 풀빛, 2007, 55쪽

버클리의 공공건강대학 더그 오만 교수는, 9년 간격으로 캘리포니아 주 마린카운티의 노인 2천 명을 대상으로 건강상태와 명예봉사에 관한 설문조사를 실시했다. 그 자신도 골수 자원봉사자인 오만은 통계자료의 첫 분석 결과가 너무나 명백하자 깜짝 놀랐다. 두 가지 이상의 조직에서 자원봉사를 하는 노인 그룹이 봉사를 전혀 하지 않는 그룹보다 63%나 적은 사망률을 보였기 때문이다.[8]

누구나 주는 사람이 될 수 있다. 주는 행위에 익숙하도록 기회를 주자. 어렸을 때부터 남에게 기부하는 마음의 싹을 기르면 누구에게나 나눠 줄 수 있는 사람으로 자랄 수 있다. 물질적으로 풍요로워야 나눌 수 있는 것은 아니다. 마음을 나눌 수도 있고, 상대방의 말에 귀 기울이는 시간을 나눌 수도 있고, 지혜를 나눌 수도 있다. 잔잔한 미소나 따뜻한 말 한마디를 나눌 수도 있다. 내가 나눔의 진정한 가치를 체득할 수 있었던 근원은 바로 독서였다.

둘째, 읽는 즐거움을 느끼게 해 준다. 읽기 자체에 즐거움을 느끼는 순간은 자신이 독서를 통해 조금씩 성장하는 것을 느낄 때다. 세종대왕은 눈병이 심했을 때도 책 읽기를 멈추지 않았다. 책을 읽기 전까지만 해도 나는 '건강이 중요한데, 눈이 아파도 책을 보는 것은 어리석은 짓이다'라는 생각을 했다. 지금 내 눈에 이상이 왔다. 눈이 부어오르고 물이 찼다는 것이다. 원인은 힘듦. '내 삶이 그렇게 힘들었나?' 되돌아보면서도 난 독서를 멈출 수 없었

8. 토마스 람게, 같은 책, 53쪽

다. 왼쪽 눈이 부어올랐기 때문에 초점이 잘 안 맞았다. 왼쪽 눈을 지그시 감고 보면 읽을 수 있다. 그렇게 신경을 쓰며 읽으니 머리가 아파 왔다. 그래도 읽고 싶은 마음이 더 앞섰다.

천안 시내 주민들과 함께하는 독서 모임, '셀프리더'에 나갔다. 나는 니체의 《차라투스트라는 이렇게 말했다》를 읽고 내용이 난해하지만 철학적인 깊이를 느낄 수 있었다고 이야기했다. 거기에 동년배 한의사가 있었다. 내 눈 상태에 대한 이야기를 듣더니, 제발 책을 읽지 말라고 했다. 특히 두껍고, 글씨가 작은 책은 읽지 마라고 거듭 말했다. 나중에 시력을 잃을 수도 있다고 걱정했다. 그 뒤로 조금은 자제했다. 그러나 읽지 않고 하루를 보낸다는 것은 숨을 쉬지 않고 하루를 보내는 느낌이다. 눈병이 심해도 책 읽기를 멈추지 않았던 세종대왕의 마음이 조금은 이해가 갔다.

셋째, 인생의 멘토를 만날 수 있다. 내 삶에 방향을 제시해 주고, 이끌어 줄 수 있는 멘토가 있다는 것은 행운이다. 그것도 가까이 있다면 더더욱 행복한 일이다. 그러나 그렇지 못한 경우가 많다. 마음 터놓고 고민을 이야기할 수 있는 사람이 한 명이라도 있다면 그 인생은 성공한 거라 보고 싶다. 그러나 그게 그리 쉬운 것은 아니다. 책 속에는 무수히 많은 멘토가 있다. 책 한 권에는 한 사람의 인생이 고스란히 들어가 있다. 책을 통해 저자의 삶의 방법을 배울 수 있다. 어떻게 살았는지를 보여 주면서 삶의 멘토 역할을 해 주는 것이다.

책 속에서 만나는 멘토는 내 삶의 방향을 제시해 주고, 방법을 안내해 주고, 실천할 수 있는 원동력을 준다. 책 속에서 다양한 멘토를 만나면서 삶이 풍요로워지고 여유로워지는 것이다. 책 속의 멘토를 만나는 즐거움을 느껴 보도록 하자. 나는 어렵고 힘든 나날, 불교 최초의 경전인 《숫타니파타》를 읽으면서 눈물을 흘렸다. 집착이 사라지고, 무한한 평화를 얻었다.

홀로 앉아 명상하고, 모든 일에 항상
이치와 법도에 맞도록 행동하며
살아가는 데 있어서 무엇이 근심인지 똑똑히 알고
무소의 뿔처럼 혼자서 가라.

집착을 없애는 일에 게으르지 말고, 벙어리도 되지 말라.
학문을 닦고, 마음을 안정시켜 이치를 분명히 알며
자제하고 노력해서
무소의 뿔처럼 혼자서 가라.

소리에 놀라지 않는 사자처럼, 그물에 걸리지 않는 바람처럼
진흙에 더럽히지 않는 연꽃처럼, 무소의 뿔처럼 혼자서 가라.[9]

책 속에서의 멘토는 다양하게 찾을 수 있다. 멘토는 내 삶을 이끌어 주는 등대요, 내 인생의 안식처가 된다. 술을 안식처로 삼을 경우와 책을 안식처로 삼을 경우를 비교해 보면, 그 인생의 깊이와 수준을 가늠할 수 있다.

---

9. 《숫타니파타》, 법정 옮김, 이레, 2005, 34쪽

불교 최초의 경전        2005. 01. 18일

4. 「숫타니파타」 - 법정 옮김   이제 끝맺시

'무소의 뿔처럼 혼자서 가라'란 이 말의 출처가
숫타니파타인지 이제야 알았다. 내 무지에 부끄러워하며
이제라도 내가 이 책을 접할 수 있게 된 것에 감사하고
즐거워하며 ……

33쪽    홀로 앉아 명상하고 모든 일에 항상
       이치다 법도에 맞도록 행동하며 살아가는 이
       와에서 무엇이 근심인지 똑똑히 알고
       무소의 뿔처럼 혼자서 가라.

34쪽    집착을 앞에든 일에 게으르지 않고, 버려도 되지 말라.
       학문을 닦고 마음을 안정시켜 이치를 분명히 알며
       자제하고 노력해서, 무소의 뿔처럼 혼자서 가라.

       소리에 놀라지 않는 사자처럼, 그물에 걸리지 않는 바람처럼
       진흙에 더럽히지 않는 연꽃처럼, 무소의 뿔처럼 혼자서 가라.
                                           「숫타니파타」

       ↳ 이 글귀의 논란이 되는 여운.

직접 작성한 초서(抄書)

## 공동체를 통한 상처 치유: 같이 책 읽을 사람들을 만나다

교사는 외롭다. 마음 터놓고 이야기할 대상과 시간이 없다. 가끔 마음 가는 동료가 있어 이것저것 이야기해도 허전하기는 마찬가지다. 교사의 마음은 왜 그리 외롭고 허전할까? 내면의 힘이 허약하기 때문이다. 내면의 힘을 기르기 위해서는 교사도 꾸준히 배우고 성장해야 한다. 사람은 독서를 통해 성장할 수 있다. 그러나 혼자 읽는 것은 사고의 틀에 갇혀서 성장에 한계가 있다. 함께 읽고, 토론하고, 실천해야 한다. 동료 교사와 같은 책을 읽는다는 것만으로도 마음이 따뜻해진다. 같은 책을 읽고, 서로의 생각을 나눌 때 나의 영혼은 더욱 풍요로워진다. 내면에 힘이 생기고, 삶에 활력이 넘친다.

책을 읽고 적용한 것을 나누면서 자연스럽게 고민도 이야기하고, 삶의 어려운 점도 이야기한다. 이런 어려움을 표현하다 보면 마음이 편안해진다. 삶의 어려움을 마음속에 쌓아 둘 때 그것은 눈덩이가 되어 나를 억누르고, 축 처진 어깨로 나날을 살게 된다. 함께 읽고 토론하게 되면 그 눈덩이에 따사로운 햇살이 들어와 서서히 녹아 내린다. 어깨가 가벼워지고, 삶에 생기가 돌게 된다.

꾸준히 함께 읽다 보면 어느덧 성장한 서로의 모습을 발견할 수 있다. 지금의 모습이 학년 초와 다르고, 지난해보다는 더욱 달라져 있는 것을 느낀다. 나날이 성장하는 교사에게서 아이들은 더 잘 배울 수 있다. 교사의 성장을 바탕으로 아이들의 성장을 이끌어 낼 수 있는 것이다.

책을 읽는 교사를 보면서 아이들은 은연중에 독서의 중요성을 느낀다. 교사가 함께 책을 읽는 문화를 만들자. 우리의 본능은 함께 할 때 행복하다. 곁에 책을 읽고 함께 토론할 수 있는 사람을 두자. 삶이 변할 것이다. 함께 책을 읽고, 토론하고, 실제 적용하는 사람과 10년을 함께 해 보자. 상상하지 못할 정도로 성장한 자신을 발견할 것이다.

세계적인 첼리스트 파블로 카잘스(Pablo Casals)는 96세까지 살았다. 죽는 그날까지 하루 6시간씩 꾸준히 첼로 연습을 했다. 그는 95세 때 한 기자에게서 질문을 받았다.

"선생님! 선생님은 세계 최고 첼로 실력을 갖추었는데 왜 매일 연습을 하십니까?"

"네! 날마다 조금씩 나아지는 것 같아서요."[10]

과연 내가 95세의 세계 최고의 첼리스트라면 하루에 6시간씩 꾸준히 연습했을 것인가? 파블로 카잘스는 날마다 노력을 통해 성장의 기쁨을 느꼈다. 우리 교사들은 앞으로 성장할 수 있는 시간이 굉장히 많다. 10년 동안 교사 학습공동체를 통해 꾸준히 읽고, 사색하고, 토론하고, 적용한다면 놀라운 성장을 가져올 것이다. 독서의 힘은 강하다. 독서의 힘을 무시하지 말자.

송재환의 《초등 고전 읽기 혁명》(글담, 2011) 머리말에 "한 권의 책을 읽은 사람은 그렇지 않은 사람을 부리고, 10권의 책을 읽은 사람은 한 권의 책을 읽은 사람을 다스리며, 100권의 책을 읽

---

10. 김병완, 《뜨거워야 움직이고, 미쳐야 내 것이 된다》, 서래북스, 2013 참조.

은 사람은 세상을 통치한다."라는 말이 나온다. 누구를 부리고 통치하기 위해 책을 읽는 것은 아니지만, 최소한 많은 책을 읽은 사람은 스스로의 삶을 풍요롭게 할 뿐만 아니라 남도 도와줄 수 있다. 자신의 지혜로 남을 도울 수 있는 것이다. 남을 도울 수 있는 삶, 이 또한 기쁘지 아니한가?

2012년 7월 24일, 이지성의 《독서 천재가 된 홍대리》를 단숨에 읽었다. 그동안 나의 독서는 그냥 취미 수준의 독서라는 것을 깨달았다. 이런 식으로 평생을 독서해도 변화, 성장의 폭은 미약하다는 것을 알았다. 2005년부터 꾸준히 기록하면서 독서를 하였지만 나는 아무런 변화를 느끼지 못했다. 그동안 1년에 20~50권 정도의 책을 읽어 왔는데, 이것은 내가 온몸으로 생각하고, 깨닫고, 실천하기에는 너무 적은 양이었다.

《독서 천재가 된 홍대리》는 내 인생의 전환점이 되었다. 일단 책을 읽는 양이 늘어났다. 책은 목표를 정하고, 좀 더 많은 양을 체계적으로 읽어야 한다. 머리로 읽는 것이 아니라 따뜻한 가슴으로 읽어야 한다. 내 마음을 비춰 보는 독서, 몸으로 실천하는 독서가 중요하다. 여름방학 동안 이틀에 1권 읽기 목표를 세우고, 한 달 동안 15권을 읽었다. 뿌듯함, 성취감이 몰려왔다.

혼자 읽기는 한계가 있다. 그래서 독서 모임을 찾게 되었다. 이지성 작가와 연계된 독서 모임이자 인터넷 카페인 '폴레폴레'에 가입하였다. 그 카페를 통해 천안 지역 독서 모임을 알게 되었다. 독서 모임에 참여하고 싶었다. 추석이 지나고, 맨 처음 독서 모임에 나가게 되었다. 서로 다른 연령대와 직업을 가진 다양한 사람들과 함께하는 독서 모임은 설렘, 그 자체였다.

남 앞에서 말하는 것이 편안한 사람이 얼마나 될까? 나는 남 앞에서 말하려고 하면 긴장이 된다. 독서 모임은 모두가 돌아가면서 발언한다. 책을 읽지 않아도 이야기할 시간이 주어진다. 처음에는 이 자체도 부담스러웠다. 원래 책을 읽고 기록하는 습관을 가지고 있던 나는 공책을 가지고, 모임에 참여했다. 기록한 것을 바탕으로 조금씩 이야기하게 되었다. 내 이야기를 듣고, 감동의 말이 추가될 때 힘을 얻는다. 칭찬은 어른이든 아이든, 사람의 마음을 춤추게 만드는 재주가 있다. 이 모임에서는 서로의 이야기를 듣고, 공감해 주고, 칭찬해 준다. 스스로 행복해지고, 공동체가 행복해지는 시간들이다.

여기에 참여하는 사람들이 다양한 만큼 독서력도 다양했다. 1년에 책을 한두 권밖에 읽지 않는 사람부터 1년에 365권을 읽은 사람까지 있었다. 1년에 365권을 읽은 것에 대해 충격을 받았다. 하루에 한 권씩 그것이 가능할까? 내 눈앞에 앉아 있으니 믿을 수밖에. 내 생각이 조금씩 바뀌기 시작했다. 절대 불가능하다고 생각한 것을 실천한 사람이 곁에 있으니, 나 역시 가능하다고 생각했다. 사람의 능력은 무한한데 마치 조련사에게 길들여진 코끼리처럼 스스로 내 능력에 한계를 긋고 있었다.

2013년에는 책에 미쳤다. 1년 365권 읽기에 도전했다. 물론 학교생활을 하면서, 세 아이를 키우면서, 이것이 가능할까? 하는 의문이 들기도 했다. 그래도 한 번 해 보자는 마음을 가질 수 있었던 것은 독서 모임 식구들의 지원 덕분이었다. "충분히 할 수 있어요."라는 응원 한마디가 큰 힘이 되었다. 하루에 한 권 읽고 기록을 하고, 또 읽고 기록하면서 1년을 보냈다. 내 독서록은 2013년 12월 26일, 239권째, 이태석 신부의 《친구가 되어 주실래요?》로 끝난다. 1년 동안 239권을 읽고, 239개의 기록을 남겼다. 물론 365권엔 도달하지 못했지만 내 삶에서 가장 많이 읽고, 가장 많이 생각하고, 가장 많이 깨달음을 얻은 한 해였다.

독서 모임이 더 중요한 것은 책을 통해 다양한 생각을 나눌 수 있다는 것이다. 같은 책을 읽고, 같은 부분에서 마음이 울렸을 때 깊은 동질감을 느낀다. 《논어》 제8편 〈태백(泰伯)〉을 읽을 때 열 명의 참여자 중 네 명이나 11장에 공감을 표현했다.

공자께서 말씀하셨다. "만약 주공처럼 훌륭한 재능을 가지고 있다 하더라도, 교만하고 인색하다면, 그 나머지는 볼 것이 없다."(子曰 : "如有周公之才之美, 使驕且吝, 其餘不足觀也已")[11]

재능보다는 마음이 중요하다. 아무리 능력이 뛰어나다 하더라도, 자신만 알고 나눌 줄 모르면 사람이 따르지 않는다. 교만한 사람과는 함께 있고 싶지 않다. 말하다 보면 꼭 자기 자랑으로 이야기를 마무리하는 사람이 있다. 그런 경우 '아, 그냥 날씨 인사

---

11. 공자, 《논어》, 김형찬 옮김, 홍익출판사, 2011, 태백(泰伯)편 11장

만 하고 말걸…' 하는 생각이 든다. 이런 사람과 함께하면 몸과 마음이 지친다. 그러면 내가 힘들다. 어쩔 수 없이 함께 생활해야 한다면, 반면교사(反面敎師)로 삼아 보자. '나는 저렇게 하지 말아야지'라는 생각을 했다면, 그 또한 나의 스승이 아니겠는가?

독서 모임 덕분에 《논어》를 처음부터 차분히 읽게 되었다. 혼자 읽었다면 《논어》를 집어 들진 않았을 것이다. 한 달에 한 번은 같은 책을 가지고 모임을 갖는다. 함께 읽을 책을 정해 놓으면 평소에 관심을 두지 않던 분야의 책을 읽을 수 있다. 편협하게 읽던 독서 습관에서 벗어나 다양하게 읽을 수 있는 기회가 된다.

함께 읽고 토론하다 보면 두려운 책이 없어진다. 예술 관련 책을 읽고 싶어서 에른스트 곰브리치의 《서양미술사》를 구매했다. 그러나 그 방대함과 양을 보고 놀랐다. 687쪽까지 있다. 차마 읽지 못하고 망설이고 있을 때, 처음부터 꾸준히 독서 모임을 함께한 김성완 님이 용기를 주었다. "읽을 수 있어요. 도판이 많아서 그리 어렵지 않아요. 읽어 보세요." 하루에 50쪽씩 읽으면 2주면 되고, 하루에 100쪽씩 읽으면 1주면 된다. 아무리 두꺼운 책이라도 작게 쪼개 읽으면 쉬워진다. 고대부터 현대까지 다양한 미술 작품을 볼 수 있었다. 중세 미술품들은 성경을 바탕으로 만들어졌다. 성경에 대한 기본적 지식이 풍부하게 있었다면 좀 더 여유 있게 읽을 수 있었을 것 같다. 비록 도판을 통해서 보는 미술품이지만 영혼이 충만해짐을 느낄 수 있었다. 다른 미술 책들을 읽을 때 많은 도움을 받을 수 있겠다.

모임을 함께 하면서, 같은 책을 읽고 다른 생각을 만났을 때는 더욱 깊이 생각하게 된다. 모인 사람 수만큼이나 다양한 생각들과 만나서 계속 의식을 자극받게 된다. 서로의 생각을 바탕으로 토론하다 보면 사고가 확장되고, 내 생각의 틀에서 벗어날 수 있다. 대략 2년 정도 참여했던 이 독서 모임은 여러 가지 사정으로 해체되었다. 사람이 있는 곳은 '관계'가 중요하다. 좋을 때는 한없이 좋다가도, 서로 마음이 틀어지면 바늘 한 점 꽂을 여유도 없어지는 것이다.

　삶에 힘이 되는 독서 모임을 그만 둘 수 없었다. 여기에 참여했던 여섯 명이 독서 모임 '셀프리더'를 새로 만들었다. 회원이 여섯 명이니 어떤 때는 둘이 모인 적도 있다. 나는 항상 책을 읽고, 기록을 한다. 기록을 왜 하는가? 잘 기억하기 위해 하는가? 그냥 마음 편하게 잊어버리기 위해 기록을 한다. 나는 기록을 보면서 토론을 한다. 기록한 것이 있으니 말하고 싶은 핵심을 이야기할 수 있고, 이야기가 딴 길로 새지 않는다. 이렇게 하다 보니, 책을 읽고 기록한 종이를 가져오는 사람이 조금씩 늘어났다. 지금은 거의 대부분 독서 기록물을 가지고 온다. 모임에 나가면 다양한 형태의 독서록을 받아 오게 된다. 이 기록이 조금씩 쌓이면 큰 자산이 된다.

　일주일 동안 지치고 힘든 몸을 이끌고, 금요일 저녁 7시 30분이면 '셀프리더'에 참여한다. 모임 자체는 힐링의 시간이다. 신기하게도 모임이 끝나고 나면 몸과 마음이 홀가분해지면서 활력이 생긴다. 그 힘을 바탕으로 주말에 많은 양의 책을 읽게 된다. '셀프리더'를 함께 만들었던 남낙현 님이 쓴 《하루 25쪽 독서습관》이라는 책이 최근에 나왔는데, 이를 계기로 해서 블로그를 통해 '셀프리더'를 널리 홍보하고 참가자들을 공개적으로 모으고 있다. 누구나 환영이다. 현재 회원은 서른 명이 넘는다. 모임이 있을 때마다 열 명 정도는 함께 토론을 한다. 개인 사정이 있기 때문에 매번 나오기는 힘들다. 회원이 늘어나니, 좀 더 다양한 생각을 접하게 되고 다양한 생각을 하게 되어 모임이 더욱더 풍성해졌다.

책을 통해 서로의 삶을 이야기하기도 한다. 이제 결혼한 지 한 달 열흘 된 새댁이 고민을 이야기하면 50대 선배가 인생 경험을 들려준다. 직장 내에서 억울한 일을 이야기하면 한마음으로 위로를 해 준다. 모임은 고민을 편안하게 이야기할 수 있는 공간이다. 고민은 귀 기울여 들어 주는 사람만 있어도 반은 해결된다. 잘 들어 주고 공감해 주는 모임 속에서 마음의 평화를 얻고, 조금씩 변화하고, 성장하게 된다.

함께 읽기는 중요하다. 독서 모임을 통해 함께 읽기의 즐거움을 느끼고 있다. 같은 책을 읽고 다른 생각을 듣는 것도 생각의 힘을 길러 주고, 서로 다른 책을 읽고 다양한 생각을 듣는 것도 생각의 힘을 키워 준다.

나는 일주일에 한 번 금요일마다 '셀프리더'에서 토론하고, 사색하고, 성찰하는 시간을 갖는다. 또 격주로 한 번 월요일에 천안 시내 중·고등학교 선생님들의 수업 혁신 동아리인 '담쟁이'에서 독서 토론을 한다. 2014년 10월 혁신학교를 위한 준비 모임이 월봉고등학교에서 있었다. 혁신학교도 중요하지만 수업 혁신이 가장 절실했다. '수업은 교사의 생명이다'라는 생각이 들었다. 혁신학교를 준비하는 교사들 중 뜻을 같이하는 선생님들이 모여 수업 혁신 동아리를 만들었다. 이름은 천천히 함께 끝까지 가자는 의미에서 '담쟁이'로 했다. 그냥 모여 수업 이야기를 하는 것이 아니라 항상 책을 매개로 한다.

수업 관련 책을 읽고, 함께 토론하고, 적용한 것을 이야기한다. 물론 수업 관련 책만 읽는 것은 아니다. 다양하게 책을 읽고 내 삶과 연결시키고, 내 수업과 연결 짓는다. 내가 근무하는 천안동성중학교는 사립학교다. 사립학교를 흔히 '고인 물'에 비유한다. 교류가 없기 때문이다. 교사가 의도적으로 다른 학교와 교류하려는 노력이 없으면 우물 안 개구리가 될 수밖에 없다. 다양한 학교의 다양한 교사와의 만남은 좀 더 많은 것을 배울 수 있는 기회가 된다. 나의 기록 습관은 여기서도 다른 교사에게 전파가 되었다. 책을 읽고 기록하는 교사가 점점 늘고 있다. 한 주를 시작하는 첫날, 일과가 끝난 저녁 6시에 교사들이 모인다. 그리고 끊임없이 고민하고, 사색하고, 토론한다. 여기에서 배운 것을 아이들에게 조금씩 풀어 놓는다. 그리고 조금씩 성장해 나간다.

## 교사 학습공동체 '산책'을 만들다

성인의 의식 수준을 확장시키고 성장시키기는 어렵다. 이미 고유한 틀을 갖고 살아가기 때문에 그 틀을 깨뜨리는 것이 힘든 것이다. 그 틀을 깰 수 있게 하는 힘! 그것은 오직 독서뿐이다. 읽은 만큼 성장한다. 내 삶에 독서가 없었다면 내 앞에 닥친 많은 일을 해내지 못했을 것이다. 반대로 책을 읽지 않았다면 그 일이 나에게 주어지지도 않았을 것이다. 독서는 인간의 성장을 가져온다. 성장한 만큼 역할이 더 커진다. 역할을 수행할 때도 뇌에 남아 있는 독서의 흔적들이 나도 모르는 사이에 툭툭 튀어 나와 나를 도와준다.

책은 나의 삶이 고통스러워 흔들릴 때 나를 잡아 주는 기둥 역할을 했고, 내 삶의 안식처가 되었고, 내가 앞으로 나아가고자 할 때 천천히 이끌어 주었다. 책이 있기에 나는 나를 지켜 내고 있다.

2013년, 학교 안에서 동료 교사와 '읽는 즐거움'을 함께 나누고 싶었다. 교무실에서 서로 좋은 책을 소개하고, 권하고, 책을 통해 수업을 나누고, 책을 통해 삶을 이야기하고 싶었다. 3월 초 교사들은 정신없이 바쁘다. 아이들도 파악해야 하고, 업무도 파악해야 한다. 쏟아지는 공문도 처리해야 한다. 그야말로 옆으로 시선을 돌릴 만한 여유가 없다.

모임은 만들어야겠고, 선생님들은 바쁘고, 한참을 망설였다. 모임을 만든다고 할 때 얼마나 신청해 줄 것인가도 고민이었다. '단 한 명이라도 신청하면 그 선생님과 둘이서 하면 돼!'라는 마음

교사 학습공동체 '산책' 모임

으로 메신저를 보냈다. 스물여덟 명의 교사 중 열여덟 명이 신청했고, 나는 감사한 마음에 고개를 숙였다. 이때만 해도 교사가 방과 후 교육 활동에 참여하는 경우가 많았다. 방과 후 수업에 참여하는 교사를 제외하고 보통 모임은 열 명 정도로 진행되었다. 모임 이름은 '산책 — 살아 있는 책 읽기, 함께 걷는 수업 성찰'이라고 정했다.

　모여서 학교, 수업, 학급 활동에 대한 이야기를 나누다 보면 앞으로 나아가지 못하고, 제자리에서 맴돌게 된다. 처음에는 학교에 대한 이야기를 하다 어느 순간 그냥 잡담으로 흐르게 된다. 잡담을 위해 일부러 시간을 낼 필요가 있겠는가? 모임의 대화가 잡담으로 흐르지 않기 위해서는 함께 책을 읽어야 한다. 읽은 책을 함께 토론하고, 실천하고, 성찰할 때 교사는 성장할 수 있다.

읽을 책을 정하고, 읽어 오길 바라지만, 구성원 모두 책을 읽어 오기는 힘들다. 최소한 리더는 책을 읽고 그 내용을 파악하고 있어야 한다. 책을 읽어 온 교사부터 돌아가면서 이야기를 한다. 그러면 책을 읽지 않고 온 교사도 그 발언을 바탕으로 자신의 생각을 얹어 이야기할 수 있다. 아무도 읽어 오지 못했을 때 리더가 미리 읽었다면 그 모임은 그래도 깊이 있게 진행될 수 있다. 리더가 먼저 내용을 이야기하고, 다른 교사는 그 내용을 바탕으로 생각을 이어 나가면 된다. 리더라면 꼭 미리 읽고, 준비해 보자.

3월 첫 모임에서는 1년 동안 각자 얼마나 읽을 것인가에 대한 목표를 정했다. 맨 처음 읽을 책으로 이지성의 《당신의 아이는 원래 천재다》를 선택했다. 교사들의 모임이기에 수업이나 학교 관련 책으로 시작할 수 있었지만, 교사가 학생을 보는 시각을 긍정으로 갖는 것이 중요하다는 생각이 들어 선택하게 되었다. 이 시대의 부모라면, 이 시대의 교사라면 꼭 한 번 읽어 봐야 한다는 생각이 드는 책이다.

긍정적인 마음은 긍정적인 결과를 낳고, 부정적인 마음은 부정적인 결과를 낳는다. 아이를 보는 시각이 긍정적일 때 아이는 긍정적으로 생활한다. 인간의 삶이 긍정적으로 펼쳐지기 위해서는 긍정적으로 보는 것이 중요하다. 아무리 자주 잘못을 하는 아이라도 존재 자체에 대해 존중의 마음을 갖고 보면 긍정적인 모습이 보인다. 긍정적인 모습을 보고, 긍정적인 말을 자주 하다 보면 아이의 단점은 자연스럽게 사라진다.

책을 읽는 교사가 희망이다. 같은 강물에 두 번 발을 담글 수 없듯이, 사회는 날마다 조금씩 변한다. 이 변화는 늘 사람을 설레게도 하고, 불안하게 하기도 한다. 변화의 물결 속에서 늘 불안해하면서 살기엔 인생이 너무 소중하지 않은가? 날마다 조금씩 변화하고 성장하는 교사, 그 속에서 아이들도 함께 성장할 수 있다. 우리 학교 교사들은 변화의 강물에 조금씩 발을 담그고 함께 나아가기 시작했다. 변화는 항상 일어난다. 교사가 먼저 변해야 한다. 결국 중요한 것은 변화를 즐기는 것이다. 즐거운 마음으로, 올바른 가치관을 가지고, 변화를 이끄는 사람이 되어 보자.

독서 토론의 풍경

2장

## 독서 토론은 인문적 실천의 시작이다

교사가 가르치는 일만 하면 얼마나 좋을까? 교사의 업무를 가만히 들여다보면 가르침에 대해 정성을 기울일 시간적 여유가 없다. 출근하자마자 반 아이들이 무사히 모두 학교에 왔는지 확인하고, 안 온 아이에게 전화를 걸고, 늦은 아이는 왜 늦었는지 이야기를 듣고 있으면 어느새 1교시 시작하는 종이 울린다. 교사는 생리적 현상도 잘 조절해야 한다. 쉬는 시간에 잠깐 아이들하고 이야기하느라 화장실을 가지 못한 경우는 참 곤란하다. 수업 종은 울리고, 볼일은 봐야 하고… 시간에 맞춰 움직이는 모습이 마치 로봇 같다. 무미건조한 삶, 로봇보다 나을 것도 없다.

그 와중에 시간을 쪼개고, 쪼개어 모임 시간을 만든다. 일과 중에는 모일 엄두를 못 낸다. 아예 6교시까지 있는 날, 일과가 끝난 오후 4시에 시작한다. 교사들은 지치고, 힘든 모습으로 하나둘씩 모인다. 그러나 토론이 시작되면, 눈빛을 반짝이며 읽은 책을 바탕으로 수업 이야기, 아이들 이야기, 사는 이야기를 쏟아 놓는다.

모든 읽기는 삶과 연결 지어 나타날 때 의미가 있다. 읽기에 그치면 진정한 즐거움을 느낄 수 없다. 읽은 것을 내 삶에 적용하여, 좀 더 깊이 있게 살아갈 때 읽기에 대한 희열을 느낀다. 독서를 통해 생각의 힘을 기르고, 이 생각의 힘이 질문의 힘으로 이어지고, 이것은 곧 실천으로 나타난다. 나의 첫 독서록 제목은 '질문이 있는 독서록'이었다. 지금은 '행동이 있는 독서록'이다. 독서의 끝은 실천이다. 행동으로 표현될 때 살아 있는 독서, 값진 독서가 된다는 생각에 제목을 바꿨다.

우리 교사들은 '산책'에서 함께 읽고, 사색하고, 토론한 것을 조금씩 실천하기 시작했다. 손우정의 《배움의 공동체》를 읽고, 수업에 대한 진지한 고민이 시작되었다. 배움의 공동체 수업은 무엇인지, 어떤 철학을 가지고 있는지, 그 철학이 어떻게 수업에서 구현되는지를 이야기하면서 조금씩 적용해 나갔다.

교사와 아이들 간의 인간적인 믿음은 중요하다. 2013년만 해도 방과 후 야간 수업이 영어와 수학을 중심으로 진행되었고, 정기고사 기간에는 다른 과목도 수업을 하도록 시간표를 짜 주었다. 도덕 수업은 두 시간이 편성되었다. 내가 시험 문제를 내고, 내가 그 시험 대비를 위해 또 수업을 한다는 것 자체가 모순이라는 생각이 들었다. 그래도 다행인 것은 이런 식의 방과 후 수업은 지금은 하지 않는다는 것이다.

방과 후 야간 수업은 학년별로 희망을 받아서, 저녁 시간에 약 30명 정도를 모아 놓고 하였다. 어느 날, 다소 산만하여 떠들거나 딴짓 하는 아이들은 떼어 놓거나 앞으로 자리를 이동시킨 후, 두 시간 수업을 했다. 수업이 5분 정도 남았을 때, 맨 뒤쪽에 앉아 있는 학생이 스마트폰을 하고 있는 것이 보였다. 스마트폰이 뜨끈뜨끈했다. 그 순간 아이에 대한 엄청난 미안함이 밀려왔다.

"○○야, 미안하다. 선생님이 네가 핸드폰하는 것을 미리 알아채고, 함께 시험 공부할 수 있도록 도와줬어야 하는데 너무 미안하다."

아이는 내 말에 고개를 푹 숙이고 "죄송합니다, 선생님." 하고 대답했다.

《배움의 공동체》를 읽고 토론하는 시간을 갖지 않았다면 나는 두 시간 동안 스마트폰 게임을 한 아이에게 화부터 냈을 것이다. 그러나 차분히 생각해 보면 내 잘못이 컸다. 아이가 스마트폰 만지는 것을 알아채지 못한 것 자체가 너무 미안했다. 내 진심을 아이에게 전할 때 아이와의 신뢰는 쌓이게 되고, 자신의 잘못을 스스로 깨닫게 해 준다. 아이를 억압하고 큰소리로 혼내는 것이 아니라, 조용하고 부드럽고 유연한 관계 속에서 진정한 배움이 일어나고, 그런 분위기 속에서 아이들은 행복하다.

《배움의 공동체》를 읽고, 함께 배우는 학습공동체 활동을 통해 다른 교사는 어떤 생각을 하고, 교실에서 어떻게 적용했는지 알 수 있었다.

**박은진** 수업 자체가 인성 교육의 기초가 되어야 하는데, 급한 마음에 아이들에게 충분히 생각할 시간을 주지 못하고, 재촉하기에 바쁜 경우가 있다. 기다림의 중요성을 깨달았다. 교사가 일방적으로 설명하는 수업이 아닌 아이들에게서 배움이 일어나도록 수업 재구성이 필요하다.

**유재흥** 발돋움과 점프가 필요하다. "아이들이 배우는 수준이 너무 낮기 때문에 흥미를 잃는다."라는 말이 있다. 배움의 점프는 모둠 활동 속에서 서로 간의 대화를 통해 일어난다. 수업 시간에 학생과 학생, 학생과 교사 간 대화가 일어날 수 있도록 하는 것이 중요하다. 이러한 수업은 동료에 대한 믿음과 사랑이 있어야 하며, 모든 선생님이 함께 적용할 때 효과적이다. 책 속에서 가정 선생님이 버릇없는 아이에게 다도(茶道)에 따라, 따뜻한 차 한 잔을 정성스럽게 따라 주는 모습에서 감동을 받았다. 이렇게 교사와 아이들 간 중요한 것은 신뢰라는 생각이 들었다.

**유정웅** 책을 읽고, 과연 가능할 것인지, 막연한 두려움이 앞섰다. 책에서 말하는 수업은 학교 다닐 때 경험하지 못한 수업이고, 초중고 통틀어서 과학 실험 열 번도 해 보지 않은 것 같다. 대학교에 들어가서 '연결 짓기' 형태의 수업을 접해 보았으며 주도적으로 참여할 수밖에 없었고, 그 수업이 지금도 기억에 남는다. '교사가 다 알려 줘야 한다'라는 생각을 버려야 한다.

**최성우** 배움의 공동체는 철학이다. 단 한 명의 아이도 배움에서 소외되지 않고 함께 성장해야 한다. "그 애들은 안 돼요."라는 부정적 언어는 교사로서 하지 말아야 한다. 아이들에게 모든 지식을 다 넣어 줄 수 없다. 들은 것은 금방 잊게 된다. 자기가 얘기한 것은 잊지 않고 생각이 난다. 나아가 다른 아이들에게 가르쳐 준 것은 완전히 깨닫는 것이다. 아이들끼리는 언어가 서로 통하기 때문에 서로 대화를 통해 배움이 일어난다. 모든 선생님이 꾸준히 수업 시간에 적용해 보면 좋겠다.

이런 생각과 성찰이 오가는 토론 모임을 통해 교사는 사색을 한다. 그 사색을 바탕으로, 수업 및 학급 활동 시간에 다양한 모습으로 실천한다. 이런 꾸준한 과정 속에서 우리 교사들의 '산책'은 단순히 토론하는 모임에 그치는 것이 아니라, 함께 배우고, 함께 실천하고, 함께 성장하는 학습공동체로 거듭날 수 있었다.

천안은 운동장사거리를 중심으로 출근 시간에 도로가 꽉 막힌다. 막히는 도로를 뚫고 출근하면, 아침부터 몸이 지친다. 막히는 시간대를 피하기 위해, 아침에 조금 부지런을 떨어 출근했다. 차가 덜 막히는 시간대에 출근하니 아침 시간이 여유로워졌다. 이 시간을 아이들과 함께 독서하는 시간으로 활용하고 싶은 마음이 들었다.

아이들 등교 시간이 8시 40분으로 늦춰지면서 일찍 등교하는 아이들은 아침 시간이 꽤 길다. 그 시간에 아이들 대부분은 스마트폰 속에 파묻힌다. 스마트폰 하는 시간만 책을 본다면 얼마나 좋을까? 그래서 아침에 독서하는 동아리, '북모닝반'을 운영했다. 8시부터 30분 동안 꾸준히 참여하면 1년 동안 많은 책을 읽을 수 있다. 희망자를 받아 도서관 203호에 모여 책을 읽도록 했다. 203호는 창문이 동쪽으로 나 있다. 아침에 떠오르는 햇살을 느끼며, 아이들의 책장 넘기는 소리를 들으며, 책에 몰입하는 시간이 행복하다.

아침 30분 독서를 꾸준히 한다면, 그것이 쌓여 인생 자체의 빛으로 발할 것이다. 아침 시간을 허둥지둥 보내지 않고, 여유 있게 출근하여 독서를 하면서 지내다 보니 마음까지 편안해졌다. 책 읽는 아이들의 모습에서는 향기가 난다. 시간에 쫓기다 보면 삶의 고유한 빛과 향기를 맡을 수 없다.

최진석의 《인간이 그리는 무늬》에 인문(人文)이라는 말을 설명해 놓은 글귀가 있다. 인문이 바로 인간이 그리는 무늬라는 것이다. 나는 어떤 무늬로 내 인생을 표현할까? 조금 더 여유 있는

그림을 그리고 싶다. 마음의 여유와 편안함이 묻어나는 그림이고
싶다.

> 한편, 문(文)이라는 글자를 봅시다. '문'은 원래 무늬라는 뜻
> 입니다. 우리 옷에 무늬가 그려져 있지요. 그것을 '문', 즉 문양
> 이라고 합니다. 무늬는 누가 그립니까? 인간이 그려요. 그럼
> 인문(人文)은 뭐냐? '인간이 그리는 무늬'라는 말입니다.[1]

내가 내 삶의 주체로 서기 위해서는 인문적 통찰이 중요하다.
어떤 사건이나 사물을 판단할 때 이미 가지고 있는 이념이나 신
념을 바탕으로 보면 제대로 보기 힘들다. 내 생각의 틀에 맞춰 맞
다, 틀리다 판단을 하게 되는 것이다. 이러한 신념의 지배를 받다
보면 진정한 자신의 모습을 잊어버린다. 진정한 자신의 모습을
찾아보자. 내 마음이 닿는 곳에 말과 행동을 두어 보자. 자기 삶
의 주체가 되어 이끌고 나아가는 사람한테는 인간의 향기가 난
다. 스스로 의미 있고 가치 있는 것에 대한 방향을 잡고, 꾸준히
실천할 때 그 사람에게서 좋은 향기를 맡을 수 있다.

이성적으로 치밀하면 차갑다. 이 세상은 이성적인 시각으로 설
명되지 않는 것이 훨씬 더 많다. 사회적 시각에 자신을 억누르지
말고, 자신의 마음이 움직이는 대로 살 때 편안하고 행복하다. 자
신의 향기를 가져라. 자신만의 고유한 고민과 생각과 질문과 행

---

1. 최진석, 《인간이 그리는 무늬》, 소나무, 2013, 58쪽

동이 있을 때 향기가 난다. 그 향기가 널리 퍼져 주변 사람을 행복으로 이끌 수 있다. 그것이 그 사람이 가지고 있는 힘이다.

온갖 마음과 시선이 밖으로만 향해 있으면 내적인 힘이 길러지지 않는다. 내면에 귀 기울여 보자. 내 마음의 목소리가 들리고, 내가 진정 원하는 것이 무엇인지 깨달을 수 있을 것이다. 내면의 소리에 따라 행동할 때, 일이 즐겁다. 그래야 힘이 생긴다. 주체적인 삶, 자발적인 삶에 덕이 있고, 그게 곧 사람을 이끄는 힘이 된다.

임후남과 이재영이 공저한 《아들과 클래식을 듣다》를 읽으면서, 문득 우리 교실에 있는 아이들과 클래식을 듣고 싶었다. 어느 날 우연히 라디오에서 흘러나오는 오페라를 듣게 되었다. 그것을 듣는 순간 마음이 차분히 가라앉으며 눈물이 주르르 흘렀다. 헨델의 〈리날도〉 중 '울게 하소서'였다. 나는 날마다 퇴근하고 108배 절 운동을 한다. 절 운동을 할 때 꼭 이 음악을 튼다. 절 운동을 하면서 오페라 '울게 하소서'를 들으면 온몸이 평화로워진다.

좋은 음악을 들으면 기분이 좋아진다. 슬픈 음악을 들으면 마음이 우울해지고, 경쾌하고 빠른 음악을 들으면 왠지 춤을 추고 싶은 생각이 든다. 어떤 소리를 듣느냐에 따라 사람의 감정이 좌우되는 것이다. 삭막하고 차가운 교실에 아침 일찍부터 따뜻한 클래식 음악 소리가 울려 퍼지도록 하였다.


감수성이 예민한 아이들이 단 한 곡의 오페라 아리아에 마음이 젖어들고, 오케스트라 연주에 가슴이 환해지는 순간을 경험하는 것은 영어 단어 하나를 외는 것보다 수학 문제 하나를 푸는 것보다 소중하다고 생각합니다. 고단한 삶을 살아가는 동안 음악이 주는 위로는 그 어떤 것보다 크기 때문입니다.[2]

일단 마음을 따뜻하게 하는 클래식 음악을 골랐다. 그리고 음악의 곡명과 작가를 안내하는 삼각판을 만들었다. 이 음악들은 내가 방과 후 요가 수업을 할 때도 틀었다. 요가 수업을 진행하는 동안 같은 음악을 반복해서 들려줬다. 반복의 힘은 세다. 반복할수록 뇌를 자극하게 되고, 곡의 느낌이 기억으로 저장되는 것이다. 아이들은 요가 수업을 받으면서 클래식 음악을 함께 익혔다.

학급에서는 제일 일찍 등교하는 아이에게 음악을 틀고, 안내 삼각판을 교탁 위에 올려놓는 역할을 주었다. 굳이 곡명을 설명하지 않아도 아이들은 지금 어떤 곡이 흘러나오는지 교탁 위 안내 삼각판만 보면 알 수 있다. 일주일 동안 계속 반복적으로 틀어주면 학생들은 음악을 흥얼거리고, 곡명까지 저절로 익힌다. 음악이 몸에 익은 것이다. 따뜻한 음악이 몸에 배면 따뜻한 마음이 우러나온다. 따뜻한 마음이 울려 퍼질 때 교실 안의 갈등은 점점 줄어들고, 서로의 감정을 보듬는 마음은 늘어난다.

한 사람이 10권의 책을 읽는 것보다 열 사람이 1권의 책을 읽고 나누는 것이 낫다는 말이 있다. 함께 읽고 토론할 때 다양한

---

2. 임후남 · 이재영, 《아들과 클래식을 듣다》, 생각을담는집, 2011, 242쪽

생각들을 만난다. 똑같은 수업 관련 책을 읽어도 깨달은 내용이 다르고, 적용하는 방법이 다르다. 서로 다른 의견을 나누다 보면 좀 더 깊이 생각하고, 내 생각을 다시 돌아보면서 생각의 간극을 좁혀 나갈 수 있다. 같은 책을 읽고 나누면서 공감대가 형성된다. 아이들을 이끄는 방향도 비슷해진다. 교사마다 다른 방향으로 아이들을 이끈다면 아이들은 혼란스럽다. 방법은 다양해야 하지만 방향은 일치해야 한다. 우리는 독서 토론을 통해 아이들을 인도하는 방향에 대해 한마음을 가질 수 있었다.

책을 통해 한 사람의 인생을 만나고, 이 인생을 나의 인생에 비추어 생각하고, 이 생각을 동료 교사와 나누면서 하나둘씩 실천할 수 있었다. 재물은 쓰면 없어지고 사람의 마음을 허망하게 하지만, 독서 토론은 하면 할수록 사람의 마음을 풍요롭게 한다. 독서 토론은 언제나 사색과 반성의 시간으로 이어지기 때문이다. 그리고 생각만 하는 사람이 아니라 생각을 실천하는 사람이 되도록 한다.


## 독서는 자신과의 화해의 장

나를 바라볼 때 오롯이 나만 보는 것이 아니라 관계 속에서 나를 본다. 나는 누구의 아내이고, 누구의 엄마이고, 누구의 담임교사이고, 누구의 도덕 교사다. 이것은 나의 본질을 보는 것이 아니라 나의 사회적 역할을 통해 나를 바라보는 것이다. 어떤 역할을 통해 나를 바라볼 때 숨이 막힌다. 그러나 나도 모르게 나는 또 그 역할에 목매달고 있다. 좀 더 현명한 아내를 꿈꾸고, 좀 더 자상한 엄마를 꿈꾸고, 좀 더 지혜로운 교사를 꿈꾼다. 이것이 나를 꼼짝 못 하게 하는 하나의 틀이 되었음에도, 당연하다고 생각하였다.

이 틀을 벗어나 더 자유롭게 사는 방법은 무엇일까? 내 삶의 주인으로 사는 방법은 무엇일까? 내 삶의 진정한 주인으로 살 때 행복을 느낄 수 있다. 나 자신을 남의 시각에 비추어 생각하고 판단하면 행복할 수 없다. 계속 자신을 틀에 꿰어 맞추려고 한다. 틀에 꿰어 맞추려는 자신을 가만히 들여다보면서 화해의 손길을 보내 보자. 그것은 진정한 내가 아니다. 진정한 나 자신을 찾아보자. 독서를 통해, 틀에 맞춰 살고자 하는 나 자신에게 하나씩 따뜻한 손길을 내미는 방법을 배워 보자.

지치고 힘들어서 나 자신까지도 주체하기 힘들 때 우리는 《달라이 라마의 행복론》을 함께 읽고 토론했다. 교사 자신의 내면을 들여다보며, 삶에 찌들어 지친 마음과 서로 다른 언어로 화해의 손을 내미는 계기가 되었다. 그때 다양한 교사들로부터 나온 말에서 일부를 인용하면, 다음과 같다.

**이선미** 《달라이 라마의 행복론》을 통해 얻은 해답은 긍정정인 마음을 갖는 것이 중요하고, 이 긍정적인 마음을 갖는 것은 마치 운동을 통해 근육을 단련하듯 마음의 훈련을 통해 가능하다는 것을 알았다. 타인에 대한 자비심도 중요하지만 자신에 대한 자비심을 갖는 것이 먼저라는 생각을 했다. 자신에 대한 사랑이 충만해야 타인에 대한 사랑도 가능하다.

**홍민정** 해외여행을 통해 달람살라에서 달라이 라마를 가까이서 직접 뵐 기회가 있었다. 그분이 지나가는 모습에서 따뜻한 기운과 여운이 마음속으로 들어와 영혼의 풍요로움을 느꼈다. 사람들이 불행함을 느끼기 때문에 이 책이 꾸준히 관심을 받는 것 같다. 도화지에 그림을 그리는 것이 일상이고 도화지 자체가 행복이 아닐까 생각해 본다. 물질이 부족해도 소소한 것들에 더 많은 행복을 느끼는 사람들을 보면서 스스로를 반성하는 시간을 가졌다. 힘들 때는 독서와 고백성사를 통해 마음을 다스리고 있다.

어떤 마음으로 세상을 보느냐에 따라 나의 영혼의 수준이 달라진다. 달라이 라마는 영적인 수행을 위해 매일 기도문을 암송한다. 기도문의 구절을 읽는 것만으로도 마음의 평화를 얻는다.

누군가를 만날 때마다 언제나 나 자신을 가장 미천한 사람으로 여기고, 내 마음 깊은 곳에서 상대방을 최고의 존재로 여기게 하소서!

나쁜 성격을 갖고 죄와 고통에 억눌린 존재를 볼 때면, 마치 귀한 보석을 발견한 것처럼 그들을 귀하게 여기게 하소서!

다른 사람이 시기심으로 나를 욕하고 비난해도 나를 기쁜 마음으로 패배하게 하고 승리는 그들에게 주소서!

내가 큰 희망을 갖고 도와준 사람이 나를 심하게 해칠 때, 그를 최고의 스승으로 여기게 하소서![3]

---

3. 달라이 라마·하워드 커틀러, 《달라이 라마의 행복론》, 류시화 옮김, 김영사, 2001, 205쪽

열심히 하면 할수록 칭찬과 비난은 함께 붙는다. 사람은 항상이 비난에 신경을 쓴다. 비난에 신경 쓰다 보면 제대로 행동할 수도 없고, 눈치를 보게 된다. 여기저기 눈치를 보다 보면 할 일을 제대로 못 한다. 나에 대한 비난이 들릴 때 어떻게 해야 할까? 모든 사람한테 좋은 소리를 들을 수는 없다. 어떤 조직이든 내 행동의 옳고 그름을 떠나서 무조건 반대하고 비난하는 사람이 있고, 무조건 지지해 주는 사람도 있다. 먼저 비난의 내용을 본다. 그게 맞으면 고치면 되고, 사실과 다르면 그냥 내려놓으면 된다.

내려놓기가 쉬운 일은 아니다. 두 스님이 길을 가고 있는데, 냇물을 건너지 못하고 발만 동동 구르는 여인이 있었다. 갑자기 내린 비로 물이 불어 있었다. 한 스님이 얼른 그 여인한테 등을 내밀고, 업어서 냇물을 건네주었다. 이 모습을 본 다른 스님은 계속 마음이 불편했다. 본인이 그 여인을 업어서 건네주고 싶었던 것이다. 목적지에 다다랐을 때, 화가 났던 스님이 물어 보았다.

"스님! 어찌하여 스님 신분에 여인을 등에 업으셨습니까?"

"어허, 난 그 여인을 아까 등에서 내려놨네만 자네는 아직도 그 여인을 등에 업고 있구만."[4]

보통 사람은 주변의 비난을 업고 끙끙대며 산다. 비난은 비난일 뿐이다. 스스로 성찰하여 옳다면, 억울해할 것도 없고, 쫓아가서 따질 것도 없다. 또는 비난에서 벗어나기 위해 변명을 하기도 한다. 그러나 변명은 스스로를 더 무기력하게 만들 뿐이다. 자신

---

4. 김진락, 《두 스님과 아가씨》, 바라미디어, 2006 참조.

에 대한 작은 소리도 참지 못하고, 따로 불러내서 이야기하는 사람이 있다. 그리고 그렇게 한 이유에 대해 남 탓을 하면서 설명한다. 그럴수록 자신의 나약한 모습을 보여 주는 꼴밖에 되지 않는다. 굳이 나서서 따지지 않아도, 오랜 시간 함께 하다 보면 진심을 알아본다. 진심은 통하게 되어 있다.

기시미 이치로와 고가 후미타케는 《미움받을 용기》에서 주변에 힘을 뺏기지 말고, 존재에 감사하며, 지금 이 순간 자신에게 더욱더 집중할 것을 강조한다. 어느 조직이든 열 사람 중에 나를 싫어하는 사람 한 명이 있고, 나를 좋아하는 사람 두 명 정도가 있으며 나머지 일곱 명은 이쪽도 저쪽도 아니다. 나를 싫어하는 한 사람 때문에 내 평화를 빼앗기지 말자.

> 유대교 교리에 "열 명의 사람이 있다면 그 중 한 사람은 반드시 당신을 비판한다. 당신을 싫어하고 당신 역시 그를 좋아하지 않는다. 그리고 그 열 명 중 두 사람은 당신과 서로 모든 것을 받아 주는 더없는 벗이 된다. 남은 일곱 명은 이도저도 아닌 사람들이다." 이때 나를 싫어하는 한 명에게 주목할 것인가, 아니면 나를 사랑해 주는 두 사람에게 집중할 것인가, 혹은 남은 일곱 사람에게 주목할 것인가. 그게 관건이야. 인생의 조화가 결여된 사람은 나를 싫어하는 한 명만 보고 '세계'를 판단하지.[5]

지금 이 순간에 좀 더 강하게 집중해야 한다. '과거의 어떤 원

---

5. 기시미 이치로 · 고가 후미타케, 《미움받을 용기》, 전경아 옮김, 인플루엔셜, 2014, 280쪽

인 때문에 내가 이렇게 살 수밖에 없다'고 생각하는 것은 핑계일 뿐이다. 행복과 즐거움도 선택할 수 있다. 단지 용기가 없어서 선택을 미루는 것이다. 항상 긍정을 선택하는 자유로운 인간이 되어야 한다. 항상 자신을 자랑하고 포장하는 사람일수록 열등감이 강하다. 자신의 자랑에 힘을 쏟는 사람을 이상한 시선으로 보지 말고, 가엽게 여겨야 한다. 불쌍히 여기고 감싸 안을 수 있는 마음의 여유를 가져 보자.

아무리 화려하고 자상한 말과 부드러운 몸짓으로 자신을 포장해도, 함께하다 보면 서서히 그 내면을 볼 수 있다. 너무 타인의 시선과 비난에 연연해하지 말자. 스스로의 성찰이면 충분하다. 그냥 내려놓으면, 홀가분한 마음으로 새로운 것을 시작할 수 있는 힘이 생길 것이다. 그 힘으로 자신의 꿈을 좇으면 행복해진다. 꿈을 달성하면 다 행복할까? 행복이란 무엇일까? 성공하면 행복할까? 그러면 성공이란 무엇일까? 계속 곰곰이 생각해 보았다. 그 결과 '지금 이 순간 감사하는 마음이 행복이고, 지금 이 순간 최선을 다하는 삶이 성공이다'라는 생각이 들었다.

무엇에 감사해야 할까? 아주 작은 것부터 감사하는 습관을 길러보자. 그러기 위해서는 감사 일기를 쓰는 것도 좋다. 작은 것에 감사하는 사람은 행복하다. 나는 몇 년째 감사 일기를 쓴다. 물론 매일 쓰지는 못한다. 생각날 때마다 단 한 줄이라도 쓴다. 감사 일기를 쓰면서 억눌려 있던 내 마음과도 화해를 하며, 평화로운 기운을 느낀다. 감사 일기를 들춰 보면서 몇 가지를 적어 본다.

"따뜻한 햇살을 느낄 수 있어 감사합니다."

"내 꿈을 펼칠 수 있는 학교가 있어 감사합니다."

"늘 믿고 의지할 수 있는 좋은 사람들이 있어 감사합니다."

"내가 사랑으로 보듬고 가르칠 수 있는 아이들이 있어 감사합니다."

"배꽃을 보면서 아이들과 아침 독서를 할 수 있어서 감사합니다."

"우리 명혜 샘 건강한 아이 가진 것에 감사합니다."

"존재함에 감사합니다."

세상에는 감사할 것이 참 많다. 감사한 일을 찾다보면 행복이 밀려온다. 수업 시간에 아이들에게도 감사 일기를 쓰게 했다. 아이들은 쉽게 불만을 내뱉으면서도, 감사한 말을 표현하는 것은 어려워한다. 삶을 감사한 마음으로 보는 것이 중요하다. 아이들이 감사하는 마음을 갖고 살게 해 주고 싶었다. 수업 시간에 이지선 이야기를 들려주고, 감사한 것을 찾도록 하였다. 아이들은 지선이의 삶을 통해 자신의 삶을 돌아보며 하나둘씩 감사한 것을 이야기하기 시작했다.

"친구들과 시내를 걸어 다닐 수 있고, 웃으며 얘기할 수 있다는 것이 감사합니다."

"가족과 웃으며 얘기하고, 여행을 갈 수 있어서 감사합니다."

"수학여행을 가서 잘 때 추웠는데 친구가 이불을 덮어 준 것이 감사합니다."

"급식실 아주머니께서 맛있는 밥을 해 주셔서 감사합니다."

"축구를 할 수 있어서 감사합니다."

"나에게 끈기와 노력할 수 있는 마음을 준 것이 무지 감사합니다."

"눈이 나쁜데 현대 기술의 발달로 안경을 써서 세상을 볼 수 있는 것이 감사합니다."

이지선의 《지선아 사랑해》를 읽어 보면, 저자는 계속되는 고통 속에서도 끊임없이 삶에서 감사한 것을 찾는다. 이지선은 교통사고로 차량에 화재가 발생해 전신의 55퍼센트에 3도 중화상을 입었다. 살 가망이 없다며 의료진도 치료를 포기한 상황이었지만, 7개월간의 입원과 30번이 넘는 고통스런 수술과 재활 치료를 이겨 낸다.

> 엄마는 '하루 한 가지씩 감사할 거리를 찾자'고 하셨습니다. 앞으로도 뒤로도 갈 수 없는 그 상황에서 우리가 사람 사는 것처럼 살 수 있는 길은 '감사 찾기'였습니다. 눈에 보이는 거라곤 원망하고 불평할 것밖에 없어 보였는데, 신기하게도 감사할 것을 찾으니 있었습니다. 처음으로 제 발로 걸어서 화장실 갔던 날, 이제 걸어서 화장실에 갈 수 있게 된 것에 감사했습니다. 처음 왼손으로 숟가락을 잡고 제 입에 밥을 넣을 수 있었던 날은 그것에 감사했습니다. 처음 제 손가락으로 환자복 단춧구멍 하나를 채울 수 있었던 날, 그날은 그것에 감사했습니다. 걸어서 계단 몇 층을 올라가면 그날은 그것에 감사하고, 그런 일도 없는 날엔 살아 있어서 가족들과 눈 맞추고, 목소리 들을 수 있

음에 감사했습니다.[6]

이러지도 저러지도 못하는 절박한 상황에서 감사한 마음을 찾기는 힘들었을 것이다. 저자의 시각으로 보면, 우리가 당연하다고 생각하며 누리는 일상 자체가 감사한 것이다. 그녀는 고개를 들어 하늘을 보는 것이 소원이었다. 화상으로 피부가 자꾸 땅겨 고개를 위로 들 수 없었던 것이다. 편안하게 하늘을 보고, 따사로운 햇살을 맘껏 누릴 수 있는 것에 감사해 보자.

자연을 들여다보면 우리에게 가장 소중한 것은 다 공짜라는 것을 알 수 있다. 따뜻한 햇살, 맑은 공기, 시원한 바람 모두 공짜다. 우리 주변을 둘러싸고 있는 자연에 대해서도 감사해 보자. 감사한 마음으로 내 삶을 보는 순간 나에 대해 여유가 생기고, 내 존재와 따뜻하게 마주할 수 있다.

끌리는 사람과 그렇지 않은 사람이 있다. 그 차이는 아주 적다. 아주 사소한 일이라도 최선을 다하는 사람에게 마음이 간다. 사소한 일이라고 소홀히 하는 사람은 큰일도 제대로 처리하지 못하는 경우가 많다. 아주 작은 차이가 큰 차이를 만든다. 작은 일, 궂은일은 아무리 열심히 해도 생색이 나지 않는다. 그러나 그런 일에 최선을 다하는 사람은 때가 되면 그 가치를 인정받는다. 그리고 반드시 큰일도 하게 된다. 우리 곁에 이런 사람이 있을 때는 깨닫지 못하다 떠나가게 되면 그 존재 가치를 느끼게 된다. 작은

---

6. 이지선, 《지선아 사랑해》, 문학동네, 2010, 174쪽

일도 정성껏 마음을 담아 해 보자. 조금씩 성장하는 자신을 만나게 될 것이다.

조금씩 성장하는 자신의 모습에서 긍정의 기운을 느낀다. 긍정의 기운을 느끼면 그것을 의도적으로 더 생각해 보라. '나는 더 나아지고 있다. 나는 더 발전하고 있다'라고 생각할 때 더 좋은 기운이 발산된다. 반대로 나쁜 생각은 나쁜 결과를 낳는다. 극도로 분노했을 때 나오는 기운은 자신의 몸 상태를 좋지 않게 만든다. 건강까지 해치는 것이다. 분노한 사람 주변에 있으면 저절로 불안해진다. 기니피그에게 극도로 분노한 사람의 혈액을 주사했더니 2분도 안 되어 죽고 말았다는 실험 결과가 있다. 인간이 좌절, 분노, 스트레스에 지속적으로 노출될수록 죽음의 길로 더 빨리 다가가고 있다는 것과 같다.

사람은 자신이 좋아하는 일을 할 때 행복을 느낀다. 하지만 자신이 좋아하는 일을 하는 사람이 얼마나 될까? 어쩌다 보니까 이 일을 하게 된 경우도 많다. 일 자체를 갖지 못한 사람도 많다. 부의 재분배에 실패한 이 사회는 일이 있다는 것만으로도 다행이라는 생각이 들게끔 한다.

내가 지금 하는 일을 원치 않았고 좋아하지 않은 일이라고 하더라도 지금 하는 일을 좋아해 보자. 내가 하는 일이 행복하다는 생각을 가질 때, 그 생각이 힘이 되어 열정이 살아난다. 나를 부정의 마음과 손잡게 내버려 두지 말자. 부정의 마음과 손잡으려는 나 자신과 화해하며 조금씩 긍정의 마음으로 이끌어 보자. 조금씩 긍정적인 생각을 하고, 긍정적인 말을 하고, 긍정적인 행동을 하자. 내 인생이 긍정적으로 펼쳐질 것이다.

## '틀리다'가 아닌 '다르다'를 익히는 과정

함께 책을 읽다 보면 전혀 다른 생각과 만난다.

나는 《달라이 라마의 행복론》을 마음속 깊이 깨달음을 얻으며 읽었다. 그러나 사람에 따라서는 전혀 다른 마음으로 책을 읽기도 한다. "처음에 공감대가 형성되지 않아 끝까지 읽지 않았어요."라고 말하는 교사도 있었고, "저는 저자에게 '당신은 종교인이니까 가능하지요.'라는 말을 해 주고 싶었어요."라고 이야기하는 교사도 있었다. 같은 책을 전혀 다른 관점으로 바라보는 것이다. 나와 전혀 다른 생각과 만날 때 처음에는 당황하다가 나중에는 점점 신기해진다. 독서 토론은 사람의 수만큼 생각도 다양하다는 것을 체득하는 과정이다.

로버트 루트번스타인과 미셸 루트번스타인이 함께 쓴 《생각의 탄생》을 읽을 때도 다양한 생각과 접하는 즐거움이 있었다. 이 책에는 13가지 '생각도구'로 관찰, 형상화, 추상화, 패턴 인식, 패턴 형성, 유추, 몸으로 생각하기, 감정이입, 차원적 사고, 모형 만들기, 변형, 놀이, 통합이 나온다. 그런데 생각도구별로 공감의 정도와 인식의 정도가 확연히 달랐다.

**이상민** '산책'에서 1년 동안 읽은 책 중에서 가장 재미있고, 유익한 책이었다. 좋아하는 분야도 많았고, '차원적 사고'의 입체들을 비롯해 모든 것이 흥미로웠다.

**홍민정** 이상민 선생님이 '차원적 사고'에서 많은 것을 공감하는 것을 보며 문과, 이과가 너무 다르다는 것을 느꼈다. 차원적 사고는 이해하기가 힘들었고, '통합' 부분에서 많은 공감이 있었다. 작가의 지식의 방대함을 느낄 수 있는 책이다.

독서 모임은 이렇게 서로 다른 생각들을 들으면서 새로운 생각으로 연결 지어 나아갈 수 있기에 행복한 시간이 된다. 생각은 중요하다. 학생들에게 생각의 힘을 길러 줘야 한다. 다양한 생각도구를 이용해 상상의 나래를 펼 수 있도록 해 주자.

이 책에서 첫 번째로 나온 생각도구가 관찰이다. 나는 관찰에 약하다. 주변의 사람과 사물을 그냥 지나치는 경우가 많다. 그래서 사람 얼굴을 잘 익히지 못하나 보다. 관찰 능력도 연습으로 향상될 수 있다. 항상 의도적으로 주변을, 온 감각을 동원하여 관찰하도록 힘써야겠다.

그렇다면 나에게는 어떤 생각도구가 발달했을까? 나는 무엇인가를 전시하거나 꾸밀 때 패턴을 잘 사용한다. 다른 반 교실의 게시물이 패턴에 맞지 않게 게시되어 있으면 바꿔 주고 싶은 욕구가 생긴다. 일정한 패턴을 갖고 작품을 전시하면 시각적으로 편안함을 준다. 내가 패턴에 좀 더 민감한 것은 어렸을 때 많이 뒀던 오목 덕분인 것 같다. 계룡산 아래 시골에서는 여름만 되면 정자나무 아래로 동네 사람이 다 모인다. 당시 초등학생이었던 나는 어른들과 오목을 둘 때 정말 즐거웠다. 내가 대부분 이겼기 때문이다.

오목은 일종의 패턴이다. 머릿속에서 패턴을 서너 번 상상한 후 바둑알을 두면, 어른들은 "왜 거기다 놓는데?"라고 물어 보시기는 했지만 그 수를 막진 못했다. 상대방이 바둑알을 놓기 전까지 마음속에 긴장감이 돈다. '저곳에다는 두지 말아야 하는데.' 살짝 바둑알이 비켜 갈 때, 그래서 내 공격을 막지 못했을 때, 안도의 숨을 쉰다. 나는 마지막 승리의 바둑알을 놓을 때, 여름날의 무더위 속에서도 시원한 희열을 느끼곤 했다.

나는 학교에서 예술이 중심이 되었으면 좋겠다. 예술을 하는 사람들은 감성이 풍부하고 따뜻하다. 아이들에게 중학교를 졸업하면 악기 하나 정도는 연주할 수 있는 교육과정을 꾸리고 싶다. 다양한 음악 활동, 미술 활동으로 생각과 느낌을 표현할 수 있도록 많은 자원이 지원되었으면 좋겠다. 지금 학교 현장은 예술 교육과정이 취약하다. 미국의 화가 조지아 오키프는 고등학교 미술 선생님의 '관찰하는 법'에 대한 가르침에 강한 자극을 받고 세계적인 화가가 될 수 있었다.

선생님은 천남성을 높이 들고 그것의 이상한 모양과 색깔들의 미묘한 차이를 지적하셨다. 진하고 수수한 흑보라빛이 온통 녹색인 주위를 뚫고 나와 있는데 녹색이라는 것도 연백색이 감도는 꽃부분의 녹색에서부터 잎사귀의 짙은 녹색에 이르기까지 다양한 농담을 보이고 있었다. 선생님은 꽃을 덮고 있는 자줏빛이 도는 포를 들추고 그 안의 천남성을 보여주었다. 그전에도 천남성을 많이 보긴 했지만 그 꽃을 그렇게 집중해서 들여다본 것은 그때가 처음인 걸로 기억한다. 그 때부터 나는 어떤 사물이든지 매우 주의 깊고 세밀하게 보기 시작했다. 그림을 그려야겠다는 의지를 가지고 어떤 유기체의 외형과 색채에 주목하게 된 계기가 되었다.[7]

조지아 오키프는 학교 수업에서 자세히 관찰하고, 구체적으로 보는 방법을 깨달았다. 보통 사람은 현상을 그대로 본다. 즉 꽃을 정해진 크기로만 본다. 하지만 조지아 오키프의 꽃은 굉장히 크다. 보는 시각이 다른 것이다. 꽃수술 부분만 크게 확대하거나 꽃잎 부분을 확대하여 보여 주니 사람들의 시선을 끈다.

책을 통해 얻는 것도 다르고, 세상을 보는 시각도 다르다. 조지아 오키프는 사물을 확대하여 보았지만 사건을 확대하여 보는 사람도 있다. 아주 사소한 일을 확대하여 보고, 엄청난 스트레스를 받는 것이다. 다르다는 것을 인정할 때, 그냥 상대방의 상황에서 오롯이 이해할 때 마음이 유연해진다. 유연함 속에서 포용력이 생긴다. 좀 더 차분히 상황을 인지할 수 있는 능력도 생긴다.

어떤 사람이 나룻배를 저으며 강을 건너고 있었다. 그때 강 위쪽에서 빠른 속도로 나룻배 한 척이 다가오고 있었다. 그대로 나아가다가는 자신의 배와 부딪칠 것이 뻔했다. 그는 급한 마음에

---

7. 로버트 루트번스타인 · 미셸 루트번스타인, 《생각의 탄생》, 박종성 옮김, 에코의 서재, 2014, 59~60쪽

소리를 질렀다. "조심하시오. 부딪칠 것 같소." 그러나 그 배는 아랑곳하지 않고 다가오고 있었다. 무지 화가 났다. 욕이 나왔다. 다가오는 배를 가까스로 비킬 수 있었다. 그런데 배 안에는 아무도 없었다. 빈 배였다. 순간 화났던 마음이 사라져 버렸다.

우리가 어떤 사건을 볼 때, 그 현상만 보면 이해하기 힘들 때가 있다. 다양한 시각에서 다른 생각을 해 보고, '다름'을 인정하면 이해하지 못할 일이 어디 있겠는가? 서로 조화와 이해 속에 살아갈 때 좀 더 행복한 생활을 하게 된다. 나와 타인을 있는 그대로 인정해 보자. 마음이 편안해진다. '다름'을 이해하지 못하고 자꾸 원인을 찾을 때 갈등이 생기고, 서로의 관계는 멀어진다. '다름'을 인정하는 힘, 독서 모임을 통해 가능하다.

## 소설을 통해 교육의 본질 고민하기

헤르만 헤세의 《수레바퀴 아래서》를 함께 읽었다. 제목이 유명해서 읽은 책인 줄 알았다. 제목이 익숙하여 읽었다고 착각하게 만드는 게 고전인 것 같다. 주인공 한스 기벤라트는 총명하여 마을 사람들의 관심과 기대를 듬뿍 받으며 자랐다. 열심히 공부하여 어려운 신학교 시험에 합격을 한다. 다른 학우들보다 앞서기 위해 인내심을 갖고 열심히 공부해야 한다는 것을 알고 있었다. 그러나 한스는 왜 그렇게 해야 하는지는 알 수 없었다. 신학교에 들어가서 힘든 공부를 잘 견디면서 생활하는가 싶었지만, 자기 주체적인 활동과 창의성 등은 보장받지 못한 채 틀에 박힌 공부와 생활에 차츰 의문을 품으며 적응하지 못한다.

친구와의 관계, 그리고 친구 힌딩어의 죽음을 보면서 방황은 점점 심해진다. 힌딩어는 알고이 지방의 양복점 주인 아들로, 키는 작고 소심한 금발 소년이었다. 평소 사람들은 그 아이에게 별 관심을 보이지 않았다. 한마디로 존재감이 없는 아이였다. 힌딩어가 호수에 빠져 죽음으로 돌아오자 비로소 교장과 교사들이 관심을 갖고, 모두 모여 맞이하는 장면은 서글프다. 한스는 그런 어른들을 보면서 더더욱 학교를 이해하지 못하게 된다.

> 마침내 일행은 국도에 다다랐다. 그리고 황급히 수도원 안으로 들어섰다. 거기서 교장 선생을 앞세우고 모든 교사들이 죽은 힌딩어를 맞이했다. 만일 그가 살아 있었다면 이러한 명예는 생각도 못할 일이었다. 선생들은 언제나 죽은 학생을 살아 있는 학생과는 전혀 다른 눈으로 바라본다. 잠시나마 돌이킬 수 없는 모든 삶과 젊음에 내재하는 소중한 가치를 가슴 깊이 되새겨보는 것이다. 평소에는 아무렇지도 않게 소년의 가슴에 상처를 입히면서도.[8]

우리나라의 교육은 어떤가? 지금의 교육은 아이들의 순수성과 창의성을 점점 잃게 만든다. 나는 아이들이 순수성의 싹을 잘 기를 수 있도록 도와주는 교사이고 싶다. 책을 읽기 전에는 수레바

---

8. 헤르만 헤세, 《수레바퀴 아래서》, 김이섭 옮김, 민음사, 2014, 134쪽

퀴, 그것을 사물이라고 생각했다. 그러나 그것은 주인공을 억누르는 사회, 교육제도, 주변 사람들의 욕심이었다. 한스의 공부를 위해 즐기던 낚시, 물레방아, 토끼 기르기는 차단되었다. 한스는 어른들이 정해 놓은 목표를 향해 꾸준히 나아간다. 한때는 그런 자신을 무척 자랑스러워했다.

한스는 자신이 진정으로 원하는 것이 무엇인지 파악하기도 전에 주변 사람들의 희망을 좇아 수도원 생활을 하게 된다. 수도원 생활 곳곳에서 삶의 허전함을 느끼며 우울증에 시달린다. 이것은 어른들의 잘못이다. 어른들의 욕심으로 순수한 아이를 가둔 것이다. 고향으로 돌아왔을 때 차라리 잘된 것이라 생각하고 잘 적응하길 기도하면서 읽었다. 그러나 적응하지 못하고 죽음에 이른다. 이미 허황된 가치관에 물들은 가엾은 한스의 나약함은 삶의 수레바퀴 무게를 견디지 못했다.

독서 모임에서 함께 이 책을 읽음으로써 모두 현재의 교육에 대해 깊이 성찰하는 계기가 되었다. 교육의 본질에 대해 고민하는 교사들의 이야기가 쏟아져 나왔다.

**김혜진** 시험 기간에 아이들은 주인공 한스처럼 많이 불안해한다. 자신의 실력을 제대로 발휘할 수 있도록 편안한 말을 해 주고 있다. 엠마를 사랑하면서 삶에 대한 희망과 기대를 가지고 잘 살아 주기를 바랐는데 마지막 주검이 된 모습을 보고 놀랐다. 자살일까? 사고일까? 어쨌든 술을 굉장히 마신 상태에서 일어난 일이고 술이라는 것은 적당히 마셔야 된다는 생각을 했다.

**박은진**  이 책을 막 다 읽었을 때, 2년 전 졸업하고 성적이 우수한 고등학교에 입학한 학생 중에 적응하지 못하고 그만둔 학생이 생각났다. 이 소설의 주인공도 그 마을에서는 총망받는 학생이었으나 수도원 학교생활에 적응하지 못하고 낙오자가 되어 고향으로 되돌아온다. 주인공은 수레바퀴 아래로 기어들어간 것 같다. 왜 수레바퀴에 올라타서 가고 싶은 길로 운행하지 못했을까?

**유재흥**  살면서 균형감을 유지하기가 어려운 것 같다. 재능이 있을 때 욕심이 생기고 주변에서 부추기게 되면 브레이크 없는 자동차처럼 방향을 잡지 못하고 앞으로 나아가게 된다. 자신의 생활을 성찰해 보는 계기가 중요하다. 주인공은 열심히 공부해야 된다는 것은 아는데. '왜 공부하는가?'와 같이 본질에 대한 고민이 없었다. 본질에 대한 고민이 없을 때 삶은 자꾸 흔들리게 된다.

　우리 아이들은 공부를 위해 온종일을 바친다. 학교가 끝나면 학원에 가서 밤늦도록 또 공부를 한다. 고개 들어 높은 하늘을 맘껏 바라볼 여유도 없다. 주변에서는 경쟁을 부추기고, 이 사회에서 살아남기 위해서는 옆 친구보다 더 잘해야 한다고 가르친다. 지금 이 순간을 희생하면 찬란한 미래가 펼쳐질 듯 이야기한다. 하지만 아이들에게는 지금 이 순간도 삶이고 인생이다. 지금 이 순간 인간답게 살 권리가 있다. 더 이상 수레바퀴로 아이들을 짓누르는 교육을 해서는 안 된다. 현재 우리의 교육 현실을 따끔하게 꼬집는 부분을 옮겨 보았다.

학교와 아버지, 그리고 몇몇 선생들의 야비스러운 명예심이 연약한 어린 생명을 이처럼 무참하게 짓밟고 말았다는 사실을 생각한 사람은 하나도 없었다. 왜 그는 가장 감수성이 예민하고 상처받기 쉬운 소년 시절에 매일 밤늦게까지 공부를 해야만 했는가? 왜 그에게서 토끼를 빼앗아 버리고, 라틴어학교에서 같이 공부하던 동료들로부터 멀어지게 만들었는가? 왜 낚시하러 가거나 시내를 거닐어보는 것조차 금지했는가? 왜 심신을 피곤하게 만들 뿐 하찮은 명예심을 부추겨 그에게 저속하고 공허한 이상을 심어주었는가? 왜 시험이 끝난 뒤에도 응당 쉬어야 할 휴식조차 허락하지 않았는가? 이제 지칠 대로 지친 나머지 길가에 쓰러진 이 망아지는 아무 쓸모도 없는 존재가 되어 버린 것이다.[9]

## 작품의 본질을 놓치지 않기 위해

삶이 지치고 힘들 때 집어 드는 책이 있다. 이순신의 《난중일기》다. 간결하게 쓰인 《난중일기》에서 이순신의 백성에 대한 깊은 사랑과 언제 또 서로 죽고 죽이는 전쟁이 일어날지 모르는 슬픈 나라의 운명 속에서 묵묵히 하루하루를 의연하게 살아 내는 모습을 본다. 우리의 삶이 아무리 힘들어도 '이순신보다 더 힘들겠는가?'라는 마음을 먹으면, 모든 근심 걱정이 먼지보다 못 하다는 생각이 든다.

'산책'에서 김훈의 《칼의 노래》를 함께 읽었다. 《난중일기》를

---

9. 헤르만 헤세, 같은 책, 172쪽

천천히 읽은 후 《칼의 노래》를 읽으니 이순신의 마음과 등장인물의 심리를 좀 더 깊이 이해할 수 있었다. 소설이지만 소설이 아닌 너무나 처참한 역사의 현실을 세세하게 느낄 수 있었다. 힘없는 나라의 백성은 불쌍하다. 공동체든, 나라든 지도자가 중요하다. 유약한 선조의 정치 아래서 외세는 자주 침범했고, 많은 백성이 죽어 나갔고, 궁핍했다. 전쟁 통에서 살아가는 백성들의 비참함을 보면서, 권력 싸움에서 중심을 잡지 못하는 왕 아래서 마지막까지 이순신은 그 자리에 의연히 서 있었다. 그 고통과 갈등, 참담함을 아주 간결하게 표현한 작가의 문체에 한 번 더 감동을 받았다. 이순신은 묵묵히 자신의 길을 걷지만 이 나라는 훌륭한 장수를 알아보지 못하고, 옥살이를 시킨다. 옥살이가 얼마나 억울했겠는가? 그러나 역사 속에서 억울한 옥살이가 이순신뿐인가? 최근까지 진정한 스승으로 우리 곁을 지켜 주던 신영복 선생님도 20년 20일 동안 억울한 옥살이를 했다.

백성의 삶에 진정 귀 기울이는 자가 지도자가 되어야 한다. 자신의 영욕에 물든 정치인이 정권을 잡을 때 이 사회는 점점 늪으로 빠지면서 역사는 퇴보한다. 지금 우리 사회는 점점 늪으로 빠지고 있는 듯하다. 역사가 1970년대로 되돌아간 느낌이다.

《칼의 노래》를 처음 읽었을 때는 이순신이 선조에게 받은 교지 속 '면사(免死)'라는 단어에 마음이 꽂혔다. 면사는 이순신의 죄를 면하는 것도 아니고, 단지 나는 너의 죽음을 면해 준다는 의미였다. 이 교지를 받고 이순신은 울었다. 이순신의 칼도 징징 울었다. 전쟁 통에 죽어 가는 병사들의 모습과 피난 생활하는 백성들의 모습을 묘사한 부분에서는 눈을 감을 수밖에 없었다. 두 번째 읽을 때는 이순신이 아들 면의 죽음을 듣고, 울음을 가슴 아래로 끌어내리다가 끝내 염전 창고에서 울음을 토하는 모습에 마음이 집중됐다. 그 심정을 생각하니 가슴이 아리고 또 아려 왔다.

자유민주주의 사회에서 어떤 생각을 가지고, 어떻게 표현하느냐는 자유다. 사람은 다양한 소재를 가지고 다양한 글쓰기를 한다. 그리고 우리는 글을 통해 그 사람의 깊이를 느낀다. 조정래의 《황홀한 글감옥》을 함께 읽으면서 작가로서 삶에 대한 진솔함, 역사의식, 내면의 깊이를 느낄 수 있었다. 사회에 대한 진실, 의미와 가치를 추구하는 삶의 자세에서 깊은 감동과 존경의 마음을 가질 수 있었다. 2014년 여름방학 때 우리 가족은 저자의 문학 인생을 알 수 있는 '태백산맥문학관'에 들렀다. 하나의 작품에는 저자의 삶이 고스란히 묻어 나온다. 작품의 본질을 파악하기 위해서는 저자의 삶의 자취를 밟아 보는 것도 도움이 된다. 1층 전시실에는 1만 6500매의 육필 원고가 높이 쌓여져 있었다. 2층 전시관에는 아들, 며느리, 팬이 필사한 《태백산맥》이 잘 정리되어 있었다. 1만 6500매를 필사하는 것만도 오랜 시간과 노력이 필요한데, 이를 창작하는 것은 무엇과 비교할 수 없는 위대한 작업이다.

《황홀한 글감옥》에서 '5 · 18 광주민주화운동' 당시 이야기를 만날 수 있었다. 민주화 항쟁이 일어나자 신군부는 광주를 피로 물들게 했다. 광주로 가는 모든 길은 차단되었고, 언론은 통제되었다. 풍문으로만 광주의 소식을 접하다 통행금지가 풀리자 저자는 아내와 아들을 데리고 광주에 들어간다. 광주역을 나왔을 때 커다란 얼음덩어리에서 흘러 나오는 것과 같은 냉기를 느낀다. 금남로2가 뒷길 YWCA 건물에 난 총탄 자국의 개수를 세다가, 피와 함께 엉켜 있는 서너 개의 머리카락을 보고는 숨이 막혀 움직이지 못하는 저자를 느낄 수 있었다.

> 얼어붙은 도시. 커다란 얼음덩어리를 보았을 때 느껴지는 그 여실한 냉기가 광주를 뒤덮고 있었습니다. 그런 느낌은 난생처음이었습니다. 무슨 거대한 힘이 한 도시의 공간을 그렇게 얼어붙게 할 수 있는 것인지 도무지 알 수가 없었습니다. 광주는 저에게 낯선 도시가 아닙니다. 제가 3년 동안 중학교를 다녔던 저의 고향이었습니다. 그 낯익었던 도시가 그렇게 낯설게 보이다니요.[10]

모두의 억울함과 분노와 아픔으로 얼어붙은 그 땅을 직접 밟아보고 느끼며 고통에 함께 몸부림치며 눈물을 흘린다. 이 책을 읽으면서 역사의 현장에 꼭 가고 싶었다. 2015년 여름방학을 이용해 우리 가족은 5·18 광주민주화운동 기념관으로 향했다. 날짜별로 사건 기록을 보다가, 벽면 가득히 나 있는 총탄 자국을 보았다. 그 당시 총에 맞고, 쓰러지고, 고통에 몸부림치면서 저항하는 모습을 상상하니 온몸에 소름이 솟구쳤다. 인간이 인간에게 이리

---

10. 조정래, 《황홀한 글감옥》, 시사IN북, 2009, 199쪽

잔인할 수 있단 말인가? 어느 동물원에 커튼이 쳐져 있고, 그 위에는 '세상에서 가장 무서운 동물'이라는 문구가 쓰여 있다. 커튼을 들추면 무엇이 나타날까? 바로 인간을 비추는 거울이다.

조지 오웰의 소설 《1984》에서는 "과거를 지배하는 자가 미래를 지배한다. 현재를 지배하는 자가 과거를 지배한다."라는 슬로건이 나온다. 역사는 지배하는 자가 유리하도록 기록된다. 또 현재의 힘 있는 자에 의해 과거의 역사가 왜곡되기도 한다. 우리가 역사의식을 제대로 갖지 못하고 사회의 본질을 제대로 파악하지 못할 때, 인권은 유린당하고 정의로운 사회는 꿈꾸기 힘들어진다. 어떤 책이든 사회의식을 가지고, 정의를 생각하고, 진정 가치 있는 삶이 무엇인가를 생각하면서 읽어야 한다.

빅터 프랭클은 1905년 오스트리아 빈에서 태어나, 빈 대학에서 의학 박사와 철학 박사학위를 받은 유대인이다. 그의 저서 《죽음의 수용소에서》를 보면, 언제 죽을지도 모르는 절박한 상황 속에서도 자아를 성찰하고, 인간 존엄성의 위대함을 몸소 깨달았음을 알 수 있다. 나치 형무소에서 짐승보다 못한, 지옥보다 더한 학대를 받으면서도 살아남을 수 있었던 힘은 무엇이었을까? 체력이 강한 사람은 살아남고, 체력이 약한 사람은 죽어 갔을까? 인간 존엄성이 상실된 나치 형무소에서 생사를 가른 것은 체력이 아니었다. 그것은 삶에 대한 '의미'였다. 살아야 할 의미가 있는 사람은 살아남았고, 아무런 삶의 의미를 찾지 못한 사람은 건강한 체력에도 불구하고 죽어 나갈 수밖에 없었다. 아무리 어렵고 힘든 일도, 그 속에서 의미를 찾으면 뿌듯해진다.

작품의 본질을 깨달을 때 사회를 생각하고, 주체적인 생각을 가지고 보다 의미 있는 삶을 살게 된다. 어떤 방법으로 아이들을 가르치는가는 교사들마다 다양하게 나타나지만 항상 교육의 본질을 추구하는 방향은 잊지 말아야 한다. 참된 교사의 삶은 힘겹지만 그 의미와 가치는 바다보다 깊다.

세상 어느 곳이든 선과 악은 공존한다. 완전히 선한 사람만 모여 있는 곳도 없고, 완전히 악한 사람만 모여 있는 곳도 없다. 수용소의 감독관들도 마찬가지다. 빅터 프랭클은 감독관의 아주 작은 친절에서 인간 그 이상의 것을 느낀다. 우리 교사들도 제자의 진심이 담긴 작은 엽서 한 장에서 진한 감동을 받곤 한다. 우리 아이들을 이 감독관과 같은 사람으로 기르고 싶다. 어떤 상황에서든지 인간에 대한 사랑을 베풀 수 있는, 봄날 햇살처럼 따사로운 마음을 가진 사람으로 기르고 싶다. 이 빵 한 조각은 그 이상의 것, 인간에 대한 숭고한 존중의 의미가 있는 것이다,

나는 어느 날 감독이 은밀히 나를 불러 빵을 주었던 것을 기억하고 있다. 아침에 배급받은 빵을 아껴둔 것이 분명했다. 그것은 나를 눈물로 감동시킨 빵의 의미를 뛰어넘는 것이었다.[11]

빅터 프랭클의 삶을 통해, 죽음이 시시각각 나를 둘러싸고 있

---

11. 빅터 프랭클, 《죽음의 수용소에서》, 이시형 옮김, 청아출판사, 2005, 151쪽

다 하더라도 헤쳐 나갈 수 있는 힘을 얻을 수 있다. 살아 있음에 감사하는 마음을 가질 수도 있다. 나치의 유대인 학살의 잔혹한 역사도 알 수 있다. 독일과 유대인의 역사를 통해 일본과 우리나라의 역사를 연결하여 생각할 수 있다. 나치에 대한 철저한 역사적 심판의 결과가 무엇이고, 친일파들이 우리 사회에 지도층으로 자리 잡고 있는 현 사회의 결과가 무엇인지 생각해 볼 수 있는 기회가 될 수도 있다.

마음 아픈 기사를 보면, 그 아픔이 내 마음으로 들어와 내가 아파서 견디기 힘들다. 사회의 아픔을 나는 애써 외면한다. 내가 관심을 갖는다고 변할 수 있을까? 내 마음만 아프고, 내 마음만 심난하다. 조정래 선생은 그 아픔을 뼛속까지 내려 받아 소설로 우려내었다. 그 아픔을 어떻게 참았을까? 그 고통을 참아 내며 글 쓰는 작업을 한 삶에 대해 존경심을 느낀다.

그 아픈 역사를 느끼기 위해 직접 취재를 떠나는 열정, 민주항쟁의 끝에 광주를 찾았을 때, 그 잿빛 하늘, 총탄 자국 하나하나를 세면서 느꼈을 처절함을 나는 견뎌내지 못했을 것이다. 흐르는 눈물과 그 아픔을 나는 감당하지 못했을 것이다. 참다운 지식인이란 그 역사 속으로, 그 사회문제 속으로 들어가서 생활하는 것이 아닐까? 그런 의미에서 나의 말과 행동은 너무나 미미하고 무기력하지만, 함께 책을 읽고 조금씩 실천하는 우리의 작은 날갯짓이 모여 태풍을 일으킬 수 있으리라.

## 내 인생을 바꿀 책 한 권을 만나기 위해

왜 책을 읽는가? 지식을 쌓기 위해서? 즐거움을 찾기 위해서? 인생을 변화시키기 위해서? 사람마다 이유는 다르다. 책 읽기의 마지막은 삶을 변화시키는 것이 아닐까? 아무리 많은 책을 읽었어도 내 삶에 변화가 없다면 제대로 읽었다고 할 수 없다. 내 인생을 변화시키는 한 권의 책을 만나는 것이 중요하다. 쌀을 얻기 위해서는 모를 심어야 하듯이 인생을 바꿀 한 권의 책을 얻기 위해서는 책 읽는 습관을 들여야 한다.

처음부터 자연스럽게 책이 손에 잡히는 사람은 드물다. 책 읽는 습관이 들기 전까지는 책을 보기만 하면 스르르 눈이 감긴다. 책 읽는 습관을 갖기 위해서는 항상 책을 가지고 다녀야 한다. 책을 가지고 다니며 짬이 날 때마다 펼쳐 본다. 기차 안에서도 보고, 버스를 기다릴 때도 보고, 병원에서 차례를 기다릴 때도 본다. 그러면 점점 몸이 책을 받아들이고, 책을 읽는 것이 습관이 된다.

한 권의 책을 통해 인생을 바꿀 수 있다. '지식채널e'에 한 권의 책이 한 사람의 인생에 어떤 영향을 끼쳤는지, 어떻게 인생을 바꿨는지에 대한 이야기가 나온다. 케냐 빈민가 소년의 인생을 바꿔 놓은 한 권의 책은 유명한 고전도 아니고, 베스트셀러도 아니었다. 쓰레기더미를 뒤지다 우연히 발견한 영국 맨체스터 대학 안내책자였다.

그는 맨체스터 대학에 들어갈 꿈을 키우지만 열세 살 때 아버지가 폭력배에게 살해당하자 그 꿈을 접을 수밖에 없었다. 가족의 생계를 위해 도둑질을 하고, 마약을 팔고, 결국엔 마약을 복용하게 된다. 스물다섯 살 때는 코카인 과다 복용으로 죽음의 문턱에 이르게 된다. 다시 깨어났을 때 그 한 권의 책을 떠올리며 자신의 꿈을 향해 나아가고, 결국 영국 맨체스터 대학에서 국제개발학 석사학위를 받는다. 그 소년이 바로 사미 기타우다. 사미 기타우는 쓰레기 더미에서 발견한 한 권의 책을 꿈의 징표로 가지고 다닌다.

이 소년에게 한 권의 책이 없었다면 어떻게 되었을까? 우리도 인생을 바꿀 한 권의 책을 만나 보자. 우연히 발견한 한 권의 책이 우리의 인생을 바꾸기도 하고, 꾸준히 책을 읽다 보면 인생을 바꿀 한 권의 책을 만나기도 한다. 프랑스의 노벨문학상 수상자인 앙드레 지드가 "나는 한 권의 책을 책꽂이에서 뽑아 읽었다. 그리고 그 책을 꽂아 놓았다. 그러니 나는 이미 조금 전의 내가 아니다."라고 했듯이 책은 사람을 조금씩 성장시킨다. 그러다가 어느 순간 폭풍 성장을 가져오게 만드는 책을 만난다.

내가 몰입하여 많은 양의 책을 읽게 만들어 주고 삶의 변화를 가져다 준 책은 이지성의 《독서 천재가 된 홍대리》다. 이 책을 읽은 후 책 읽는 양을 늘리고, 목표를 세우고, 자투리 시간을 활용하며 좀 더 체계적으로 읽기 시작하였다. 책을 많이 읽을수록 책 읽기는 즐거워진다. 독서를 하고 생각을 하며 행동으로 옮기게 되고, 글자를 읽는 것이 아니라 글을 통해 마음을 읽고, 내 마음을 비춰 보기 시작했다.

순간순간 흘러가는 1분들을 모으면 10분이 되고, 1시간이 된다는 생각으로 책 읽는 시간을 확보했다.《독서 천재가 된 홍대리》에서는 1년 동안 '동서양 CEO들의 책 100권, 정통 자기 계발 책 100권, 리더십을 기를 수 있는 위인전·자서전·평전 100권'을 읽을 것을 권하고 있다. 이 책을 통해 위인전에 대한 생각이 바뀌었다. 위인전은 어려운 상황에서 그것을 극복하고 훌륭한 사람이 되는, 뻔한 이야기로 생각했다. 위인전은 위대한 사람에 대한 이야기다. 한 사람의 삶을 보면서 닮고자 하는 마음을 가질 수 있고, 내 삶의 확실한 안내자도 될 수 있다. 위인전을 통해 한 사람의 인생을 고스란히 배울 수 있는 것이다.

위인전이 주는 힘을 알고부터는 학교에서 아이들과 함께 위인전을 읽기 시작했다. 중학생에게 적절한 위인전으로 무엇이 있을까 생각하다《역사학자 33인이 선정한 인물로 보는 한국사》(57권)를 선택했다. 인물을 통해 인생을 배우기도 하고, 역사도 배울 수 있다.

학교 도서관에 구비해 놓고 아이들이 빌려 읽을 수 있도록 했다. 나는 이 위인전을 사서 집에 놓고 읽었다. 도서관에서 빌리지 못한 아이들이 있을 때는 집에 있는 책을 빌려 주었다. 아이들은 선생님과 같은 책을 읽는다는 것이 신이 난 듯 수업 시간마다 누구에 대해 읽었는지 이야기했다. 자연스럽게 함께 사람과 삶에 대해 이야기하는 시간이 되었다. 위인전은 어려운 환경을 극복한

한 사람의 인생을 통해 그 깊이를 알게 되고, 내 삶을 성찰하는 계기가 된다.

나는 많은 책을 읽으면서 많은 사색을 하게 되었고, 이것은 일상생활로 연결되었다. 일 처리를 할 때도 여러 가지 대안이 생각나는데, 생각의 근원을 되짚어 보면 그것은 책 속에서 나오는 것이었다. 내가 어떤 상황에 놓였느냐에 따라 관심을 갖는 분야의 책도 다르다. 삶이 어렵고 힘들 때는 마음에 평화를 안겨 주는 책을 갈구한다. 일에 답답함을 느낄 때는 일과 관련된 책을 손에 잡는다.

내 독서 인생에서 전환점이 된 책이 《독서 천재가 된 홍대리》였다면, 내 수업에 전환점이 된 책은 《수업이 바뀌면 학교가 바뀐다》였다. 이전의 나는 수업 중에 도덕과 관련된 동영상이나 뉴스거리 등을 다양하게 보여 줬다. 색종이로 만들고, 오리고, 붙일 수 있는 기회를 많이 가졌다. 그런데 수업이 끝나고 나면 마음 한 구석이 허전했다. 그 허전함의 원인을 알지 못한 채 내 수업은 아이들의 감각을 자극하는 영상과 느낌 나누는 것이 절반 이상을 차지했다.

이렇게 뭔가 수업이 답답하고 부족하다고 느낄 때 사토 마나부 교수의 《수업이 바뀌면 학교가 바뀐다》가 나에게 강한 울림을 주었다. 그동안의 교육 활동이 차가운 안개 속을 걷는 느낌이었다면, 이 책을 읽는 동안 안개가 걷히고 따사로운 햇살이 듬뿍 쏟아지는 느낌을 받았다. 아이를 바라보는 시각, 수업을 구현해 내는 철학에 깊은 감동을 받았다. '이 아이, 정말 안 되겠구나'라는 생각으로 아이를 바라보면 아이는 자꾸 엇나간다. '이 아이는 숨겨진 재능이 있을 거야'라는 생각으로 아이를 보면 아이는 재능을 서서히 키워 나간다. 교사의 시선은 무섭다. 자라나는 아이에게 따사로운 햇살이 되어 무럭무럭 자랄 수 있게 하기도 하고, 날카로운 칼날이 되어 여린 싹을 싹둑 잘라 버리기도 한다. 이 책을 통해 아이를 보는 시각이 더욱더 따뜻해지고, 부드러워졌다. 수업에 좀 더 열정을 가지고, 느리지만 천천히 움직일 수 있는 힘을 얻었다.


## 함께 성장한 시간들: 내 생각에 갇히지 않기 위해

꾸준히 성장하는 학교에는 꾸준히 성장하는 교사가 있다. 교사가 꾸준히 성장하기 위해서는 함께 배워야 한다. 함께 읽은 책에 대해 사색하고, 토론하고, 함께 수업에 대해 나누고, 함께 교육과정에 대해 고민할 때 조금씩 성장해 나간다.

앤디 하그리브스(Andy Hargreaves)와 마이클 풀란(Michael Fullan)은 《교직과 교사의 전문적 자본: 학교를 바꾸는 힘》에서 자본을 크게 경영 자본과 전문적 자본으로 나눈다. 경영 자본의 관점에서는 학교에 필요한 유능한 교사를 뽑아 빠른 시간 내에 효과를 내는 것을 중요시 한다. 학교의 단발성 공모 사업은 빠른 실적을 요구한다. 공모를 통해 예산을 타내고, 1년이 지난 다음에는 꼭 실적 보고가 이루어진다. 1년 동안 아이들의 성장 실적을 눈으로, 표로, 그림으로 보일 수 있는가? 가시적인 실적을 요구하는 것은 교사에게 1년 동안 운영한 프로그램에 과대 포장을 하라는 것, 즉 거짓말을 하라는 것밖에 안 된다. 이렇게 경영 자본이란 능력 있는 개인들을 학교로 들여와 열심히 일하게 만들고, 단기적인 실적을 내놓도록 하는 것이다.

전문적 자본의 관점에서 보면 교육에 대한 투자는 다음 세대에서 성과를 낼 수 있는 인적 자원을 개발하기 위한 장기적 투자다. 이러한 투자의 큰 부분은 질 높은 교사와 수업에 대한 투자가 차지한다. 전문적 자본은 세 가지로 구성된다. 인적 자본, 사회적 자본, 의사 결정적 자본이다. 첫째, 인적 자본은 말 그대로 개인의 재능, 경험, 자질, 수업 능력을 일컫는 말이다. 즉 개개인이 소유한 역량에 초점을 맞추는 것이다. 그러나 이것은 높은 인적 자본의 향상을 불러일으키진 못한다.

둘째, 사회적 자본은 학생의 배움에 대한 교사 간 상호작용, 교사와 관리자 및 행정실 간 상호작용의 유형이 학생의 배움과 지속적인 향상에 커다란 차이를 만든다는 것이다. 서로 간의 소통과 협업의 정도에 따라 조직의 성장 여부가 갈리는 것이다. 그룹이 개인보다 훨씬 더 강력하다. 사회적 자본이 높지 못한 공동체 속에서는 아무리 훌륭한 인적 자본이라도 성장하는 데는 한계가 있다. 그러나 높은 수준의 사회적 자본 속에서 생활할 때 개개인은 계속 성장할 수 있다.

인적 자본과 사회적 자본은 모두 높아야 한다. 그렇다면 어떻게 하면 이들 모두를 개발할 수 있을까? 답은 다음과 같다. 즉 개인의 재능을 함양하는 데 노력을 집중한다면, 보다 큰 사회적 자본을 산출하는 일이 어려워질 것이다. 그 모든 재능을 동시에 향상시킬 수 있는 방법은 없다. 그런데 그 역은 성립한다. 높은 사회적 자본은 인적 자본을 향상시킨다. 주위에 좋은 사람들이 있고, 그들과 바람직한 상호작용과 관계를 가질 때, 개인은 자신감을 얻고 학습하며 피드백을 받는다.[12]

대한민국에서 교사의 학력은 굉장히 우수하다. 고등학교 때 우수한 성적의 아이들이 교육대학이나 사범대학에 입학하고, 졸업 후에도 높은 경쟁률의 임용시험을 거쳐 학교로 들어온다. 이렇게 재능 있는 교사가 사회적 자본이 낮은 학교에서 몇 년간 근무하면 어떤 일이 일어날까? 교사 개인의 훌륭함을 바탕으로 조금은 나은 학교생활이 될 수 있겠지만, 서로 협력이 일어나지 않는 학교문화에서는 몸과 마음이 소진될 수밖에 없다.

그러나 사회적 자본이 높은 학교로 발령을 받았다면, 이 교사는 굉장한 성장을 이룰 수 있다. 수업 방법에 대해 구체적으로 배울 수 있고, 서로 협업하는 공동체 문화에서 좀 더 높은 수준의 학교생활을 할 수 있다. 높은 사회적 자본 속에서 높은 역량을 발휘할 수 있는 힘을 얻는 것이다. 혼자의 힘으로는 한계가 있다. 함께할

---

12. 앤디 하그리브스·마이클 풀란, 《교직과 교사의 전문적 자본: 학교를 바꾸는 힘》, 진동섭 옮김, 교육과학사, 2014, 31쪽

때 멀리 갈 수 있다. 함께 교육 활동을 공유하고, 성찰하고, 고민할 때 조직이 발전 성장하고, 그런 조직 속에 있는 사람도 함께 성장할 수 있는 것이다. 보다 높은 사회적 자본을 가지고 있는 학교의 구성원이 되는 것만으로도 훌륭한 교사가 될 수 있다.

셋째, 의사 결정적 자본은 복잡한 상황에서 결정을 내리는 전문적 힘을 말한다. 전문가들은 늘 판단을 해야 하는 상황에 놓인다. 그렇기 때문에 통찰력, 영감, 판단력, 직관 등이 필요하다. 학교 행사 하나를 진행하더라도 결정하고, 선택하고, 판단해야 할 것이 굉장히 많다. 수백 명 아이들과 함께 치르는 학교활동에는 꼼꼼하게 준비해야 할 것이 많다. 동료들과 함께 논의하고 결정을 하면 보다 높은 수준의 의사결정이 된다. 함께하면 교육 활동을 좀 더 훌륭한 방향으로 이끌 수 있다. 함께 토론하고 고민하고 결정할 수 있는 힘, 이것이 의사 결정적 자본이다.

이 세 가지 자본을 성장, 가능하게 하는 것이 교사 학습공동체다. 학습공동체는 서로의 배움을 바탕으로 성장할 수 있도록 해 준다. 꾸준히 함께 읽고, 사색하고, 토론하고, 실천한다면 훌륭한 모습으로 우뚝 성장해 있는 자신과 동료 교사를 발견할 수 있을 것이다.

내가 사토 마나부 교수의 《수업이 바뀌면 학교가 바뀐다》를 접한 것은 2011년이다. 읽을수록 공감의 깊이가 더해 가고, 이런 수업이 진행되는 학교가 부러웠다. 그동안의 수업 관련 연수들이 나의 수업에 대한 목마름을 해소시켜 주는 것이 아니라 마치 소금물을 마신 듯, 연수를 받으면 받을수록 수업에 대한 갈증이 더욱더 심해졌다. 그러나 이 책에 나와 있는 배움의 공동체 수업에 대한 이야기는 달랐다. 나의 목마름을 한 순간에 해소시켜 주면서 가슴 한쪽이 일렁이기 시작했다. 배움의 공동체 수업을 진행하는 교실이 부럽기만 했다. 이 책의 내용은 수업을 통해 아이가 바뀌고, 학교문화가 바뀐다는 것이다. 학교는 하나의 공동체로, 교사도 학생도 함께 배우고, 함께 문화를 이끌어 가는 것을 강조한다. 교사가 조금씩 성장할 수 있도록 서로 도움을 주는 것이 바로 학습공동체의 힘이다. 학습공동체를 통해 서로 배우고, 함께 성장할 수 있다.

2012년에는 배움 중심 수업에 대해 가능한 한 많은 책을 읽으려고 노력했다. 배움의 공동체 수업과 관련해서는 여러 번 반복해서 읽었다. 나중에는 배움의 공동체 원격 연수를 받을 수 있었다. 그동안의 원격 연수는 얼른 클릭하여 넘기고 싶었고, 화면 아래에 있는 바를 오른쪽으로 끌어 잡아당기곤 하였다. 그렇다고 해서 화면이 그냥 넘어가는 것도 아닌데 말이다. 그러나 배움의 공동체 수업은 달랐다. 연수를 듣다 잠시 자리를 비울 땐 화면을 정지시켰다. 그리고 한마디 한마디 다 받아서 기록을 했다.

2012년 가을부터 천안 시민들과 함께한 독서 모임을 통해 좀 더 다양한 분야의 책을, 좀 더 깊이 읽게 되었다. 책을 읽는 즐거움도 깨달았다. 그동안 나는 배움에 대한 즐거움은 느낄 수 없었다. 그러나 독서 모임을 통해 책 읽는 즐거움, 배움의 즐거움을 느낄 수 있었다. 읽기의 본질은 그 자체의 즐거움에 있는 것이다. 즐거운 마음으로 읽는 습관이 몸에 배었을 때 조금씩 저절로 책과 함께 성장하는 것이다. 나는 '읽는 즐거움'을 우리 학교 선생님들과 함께 나누고 싶었다.

2013년 '산책' 첫 모임에서 읽은 《당신의 아이는 원래 천재다》는 아이들은 무한한 가능성을 가지고 있고, 독서를 통해 초일류 리더로 성장할 수 있다는 내용이다. 아이들은 어떤 책을 읽어야 하는가? 바로 위인전과 고전이다. 아이들이 위인전과 고전을 읽으며 즐겁게 공부하면 행복한 리더로 클 수 있음을 강조하고 있다.

> 이런 초일류 리더십을 기르는 최선의 방법은 무엇일까? 그것은 아이들에게 천재들의 사상이 담긴 저작과 위인들의 전기를 읽히는 것이다. 알다시피 독서는 대화이다. 아이로 하여금 이런 책들을 끝없이 읽히면, 아이는 실질적으로 임마누엘 칸트나 장 자크 루소 같은 천재적인 인물과 에이브러햄 링컨이나 헬렌 켈러 같은 위인들에게 직접적인 교육을 받는 것과 동일한 효과를 얻는다. 초일류 리더십 계발이 저절로 이루어지는 것이다.[13]

이 책에서 이 사회를 이끌어 갈 미래 사회의 핵심 역량을 갖춘 사람으로 성장하기 위하여 중요하다고 여기는 것 중 세 가지를 뽑아 보았다. 첫째, 철학 고전 읽기는 아이의 두뇌를 바꿀 수 있

---

13. 이지성, 《당신의 아이는 원래 천재다》, 국일미디어, 2011, 37쪽

는 유일한 방법이라는 것이다. 아이의 머리는 공부가 아니라 책이 좌우한다. 어렸을 때부터 책 읽는 습관을 기를 수 있도록 해야한다. 취미 수준의 독서가 아니라 평균 1년에 100권의 책을 읽을수 있도록 해야 한다.

초등학교 때부터 철학 고전인 《파이돈》, 《프로타고라스》, 《소피스테스》, 《논어》, 《손자》, 《장자》 등을 읽히라는 것이다. 꼭원서로 읽을 필요는 없다. 한글로 쓰여진 철학 고전을 읽으면 된다. 복잡한 수학 공식보다 읽기가 쉽다. 1년 동안 아동용 베스트셀러 100권을 읽는 것보다 철학 고전 한 권을 읽는 것이 아이의두뇌 발전에 도움이 된다는 것을 강조하고 있다.

신문보다는 책을 더 중점적으로 읽어야 한다. 신문은 오늘이지나면 쓰레기통으로 들어간다. 신문 읽는 시간에 철학 고전 읽는 것을 중요시 한다. 물론 신문을 읽지 말라는 것이 아니라, 신문보다는 책을 더 중점적으로 읽어야 한다는 것이다. 1년 동안만꾸준히 고전 양서를 읽으면 습관이 되고, 이런 아이가 어른이 되면 1년에 100권을 읽는 것은 쉽게 할 수 있다. 많이 읽어야 두뇌도 발달한다.

둘째, 공부 습관 교육으로 '즐겁게 공부하기'를 강조한다. 아이가 자신의 수준에 맞는 공부 방법을 스스로 찾아내어 지속적으로할 수 있도록 해야 한다. 도전적인 공부 마인드가 중요하다. 공부가 어려운 것은 당연하다. 가장 무서운 유전자는 '부모의 삶의 태도'다. 지속적으로 공부하는 아이로 키우기 위해서는 부모도 꾸준히 공부하는 모습을 보여 줘야 한다.

'할 수 있다'는 자신감을 가진 아이가 중학교, 고등학교에 올라가서도 여전히 잘할 수 있다. 아무리 늦게 퇴근해도 자신의 삶을 위해 한두 시간은 꼭 공부하는 부모의 모습을 보여 줘라. 부모의 모습을 보고 은연중에 그대로 따라 하게 된다. 부모 자신이 도전적인 삶을 살아갈 때 아이들도 공부에 대한 도전적인 마인드를 갖게 된다. 부모도 목표를 정하고, 그것을 위해 노력하는 모습을 보여 주자.

나는 책을 읽거나 필사를 할 때 꼭 거실 책상에서 한다. 원래는 조용히 안방에 있는 책상에서 작업을 했다. 그러나 나의 모습을 세 아이, 소영, 민영, 승관이에게 보여 주는 것이 교육이라는 생각이 들었다. 그래서 커다란 책상을 하나 구매해 거실에 두었다. 식구 수만큼 다섯 개의 의자를 가져다 놓고, 모두 둘러앉아 공부하는 것이 꿈이었다.

내 바람대로 아이들이 둘러앉아 공부하지는 않는다. 거실 책상은 어느덧 내 전용 공간이 되어 버렸다. 아이들은 자기 방이나 독서실에서 공부하는 것을 더 좋아한다. 난 꾸준히 거실 책상을 지킨다. 오가면서 엄마의 모습을 보면서, 은연중에 깨닫기를 바라는 간절한 마음으로.

아이가 즐거운 마음으로 공부하기 위해서는 부모가 먼저 즐거운 마음으로 삶을 살아야 한다. 부모의 삶에 대한 태도가 그대로 자녀에게 전달된다.

셋째, 사고방식과 인간관계 교육, 즉 '인성 교육'을 말한다. 아이를 엄격한 통제 속에서 기를 것이 아니라 아이의 내면을 존중해 주면서 남을 배려하며 성장할 수 있도록 해야 한다. 부모가 긍정적인 마인드를 가지고 있으면 아이들도 긍정적인 마인드를 기를 수 있다.

아이들은 편안하고, 따뜻한 공간에서 잘 자란다. 그러나 아이들은 학교에서 "뛰면 안 돼.", "소리 지르면 안 돼.", "잡담하면 안 돼." 등 부정적이고 불안한 말을 더 많이 듣는다. 부정적인 말을 들으면 아이들의 뇌는 경직된다. 아이들의 유연한 사고를 위해 긍정적인 말을 사용해 보자. 긍정적인 말은 긍정적인 마음을 낳는다. 아이들이 환하게 웃으면서 자랄 수 있도록 아이들의 장점을 최대한 끌어내 보자. 장점을 살리면 단점은 자연스럽게 사라진다.

항상 웃으면서 아이를 대하자. 아이는 그 모습을 그대로 본받는다. 항상 웃으면서 생활하는 아이는 남을 배려하는 마음, 남을 소중히 여기는 마음이 내면화되어 있다. 이런 아이는 마음이 안정되어 있고, 마음이 안정되어 있는 아이는 나중에 남을 이끄는 역할을 하게 된다.

아이들을 꽉 잡으면 교사로서 생활하기는 편하다. 그 대신 교실은 죽는다. 아이들이 죽는 것이다. 교사는 아이들이 자유롭게 생각의 나래를 펼칠 수 있도록 편안한 분위기를 만들어야 한다. 아이들의 해맑은 영혼을 들여다보자. 아이들의 순수한 영혼을 볼 수 있을 때, 아이들의 장점도 잘 볼 수 있다.

그다음에 읽은 책, 손우정의 《배움의 공동체》에서는 수업 철학을 함께 고민하게 되었다. 아이들을 가르칠 때 가장 중요한 것이 수업 철학을 갖는 것이다. 온갖 수업에 대한 방법과 기술을 배워도 자신만의 철학이 없다면 수업이 중심을 못 잡고 흔들리게 된다. 철학을 뿌리라고 한다면, 다양한 수업 기술은 꽃과 잎, 또는 열매라 할 수 있다. 수업 기술만 배워 수업에 적용하려고 하는 것은 다른 나무의 꽃이나 열매를 따다 자신의 나무에 매다는 격이다. 그 순간은 화려하고 탐스럽게 보이지만 금방 시들고, 말라죽고 만다.

강한 수업 철학을 갖고 있다는 것은 튼튼한 뿌리를 갖고 있다는 것과 같다. 뿌리가 튼튼하면 자연스럽게 푸른 잎, 아름다운 꽃, 튼실한 열매를 맺게 된다. 수업 철학을 갖고 있는 교사는 다양한 수업 기술을 배울 때 쉽게 자신의 색깔로 녹여 낼 수 있다. 수업 철학이 없으면 다양한 수업 기술을 단순히 모방하는 것에 불과하고, 제대로 녹여 내지 못하여 수업은 겉돌고, 아이들도 겉돈다. 그러면 교사는 "내가 얼마나 열심히 수업을 준비했는데 너희들은 따라와 주지 못하는구나."라는 원망과 함께 아이들에 대한 서운한 마음을 표출한다. 자신만의 수업 철학을 갖는 것이 중요하다.

《배움의 공동체》를 통해 수업에서 경쟁이 아닌 협력이 중요하다는 것, 협력을 이끌어 내기 위해 소집단 활동이 필요하다는 것, 서로의 생각을 표현하는 대화가 중요하다는 것도 깨달았다. 2013학년도에 함께 읽은 책이 쌓일수록 교사들도 함께 성장해 나갔다.

배움 중심 수업에 대해 1년 동안 선생님들과 함께 배우고 조금씩 실천하다 보니, 2014년에 내가 수업 관련 업무를 맡게 되었다. 그래서 배움의 공동체 수업을 중심으로 교사 연수 기회를 제공하고, 수업에 적용하기 시작했다. 격주 수요일 6~7교시는 학생들이 스스로 독서하는 시간으로 교육과정을 구성하였기에 교사들은 연수 시간도 확보하고, 모든 교사가 참관하고, 모든 교사가 참여하는 사후 수업연구회도 진행할 수 있었다. 그간 선생님들과 함께 공부했던 배움의 공동체 수업을 중심으로 '배움 중심 행복수업 프로젝트'를 1년 동안 진행했다.

먼저 지난 1년 동안 책을 읽고 정리한 독서록, 연수를 듣고 기록한 연수록을 바탕으로 배움 중심 수업에 대한 내용을 정리하였다. 이것을 선생님들께 나눠 주고, 함께 배울 수 있는 시간을 가졌다. 배움 중심 수업을 먼저 실천한 선생님의 강의를 듣기 전에 기본적인 내용을 미리 알고 있으면, 더 많은 것을 받아들이고 적용할 수 있으리라는 생각에서였다.

똑같은 연수를 들어도 사람에 따라 흡수하는 정도가 다 다르다. 열린 마음과 긍정적인 마음을 가진 사람이 더 잘 배우고, 더 잘 실천한다. 그래서 세상을 긍정적으로 보는 자세가 중요하다. 부정적인 마음을 가지고 있는 사람은 봐도 보이지 않고, 들어도 들리지 않는다. 부정적인 마음이 내재해 있는 사람은 삶 역시 부정적으로 흐른다. 항상 부정적인 시각으로 학교를 바라보고, 부정적인 말을 내뱉어 옆에 있는 사람은 머리가 아프다. 여기서 부정적인 말과 비판적인 말은 구분해서 들을 줄 알아야 한다. 부정적인 말은 말 그대로 모든 것을 무조건 나쁘게 보는 것이며, 비판적인 말과 시각은 더 나은 단계로 나아가기 위해 장단점을 분석해 보는 자세이다.

사람들에게는 눈에 보이지 않는 기운이 있어 남에게 영향을 미친다. 긍정적인 마음을 가진 사람은 존재 자체에 좋은 영향력이 차고 넘쳐서 주변 사람을 행복으로 이끌 수 있다.

교사가 수업을 통해 성장하기 위해서는 먼저 서로의 수업을 공개해야 한다. 서로의 수업을 보면서 배울 수 있는 점이 많기 때문이다. 수업을 공개한 교사 역시 수업을 좀 더 밀도 있게 디자인하면서 성장할 수 있게 된다. 그래서 1년에 두 번은 모든 교사가 함께 공개수업을 참관하고 토론하는 수업연구회를 하기로 결정했다. 그러나 누가 수업을 공개할 것인가는 누가 고양이 목에 방울을 달 것인가를 결정하는 것만큼 고민이 되었다. 일단 내가 먼저 수업을 공개해야 한다는 생각이 들었다. 수업 담당자가 하지 않으면서 다른 사람에게 부탁하는 것도 미안한 일이다. 그리고 지난 1년 동안 학습공동체에 열심히 참여한 박은진 선생님도 1학기에 수업을 공개하기로 했다.

박은진 선생님은 거미 가족을 소재로 한 〈수라〉라는 시를 가지고 3학년 국어 수업을 공개하였다. 수업을 준비할 때, 학습공동체 선생님들과 함께 읽은 이명옥의 《그림 읽는 CEO》에 있는 르동의 〈미소 짓는 거미〉에서 아이디어를 얻어 수업을 구상하였다. 이렇게 세상의 모든 책은 생각을 여는 밑거름이 된다.

2학기에는 내가 2학년 도덕 수업을 공개하였다. 청소년의 문화에 대한 단원이었는데, 아이들이 생활하는 공간이 중요하다는 생각에 문화 공간에 초점을 두고 수업을 디자인했다. 그때 많은 도움을 받은 책이 김경인의 《공간이 아이를 바꾼다》이다. 공간의 중요성을 생각해 보고, 아이들이 하루의 대부분을 보내는 학교라는 공간을 함께 바꿔 보는 시간을 가졌다.

수업을 참관할 때, 예전에는 가르치는 교사에게 시선을 두었다면 지금은 배우는 아이들에게 시선을 두고 관찰한다. '배움 중심수업'은 교사가 어떻게 가르치는가 보다는 아이들이 어떻게 배우느냐에 중점을 둔다. 아이들이 어떻게 배우느냐를 관찰하기 위해 교사들도 모둠을 구성한다. 교사는 본인이 맡은 모둠이 어떻게 배우는지 기록한다. 서로 대화는 잘 하는지, 소외되는 아이는 없는지, 누가 일방적으로 모둠을 이끌어 가지는 않는지, 친구로부터 어떻게 배우는지를 기록한다. 참관록도 기존의 체크리스트가 아닌 백지로 제공된다. 교사는 수업을 보고 배운 점, 즐거웠던점, 내 수업에 적용할 점 등을 찾아 기록한다.

모든 교사는 수업에 관한 한 전문가라고 할 수 있다. 단 1분짜리 수업 동영상을 봐도 지적할 사항을 발견하는 매의 눈을 가지고 있다. 하지만 수업을 공개한 후 다른 선생님들 앞에서 잘못된 부분을 지적받을 때는 상처를 받는다. 상처를 주고, 또 상처를 받는 공개수업은 필요 없다.

차동엽 신부의 《무지개 원리》에 긍정과 칭찬의 힘에 대한 이야기가 나온다. 1950년대 미국 위스콘신 대학의 우수 문학 지망생들이 교내 정기 모임을 만들었다. 시와 문학을 발표하면서 서로의 결점을 이야기해 주었다. 서로의 결점을 이야기해 주는 것이 그들의 창작 활동에 도움이 되리라 여겼기 때문이다. 한편 여학생들끼리 중심이 된 또 하나의 모임이 있었다. 이 모임에서는 일절 결점을 지적하지 않고 좋은 점, 우수한 점을 찾아내어 아낌없이 칭찬해 주었다.

10년 후, 여학생들 모임의 대부분은 훌륭한 작가가 되었지만 우수 인력이 모여 있던 모임에서는 단 한 명의 뛰어난 작가도 나오지 않았다. 이 이야기는 우리 교사들의 수업 참관에 대해 성찰하는 계기가 되었다. 수십 년 동안 수많은 수업을 보아 왔지만 여전히 제자리를 벗어나지 못하는 것은 항상 잘못된 점만을 지적했기 때문이 아닌가 싶었다. 서로의 단점을 찾아 이야기하는 것은 서로를 서서히 움츠러들게 만들 뿐이다. 이 이야기는 수업을 볼 때 좋은 점, 배울 점을 찾아낼 수 있도록 방향을 잡는 계기가 되었고, 우리는 수업 참관 후 즐거운 점, 마음에 와 닿았던 점을 이야기해 주는 문화로 만들어 갔다.

공개수업을 통해 좋은 점을 찾아 이야기해 주고, 아이들의 배움에 대해 풍부하게 이야기가 진행될 때 해당 교사의 장점은 더욱더 자라고, 수업은 성장한다. 그러나 처음에는 배울 점이 잘 보이지 않고, 지적하고 싶은 욕구가 강하게 느껴진다. 아무리 망친 수업이라고 하더라도 배울 점이 없는 수업은 없다. 긍정적인 마음으로 노력하면 보인다. 수업의 좋은 점을 볼 수 있는 힘을 길러 보자. 수업에서 배울 점을 찾을 수 있는 능력, 그것이 진짜 전문가의 모습이다.

한 해에 단 두 명의 교사만 수업 공개를 해서 수업의 변화를 가져오기는 힘들다. 모든 교사가 실질적인 수업 공개를 해야 한다. 어떻게 하면 교사의 부담을 줄이면서 모든 교사가 공개수업을 할 수 있을까? 교사는 의무적으로 1년에 두 번 학부모 및 다른 학교 교사들을 초청해 수업을 공개한다. 모든 학교가 수업을 공개하는 날이 있다, 가정통신문도 보내고, 다른 학교에 공문을 보낸다. 그러나 이 의무적인 공개수업은 수업의 성장으로 이어지지 못하고, 그냥 어쩔 수 없이 하는 것으로 여기는 분위기이다.

어차피 해야 하는 수업 공개라면 실질적으로 교사의 성장에 도움이 되는 방향으로 나아가도록 해야겠다는 생각이 들었다. 그래서 먼저 수업 공개 주간을 정하고, 모든 교사가 공개하고 싶은 날짜와 학년 반, 단원을 정했다. 그리고 수업 공개가 이루어지는 시간에 수업이 없는 교사는 모두 참관을 하기로 했다.

모든 교사의 간단한 공개수업 지도안과 수업 참관 방법, 참관록을 한데 모아 천공 제본을 해 한 권의 책으로 나눠 주었다. 지도안을 낱장으로 주면 어느 순간 없어지고 만다. 참관록에 수업의 좋은 점, 배울 점 등을 기록한 후 복사하여 제출하도록 했다. 복사하여 제출된 참관록을 모아서 제본을 하였더니 책 두 권이 되었다. 이 두 권의 참관록을 회람하여 환류 자료로 활용하였다. 자신의 수업을 다른 교사가 어떻게 보았는지, 다른 교사의 수업에 대해 또 다른 교사는 어떻게 보고 어떻게 기록했는지 읽으면서 함께 배울 수 있는 기회가 되었다.

참관록의 양식은 배움의 공동체 수업의 참관록 양식을 가져와서 우리 학교에 맞게 약간만 바꾸었다. 1년 동안 모든 교사가 두 번씩 수업 공개를 하기 때문에, 교사가 28명인 우리 학교에서는 56번의 수업 공개가 이루어지며, 여기에 더해 모든 교사가 참관하는 특별 공개수업을 1년에 두 번 하기 때문에 1년에 모두 58번의 수업 공개가 진행되었다. 우리 학교에서 실질적인 수업 공개를 한다는 것이 알려지면서 인근 학교에서 수업 참관을 오기도 한다.

어느 학교든 정규 교육과정뿐 아니라 각종 공모를 통해 진행하는 프로그램이 많다. 학교는 각종 공모에 응시해 여러 예산을 받는다. 내가 아는 어떤 학교 교감 선생님은 그러한 내용을 목록에 기록하고 직원 협의 시간에 담당 교사와 금액을 발표한다는 얘기를 들었다. 심지어 "나는 돈 많이 타 오는 사람이 좋더라."라는 말씀도 하셨다는 것이다. 물론 '농담'이었으리라 생각했지만 그 말을 들었을 때 '교사가 돈 타 오는 기계인가?'라는 생각이 들었다.

공모라는 것은 학교에 필요한 예산을 상부기관에서 틀어 쥔 후 하부 학교들에게 경쟁을 시켜 예산을 내려 보내는 것이다. 이렇게 되면 꼭 필요한 학교에 예산이 내려가기 보다는 공모에 얼마나 적극적으로 참여하느냐에 따라 예산이 배분된다.

공모를 하여 타 낸 예산은 목적사업비이기 때문에 꼭 그 부분에만 사용해야 한다. 다른 영역에 절실히 필요한 예산이 있어도 사용하지 못한다. 반대로 공모 부분에 꼭 필요하지 않아도 타 낸 예산은 집행해야 하기 때문에 예산 집행이 비효율적으로 이루어지기도 한다. 학교의 기본 예산은 줄고, 각종 공모는 점점 늘어나는 실정이다. 각종 공모를 통해 교사가 운신할 수 있는 폭을 점점 좁히고 있는 것이다. 상부기관은 각종 공모 사업을 최소화해야 한다. 제발 교사가 학교에서 편안하게 교육의 본질에 전념할 수 있도록 보장해 줬으면 좋겠다. 학교마다 꼭 필요한 예산이 얼마나 되는지 꼼꼼히 살펴 학교 기본 회계로 잡아 주어야 한다.

공모를 통해 예산을 타 오면 프로그램을 진행시켜야 하고, 결산과 함께 실적 보고서를 작성해야 한다. 선생님들은 프로그램을 진행하느라 지치고, 결산 작업에 지치고, 실적 보고서 작성에 지친다. 최악의 경우, 정작 진지하고 차분하게 진행되어야 할 정규 교육과정을 뒤흔드는 공모 사업도 있다. 공모는 정말 꼭 필요한 경우에만, 그 예산이 없으면 교육 활동에 지장이 있을 때만 하면 좋겠다는 생각이 든다. 공모 계획서 짜고, 예산 집행 결과 맞추고, 실적 보고서 작성하는 시간에 수업, 학급 운영에 좀 더 고민하고, 좀 더 시간을 투자하는 것이 교사나 학생의 성장에 훨씬 도움이 된다.

학교는 서로 경쟁으로 휩싸여 상대를 밟고 일어서야 하는 기업체가 아니다. 교사들 간의 경쟁이 교육의 효율을 불러일으키지 못한다. 사회를 가만히 들여다보면 인간은 경쟁하기보다 서로 협력하면서 살아간다. 경쟁보다 더 효율적인 것이 협력이다. 학교에서도 교사들끼리 서로 협력하는 문화가 형성되어야 하며, 교실 속 아이들도 협력의 위대한 힘을 배울 수 있는 기회가 주어져야 한다. 우리는 어렸을 때부터 경쟁에 길들여져 왔다. 경쟁을 당연한 것으로 여겼다. 모둠 활동을 해도 경쟁을 시켜 스티커를 주고, 학교 축제를 해도 등위를 가려 상을 주고, 책을 읽는 것도 '독서 골든벨'이라는 이름으로 경쟁을 시킨다. 인간답게 살아가는 데 항상 경쟁할 필요가 있는가? 협력이 중요하다. 협력할 줄 아는 교사가, 아이들 역시 협력할 줄 아는 인간으로 성장시킬 수 있다.

우리 교사들은 '수업을 통해 어떻게 협력하는 방법을 가르칠 수 있을까?'를 항상 고민한다. 수업활동지를 만들면서 서로의 협력이 바탕이 되어야만 해결할 수 있는 과제들을 제시하기 위해 고민하고 또 고민하였다. 수업은 고민한 만큼 성장하고, 준비한 만큼 바뀐다는 것을 깨달았기 때문이다. 2014년에는 이렇게 '배움 중심 행복수업 프로젝트'를 진행하는데 묵묵히 함께한 '산책' 학습공동체 선생님들의 역량이 많은 도움이 되었다.

2014년에는 다양한 방과 후 활동과 저녁의 야간 수업 활동 등으로 선생님들은 몸과 마음이 지칠 대로 지쳐 있었다. 선생님들의 학교에 대한 불만의 소리가 여기저기로 흘러 다녔다. 그러나 구체적이고 공개적으로 이야기하는 교사는 없었다. 불만의 내용이 무엇인지 알고 바꿔 나가야 조직은 계속 발전할 수 있다. 불만이 그냥 불만으로 쌓일 때 그 조직은 곪아 버리고 만다. 모든 교사가 둘러앉아 자신의 의견을 마음껏 펼칠 수 있는 토론 문화가 형성되기를 간절히 소망한다.

우리 학교는 그때까지만 해도 모든 교사가 모였을 때 편안하게 이야기를 펼칠 수 있는 분위기는 아니었다. 의견을 내는 교사가 한정되어 있었다. 아무래도 젊은 층의 교사들은 선배 교사가 있는 곳에서 마음껏 목소리를 내기가 어려우리라. 그러나 천천히 조금씩 나아간다면 교사 집단에서도 민주적인 문화는 만들어질 수 있으리라 기대를 가져 본다.

불만의 소리를 편안하게 공개적으로 낼 수 있는 방법이 무엇일까 고민해 보았다. 그래서 연령대별 토론을 하기로 했다. 연령이 높은 순서대로 가, 나, 다조로 편성했다. 비슷한 연령대가 모이니 학교에 대한 다양한 의견들이 봇물 터지듯 쏟아져 내렸다. 3개의 모둠에서 나온 의견을 정리해 그대로 공람했다. '우리는 혁신학교도 아닌데 왜 이런 것을 해야 하나?'라는 불만의 목소리도 있었다. 아무리 의미 있는 활동이라 하더라도 모두가 즐겁게 하는 것은 아니다. 그러나 불만의 목소리가 나오는 조직은 건강한 조직이라는 생각이 든다. 그 목소리의 내용이 무엇인지 파악하고 성찰해 보는 시간을 가졌다. 가만히 있는 사람은 주변으로부터 칭찬의 소리도, 불만의 소리도 듣지 않을 수 있다. 불만의 소리가 들린다는 것은 무엇을 한다는 것이다. 하나의 조직 속에서 아주 작은 무엇이라도 '행한다'는 것은 무한한 내려놓음의 연속인 것 같다. 들리는 모든 소리에 내 온몸을 맡기면 지쳐 쓰러진다.

어떤 말을 들었을 때 내가 잘못했으면 반성하고, 내 잘못이 아니면 내 몸에 흡수시키지 말고 그냥 내려놓으면 된다. 누가 나에게 선물을 주는데, 내가 그 선물을 받지 않았다면 그 선물은 누구의 것이겠는가? 그것은 처음에 나에게 주려고 했던 사람의 것이다. 비난도 마찬가지다. 받지 않으면 된다. 그러나 이때 꼭 필요한 것은 스스로에 대한 성찰이다. '나는 누구를 위해 이 일을 하는가?', '나는 무엇을 위해 이 일을 하는가?', '나의 마음은 무엇을 향해 있는가?'라는 질문에 떳떳하다면 편안한 마음으로 나아갈 수 있다.

우리 학교는 2015학년도에 '행복나눔학교'(충남형 혁신학교)가 되었다. 혁신학교의 핵심은 '교육의 본질로 돌아가자. 선생님을 아이들에게 돌려주자.'라고 말할 수 있다. 공교육의 한복판에서 갈피를 잡지 못하고 헤매던 교직생활에 한 줄기 햇살 같은 존재가 혁신학교였다. 왜 우리는 공모에 목숨을 걸어야 하는가? 온갖 공모 계획서, 결과 보고서를 쓰면서 지쳐 가는 선생님들을 보면서 안타까운 마음이 많이 들었다.

학교생활기록부의 점 하나 가지고 옥신각신해야 하는 현실, 교사의 자율권이 부여되지 않는 학교 현장에서 창의적인 교육은 이루어질 수 없다. 교육의 본질로 돌아가기 위해서 가장 중요한 것은 교사 한 사람 한 사람의 주체성이다. 주체성을 가지고 스스로 무엇을 할 때 창의성이 발휘되는 것이다.

2014년 우리 학교는 혁신학교를 신청했다. 우리 학교가 추구하는 가치와 혁신학교가 추구하는 가치가 일치했기 때문이다. 혁신학교가 되든 안 되든 우리는 교육의 본질로 돌아가기 위해 힘쓸 것이다. 그렇다면 당연히 혁신학교를 신청해 행정적인 지원을 받는 것이 좋겠다는 생각을 했다. 혁신학교는 별도의 예산뿐 아니라 교무행정사를 배치해 준다. 그만큼 교사의 잡무가 줄어들어 교육활동에 전념할 수 있다. 혁신학교를 신청하기 전에 혁신학교 준비 모임에 나갔다. 다른 학교의 여건을 들어 보니 수업이든, 교사 자치든 우리 학교는 많은 준비가 되어 있다는 느낌을 받았다.

혁신학교 선정 결과를 기다리는 동안 두 가지 생각이 내 머릿속을 돌아다녔다. 하나는 지치고 힘든 선생님들을 위해 꼭 혁신학교가 되었으면 좋겠다는 생각이었다. 또 하나는 혁신학교는 어떤 이벤트성 행사가 아니라 4년이라는 긴 세월 동안 학교의 문화를 서서히 변화시키는 것이기 때문에 그 과정이 참으로 지난할 것이라는 생각, 그래서 차라리 안 되면 좋겠다는 생각도 가끔 내머릿속을 비집고 들어왔다.

혁신학교로 선정되고 나니 마음이 무겁고 불안했다. 혁신학교 관련 책을 닥치는 대로 읽고, 필요한 부분은 기록하였다. '산책' 선생님들과 방학 동안 함께 읽을 책으로 《황홀한 글감옥》, 《행복한 혁신학교 이야기》를 구매했다. 혁신학교와 관련해 전반적으로 많은 도움이 되었던 책은 김성천의 《혁신학교란 무엇인가》이다.

우리 교사들은 성장 과정에서 자신이 생각을 편안하게 마음껏 펼칠 수 있는 교육을 받은 경험이 거의 없다. 학창 시절 교사가 가르치는 것에 순종했던 모범생들이 대부분 교사가 된다. 이런 문화 속에서 성장한 교사일수록 학교 안에서 굉장히 수동적이고 순종적이다. 자신에게 주체적이고 자발적으로 업무를 처리하고 교육 활동을 전개할 수 있는 권한이 주어져도 끊임없이 관리자나 선배 교사에게 물으며 의존하는 경향이 있다. 지금 우리나라 제도 교육 속에서 충실하게 배우며 자란 결과인 것 같다. 그냥 자유롭고 편안하게 발언할 수 있는 문화가 형성되는 것도 몇 년은 걸리리라. 조급해하지 말고 천천히 가리라.

2015학년에도 공개수업이나 사후 수업연구회는 2014년과 비슷하게 진행했다. 한 가지 다른 점이 있다면 격주 수요일은 '행복 나눔의 날'로, 6~7교시에 학생들은 하교를 하고, 교사들은 그 시간에 함께 학교 교육과정 전반에 걸쳐 고민하고, 토론하고, 반성하는 교사 학습공동체 시간으로 확보하였다. 그 시간에 연수, 학년협의회, 교과협의회, 모든 교사가 참관하는 공개수업, 사후 수업연구회 등이 이루어졌다.

1학기 수업 공개 주간에 모든 교사의 수업 공개가 이루어졌고, 모든 교사가 참관하고 모든 교사가 참여하는 사후 수업연구회 역시 두 번이나 진행되었다. 우리 교사들은 배움 중심 수업으로 방향을 잡고, 힘들지만 꾸준히 나아가는 것처럼 보였다. 2학기 때는 수업 공개 주간을 2주로 늘렸고, 특별히 사정이 있는 교사를 제외하고 모든 교사의 수업이 공개되었다. 우리 학교가 실질적으로 수업 공개를 한다는 것이 알려지면서 이웃 학교에서 1학기 때보다 더 많은 교사가 참관을 왔다.

그러나 모든 교사가 참관하는 수업 공개를 누가 할 것인가를 정하는 과정에서는 서로의 마음이 달랐다. 원래 모든 교사가 참관하는 수업 임상은 10월로 잡혀 있었으나, 학교의 창호 공사가 늦어지면서 12월로 날짜를 옮겼다. 그런데 11월 말이 되도록 공개수업을 할 교사가 정해지지 않았다. 서로가 힘든 사정을 잘 알기에 누군가를 정하기는 어려웠으리라. 공개수업은 참으로 부담스런 일이다. 물론 일상 수업을 편안하게 공개하는 문화가 형성되면 좋겠지만, 혁신학교 1년 차였기에 우리 학교는 아직 그런 분위기에까지 다다르지는 못하였다.

결국 12월에 공개수업은 어렵다는 의견이 다수를 차지하며, 모든 교사가 참관하는 수업 임상의 기회는 사라졌다. 이것에 대한 아쉬움과 함께, 가다 못 가면 쉬었다 가는 것도 좋겠다는 생각이 동시에 들었다. 공개수업 한 번 한다고 해서 수업이 확 바뀌는 것도 아니고, 공개수업 한 번 안 한다고 해서 큰 문제가 되는 것은 아니다. 그러나 수업은 꾸준한 임상을 통해서 바뀔 수 있는 것이다.

교사는 수업을 보고 배울 기회가 많지 않다. 가장 좋은 방법은 직접 보고 배우는 것이다. 그러나 교사는 대학 생활 때 수업 임상의 기회를 거의 갖지 못하고 학교에 투입되며, 옛날에 자신이 배웠던 방식대로 지금의 아이들을 가르친다. 꾸준한 수업 임상을 통해 교사는 배울 수 있고, 성장할 수 있다. 공개수업을 통해 수업 임상이 계속 이루어진다면 몇 년 후에는 성장해 있는 자신과 동료들의 모습을 발견할 수 있을 것이다.

2015학년도의 학생 생활지도는 '회복적 생활 교육'으로 방향을 잡았다. 선생님들은 《회복적 생활교육을 만나다》와 《학급긍정훈육법》을 읽고, 함께 나눴다. 그동안의 학교 현장이 아이들의 잘못에 대해 당연히 벌을 주는 것, 즉 '응보적 정의'가 지배적이었다면 회복적 생활교육은 '회복적 정의', 즉 서로의 관계를 회복할 수 있도록 끊임없이 교사가 옆에서 도와줘야 한다는 것이다. 이것 또한 문화를 바꾸는 것이기 때문에 지난할 것임을 안다.

어쩌면 이것은 수업을 바꾸는 것보다 더 힘든 일이라는 생각이 든다. 회복적 생활교육은 '모든 존재는 존엄하다.', '모든 인간은 상호 의존적 존재다.', '모든 인간은 내면의 지혜를 지녔다.'라는 철학을 가지고 있다. 《회복적 생활교육을 만나다》, 《학급긍정훈육법》을 읽고 실천하면서 선생님들은 서로 어렵고, 힘들고, 시간이 많이 걸린다는 이야기를 했다. 교사는 '아이들은 존엄하며, 서로 회복할 수 있는 능력이 내재해 있다'는 신념을 갖는 것이 중요하다. 2015년은 이렇게 '배움 중심 수업'이 자리 잡는 단계, '회복적 생활교육'은 가볍게 틀을 짜는 해가 되었다.

　2016년에는 배움 중심 수업과 함께 회복적 생활교육을 통한 학급경영, 학생 자치에 대해 좀 더 구체적인 내용을 담아야 한다는 생각이 들었다. 우리 학교는 거의 모든 교사가 배움 중심 수업으로 방향을 잡고 가고 있다. 그런데 해마다 진행되는 공개수업을 보면서 한계에 부딪혔다. 사립학교이기 때문에 다람쥐 쳇바퀴 돌듯이 같은 교사의 수업만 매번 보다 보니 딱히 배울 게 없다는 의견이 나왔다. 좀 더 깊이 수업 비평 방법을 배운다면 어떤 수업을 보아도 배울 점을 찾을 수 있고, 내 수업으로 끌어들일 수 있다는 생각이 들었다. 그래서 올해의 수업 부분 교사 연수 주제는 "수업 어떻게 볼 것인가?"로 잡고, 손우정 박사를 초청해 수업 컨설팅 및 연수를 받았다.

　작년에 회복적 생활교육을 바탕으로 한 학생 자치가 틀을 세우는 해였다면 올해는 내용을 채우는 해가 되어야 한다는 생각이 들었다. 그래서 회복적 생활교육에 대한 교사 연수뿐 아니라 학생 연수도 실시하였다. 함께 연수를 받고, 여러 가지 방법들을 조금씩 실천하다 보니 감이 잡혔다. 2016년도는 학생 자치가 좀 더 충실해지는 한 해가 될 수 있으리라.

　함께 배우는 과정이 있었기에 함께 실천할 수도 있었다. 함께한 동료 교사가 있었기에 조금씩 나아갈 수 있었던 것이다. 수업 및 생활교육 관련 책을 읽고, 나누고 실천하면서 우리 교사들은 생각의 틀을 깨고 조금씩 성장할 수 있었다.

## 인식의 한계를 뛰어넘어 고정관념을 벗어나라

인간에게는 무한한 힘이 있다. 단지 그 힘을 사용하지 못하고 있는 것뿐이다. 꾸준히 함께 읽으면 그 한계를 뛰어넘을 수 있다. 자신이 원하는 것을 아는 것에서 그치는 '말뿐인 사람'이 아니라 그것을 달성하기 위해 열정적으로 노력하는 '실천하는 사람'이 될 수 있다. 읽는다는 것, 그것은 인생에 대한 꾸준한 준비이다. 준비는 기회가 왔을 때 그것을 잡을 수 있는 능력이 된다. 한계에 부닥쳤을 때 그것을 넘어서는 사람이 있고, 피해 가는 사람이 있다. 모든 한계는 더 많은 이로움을 품고 있는 씨앗이라 할 수 있다. 한계를 극복하면서 내면의 힘이 쌓이게 된다. 한계를 극복하면서 작은 성공의 기쁨을 맛본다. 이 성공은 성공을 낳는다. 더 큰 자신감을 가질 수 있다.

세스 고딘의 《이카루스 이야기》라는 책에서는 기존의 틀에 안주하지 말고, 자신의 존재를 소중히 여기고, 기회가 왔을 때 즐거운 마음으로 능력을 맘껏 펼칠 것을 이야기하고 있다. 다이달로스가 자신의 아들에게 밀납으로 날개를 붙여 주면서 "하늘 가까이 날지 마라. 그 날개가 녹아서 떨어져 죽을 것이다."라고 당부하지만 이카루스는 나는 기쁨에 사로잡혀 점점 높이 올라가고, 결국 날개를 잃고 바다에 떨어져 죽는다.

현대 사회는 이카루스 신화를 교훈 삼아 "아버지의 말씀을 어기지 마라", "상사의 말을 잘 들어라", "자신의 능력을 과대평가하지 마라."고 끊임없이 암묵적인 신호를 보내고 있다. 그래야만 일을 시키기가 편하기 때문이다. 이카루스 신화를 통해 은연중에 교육을 받은 사람들은 무한한 능력이 있음에도 자신의 능력에 한계를 긋고 한 발짝도 앞으로 나아가지 못하고 있다.

벼룩의 크기는 0.2센티미터 정도 되지만 그 크기의 300배인 60센티미터까지 뛰어오를 수 있는 능력을 가지고 있다. 그런데 벼룩을 20센티미터 높이의 병에 가둬 놓으면, 처음에는 높이 뛰어서 뚜껑에 부딪히지만, 시간이 흐를수록 뚜껑에 부딪히지 않을 정도로만 뛰어오른다. 유리병에서 꺼내 놔도 18센티미터 정도만 뛰어오른다. 벼룩 스스로 자신의 능력을 한계 지은 것으로, 벼룩의 원래 능력이 없어진 것은 아니다.

사람은 누구나 탁월성을 가지고 있다. 그러나 그 탁월성은 행동으로 옮긴 사람한테서만 나타난다. 책을 읽고, 행동으로 옮기면서 자신의 한계에서 벗어날 수 있다. '내가 과연 할 수 있을까?'라는 소심함에서 벗어나 함께하는 사람들의 격려와 지지, 그리고 그들의 실천하는 삶을 지켜 보면서 조금씩 한계를 뚫고 나아갈 수 있는 힘이 생긴다.

장 폴 사르트르는 "인간은 지금 가진 것의 합이 아니라 아직 가지고 있지 않은 것, 그리고 앞으로 갖게 될 것의 총합이다."라고 말했다. 우리는 무한한 잠재력을 가지고 있다. 잠자고 있는 능력을 깨우는 것, 함께 읽기로 가능하다. 꾸준히 더불어 읽는 과정 속에서 내가 갖고 있는 잠재력을 화려하게 꽃 피울 수 있다. 책은 잠자고 있는 나의 능력의 씨앗에 양분을 뿌린다. 씨앗은 양분을 먹고 싹을 틔우고 자라서 열매를 맺는다. 능력은 하루하루 조금씩 자란다. 지금 이 순간의 작은 차이가 나중에 큰 차이를 만든다. 이 자리에서 출발하는 두 개의 화살이 있다. 그중 한 개의 화살을 아주 조금, 1~2도만 다른 방향으로 틀어놓으면, 처음에는 그 차이가 미세하지만 나중에는 전혀 다른 방향을 지나고 있을 것이다.

화살의 방향을 올바로 잡을 수 있는 사람과 함께하는 것이 중요하다. 독서를 통해 만난 사람들은 올바른 방향을 설정하고 목표를 세워 끊임없이 실천한다. 그리고 함께하는 사람들에게 지지와 응원, 긍정의 힘을 준다. 혼자서는 목표를 세워도 금방 제 갈 길을 벗어나기 쉽다. 수십 년 동안 길들여진 삶의 태도는 항상 지금 이 순간에 안주하게 만든다. 그러나 긍정적인 마음으로 방향을 설정하고 앞으로 나가는 사람들, 책을 통해 실천하는 사람들과 함께한다면 더 자극을 받고, 꾸준히 나아갈 수 있는 힘, 한계를 극복할 수 있는 힘이 생긴다. 작은 존재로 머물도록 내버려 두지 않고, 좀 더 큰 존재가 되도록 끊임없이 자극을 주어야 한다.

자신의 생각이 운명을 결정한다. 생각은 그만큼 위대하다. 활기찬 생각은 부지런한 생활로 이어지고, 행복한 상황으로 이끈다. 따뜻하고 여유 있는 생각은 친절한 행동으로 나타난다. 책을 읽을 때는 책에 푹 빠져서 읽는 것이 중요하다. 자기 계발서를 '다 아는 내용이네', '뻔한 이야기네'라는 생각을 가지고 읽으면 도움이 되지 않는다. 중요한 것은 그 내용을 통해 내 자신을 반성해 보는 것이다. 과연 나는 그대로 행동하고 있는가? 꾸준한 성찰 속에서 실천이 나오고, 실천 속에서 성장과 변화가 있는 것이다. '두렵지 않다면 무엇을 할 것인가?'라는 질문을 듣고 곰곰이 생각해 보았다. 두렵기 때문에 하지 못한 일이 대부분이었다. 인생의 가장 큰 적은 두려움이다. 지금 풍요로워도 가난을 두려워한다. 지금 건강해도 허약해질까 봐 두려워한다. 자신을 비난하는 사람이 없어도 주변 사람이 뭐라고 할까 두려워한다. 이 두려움은 서서히 자신을 구속하게 되고, 아무런 행동도 할 수 없게 만든다.

이렇게 실패할까 두려워 행동으로 옮길 수 없는 것이다. 그러나 실패는 어떤 행동의 결과다. 실패가 모여 성공이 된다. 에디슨은 1만 번의 실험 끝에 전구에 불이 들어오도록 했다. 9999번의 실패를 어떻게 견뎠냐는 질문에 그는 "9999번은 실패가 아니라 전구가 불이 들어오지 않는 원인을 알아 낸 횟수다."라고 말했다. 에디슨이 9999번까지만 연구하고 포기했다면 끝내 성공의 기쁨을 맛보지 못했을 것이다.

사람은 자신이 마음속으로 생각하는 그대로의 인간이 된다. 생각을 무한정 확장하자. 나의 삶에 한계를 긋지 말자. 자꾸 한계를 긋고 움츠러 들 때, 긍정의 힘을 불어 넣어 주는 사람들과 함께하자. 책을 통해 긍정의 메시지를 뽑아 내고, 이야기해 주고, 실천하고, 성장하는 사람들과 함께 있는 것만으로도 힘을 얻을 수 있다.

남아프리카 부족 중 하나인 바벰바족 사회에서는 범죄가 거의 일어나지 않는다고 한다. 간혹 죄를 지은 사람이 있으면 마을 한 가운데 그를 세우고 모든 부족이 모인다. 어린아이까지 함께 빙 둘러 모여서 죄지은 사람을 향해 비난을 퍼붓는 것이 아니라 그 동안 그가 행했던 착한 행동들을 이야기해 준다.

"네가 저번에 우리 집 담장을 고쳐 줘서 고마웠어."

"넌 원래 착한 사람이었어."

"너의 미소는 참 아름다워."

이런 모임은 그 사람의 칭찬거리가 다 될 때까지 며칠 동안 계속된다. 그러면 죄인은 긍정의 기운을 느끼고, 자존감을 회복하게 된다. 사람들은 그를 안아 주면서 새사람이 된 것을 축하하며 이 의식을 끝맺는다. 우리 교육 현장에서는 잘못을 하면 벌을 주는 것을 당연하다고 생각한다. 아이는 작은 잘못에도 벌을 받으면서 반성하는 것이 아니라, '난 원래 이런 아이야'라고 생각하게 되어 자존감은 낮아지고, 성장할 수 있는 힘을 잃게 된다. 스스로 능력의 한계를 긋는 것이다. 교사의 역할이 크다. 어떤 아이도 무한한 능력을 가지고 있으며, 존중받을 권리가 있다. 책을 통해 교사 자신의 한계에서도 벗어나고, 학생을 무한 긍정의 존재로 보는 눈도 기르게 된다.

사람이 자신도 모르게 그어 놓은 한계를 뛰어넘을 수 있는 유일한 방법은 책을 읽는 것이다. 혼자 읽는 것이 아니라 다른 사람과 더불어 읽는 것이다. 혼자 읽을 때는 읽고 싶은 책만 읽게 되어 한쪽으로 편중된 독서가 된다. 다른 사람과 함께 읽고 나눌 때 자신의 생각의 틀에서 벗어나고, 갇혀 있던 벽을 뚫고 나올 힘을 얻는다.

## 치유와 성찰, 통찰과 혜안이 주는 감동

독서 모임은 타인의 경험으로부터 배우는 공간이다. 차근차근 다른 사람의 이야기를 듣다 보면 자신이 얼마나 틀에 갇혀 생활했는지 깨달을 수 있다. 독서 모임은 서로의 고통을 드러낼 수 있는 공간이기도 하다. 따라서 독서 모임을 같은 직장 내에 한정하지 말고, 지역사회로 눈을 돌려 보자. 지역사회의 다양한 연령층, 다양한 직업군의 사람들이 열심히 책을 읽고 나누는 것을 알 수 있을 것이다. 천안 지역에는 '셀프리더'라는 독서 모임이 있다.

'셀프리더'에서 나는 마음 편안하게 내 이야기를 한다. 속상했던 일, 고통받는 일, 어려운 일에 대해 이야기하다 보면 나도 모르게 마음이 풀어진다. 단지 내 이야기를 하는 것뿐인데, 정성껏 온몸으로 들어 주는 상대가 있기에 마음이 풀리고 치유가 되는 것이다. 독서 모임은 말하는 시간보다 듣는 시간이 더 많다. 맨 처음 독서 모임을 할 때는 다른 사람 이야기가 마음에 잘 들어오지 않았다. '저 사람 얘기 끝나고, 나는 무슨 이야기를 어떻게 할까?' 고민이 앞섰다. 모임에 자주 나가다 보니 자연스럽게 듣는 힘이 생겼다. 좀 더 마음을 기울여 듣게 되고, 공감하게 되고, 함께 아파하고, 함께 위로해 주게 되었다. 독서 모임은 자연스럽게 서로의 마음을 치유하는 공간이 되었다.

다른 사람들이 사는 이야기를 듣다 보면 그게 또한 성찰의 시간도 된다. 책 읽는 것에 소홀해질 때 모임을 하고 나면 책을 읽고자 하는 마음이 생겨나고, 나태해지려는 자신의 모습이 보이면 반성하게 된다. 책을 읽으면서 어떤 것은 정말 나 자신의 이야기를 그대로 옮겨 적은 것 같다는 생각을 할 때도 있다. 그러면서 자신의 삶을 성찰하는 계기가 된다. 책을 통해 자신을 한 번 되돌아보고, 다른 사람의 이야기를 통해 자신의 삶을 또 한 번 되돌아보는 계기가 된다. 그러면서 세상을 보는 지평이 조금씩 넓어지고, 유연해진다.

독서 모임을 하면서 좀 더 꾸준히 적극적으로 책을 읽게 되었지만 나에게 한 가지 더 꾸준히 하는 일이 생겼다. 그것은 108배 절 운동이다. 인간이 취할 수 있는 가장 낮은 자세가 절이다. 절 운동을 통해 육체적으로 건강해질 수도 있고, 정신적으로 한 차원 높은 삶을 살 수 있다. 세상의 모든 존재에 대해 감사한 마음을 가지고 절 운동을 하다 보면 마음이 가벼워진다. 나에게 고통을 안겨다 준 사람에게까지도 감사한 마음을 표현하면서 절 운동을 한다. 그러다 보면 무한한 평화로움을 얻을 수 있다. 행복감이 밀려오는 것이다. 108배 절 운동은 몸과 마음의 건강뿐 아니라 영혼의 풍요로움을 느낄 수 있는 최고의 운동이라는 생각이 든다.

2006년 몸과 마음이 지쳐 있는 내 모습을 보고 남편이 108배 절 운동 방법을 알려 줬다. 처음 시작할 때, 내가 과연 108배를 할 수 있을까? 두려움이 앞섰다. 두 손을 모으고, 복식호흡을 하면서 천천히 108배 절 운동을 시작했다. 50배를 하니 다리가 떨리고 힘이 빠졌다. 그래도 50배를 한 내 자신이 대견스러웠다. 108배 절 운동 동영상을 보면서 방법을 익혔다. 방법은 익혔지만 한 동작 한 동작이 몸에 어떤 자극을 주면서 건강해지게 하는지 원리를 알지 못했다. 그래서 108배 관련 책인 한의사 조현주의 《기적의 108배 건강법》, 한의사 김재성의 《하루 108배 내 몸을 살리는 10분의 기적》 2권의 책을 구매하여 읽었다.

두 손을 모으고, 두 발을 모으고, 숨을 마시면서 천천히 기마자세로 무릎을 꿇고 앉는다. 이때 엄지발가락끼리는 서로 붙어 있고, 뒤꿈치는 들린 상태에서 서로 'V'자로 형태가 되도록 해야 척추에 무리가 가지 않는다. 이마와 코를 바닥에 대고, 두 손을 들어 올린 모습이 접족례이다. 이 순간 숨을 천천히 내쉰다. 접족례는 두 손으로 부처님의 발을 들어 올린다는 의미가 있다. 종교적인 의미가 마음에 걸리면 이 동작은 생략해도 된다. 접족례를 하는 순간 나도 모르게 눈물이 흘러내렸다. 그러면서 처음 108배를 한 날을 잊을 수가 없다. 마지막으로 숨을 천천히 마시면서 두 손을 모으고 일어선다.

그렇게 시작한 108배 절 운동이지만 5~6년이 지나도록 꾸준히 하지 못하고, 몸이 안 좋고 지치고 힘들 때, 살아야겠다는 생각이 들 때만 가끔 하곤 했다. 그러나 독서 모임을 시작하던 2012년부터는 거의 날마다 108배 절 운동을 한다. 독서 모임은 책 읽기도 하지만 자신의 삶에 대해 이야기도 하고, 목표도 말하고, 어떻게 살 것인가에 대해서도 나눈다. 여러 사람 앞에서 이야기하는 '공언'은 실천력이 세다. "저는 몸과 마음의 건강, 영혼의 풍요로움을 위해 날마다 108배를 하겠습니다."라고 공언을 하면 독서 모임이 끝나고 집으로 돌아오자마자 108배를 하게 된다. 108배를 오래 하다 보니 마음의 여유가 생겼다. 웬만한 갈등과 고민은 그냥 편안하게 쳐다볼 수 있는 인생의 지혜가 생긴 것 같다. 이전에는 나에게 피해를 주는 어떤 사람의 행동이 도저히 상식적으로 이해가 안 가고 용납할 수 없을 때, 화가 치밀어 올랐다. 그러나 지금은 그냥 바라보면서 그렇게밖에 행동할 수 없음을 이해하고, 측은한 마음까지 얻는다. 그러면 내 마음은 한없이 고요해진다.

독서 모임에서 함께하는 사람들은 참 좋다. 좋은 사람들을 곁에 두고 눈빛을 교차하면서 나누는 따뜻한 말들은 영혼을 부드럽게 감싸 안는다. 독서 모임을 통해 책을 읽고, 배우고, 실천하고, 성찰하면서 얻은 깨달음은 그 깊이가 점점 더 깊어진다. 내 나이에 하나의 숫자가 더해질수록, 독서 모임에 참여하는 횟수가 늘어날수록 더욱더 세상을 보는 여유와 지혜가 생겨나는 듯하다.


## 질문이 없는 독서로는 생각의 힘을 키울 수 없다

책을 읽고 자신의 생각을 갖는 것이 중요하다. 자신의 생각이 있는 사람이 질문을 할 수 있다. 책을 읽고 항상 질문하는 습관을 길러 보자. 질문을 받으면 생각하게 되고, 뇌가 활성화되면서 답을 찾게 된다. 상대방에게 이야기할 때도 명령보다는 질문으로 원하는 것을 이야기해 보라. 상대에게 긍정적인 대답을 얻는 데 더 효과적이라는 것을 느낄 것이다.

책을 읽을 때 3단계로 나눠서 질문을 해 보자. 1단계, 읽기 전 질문이다. 읽기 전에 책의 제목과 목차를 보면서 궁금한 것들을 기록해 본다. 목차를 보면서 핵심 내용은 무엇인지 생각해 보고, 내용이 어떻게 전개될지도 상상해 보고, 질문해 본다. 2단계, 읽는 중간중간 질문을 하는 것이다. 작가는 왜 이런 주장을 했는지? 어떤 내용을 내 삶에 적용할 수 있는지? 내 생각과 다른 점은 무엇인지? 등을 끊임없이 나 자신에게 질문을 던지면서 읽어 본다. 3단계는 책을 다 읽은 후 궁금한 점을 질문해 보고, 스스로 답을 찾아 본다.

앤서니 라빈스의 《네 안에 잠든 거인을 깨워라》라는 책에 유대인 스타니슬라브스키 레히의 이야기가 나온다. 그는 유대인이라는 이유로 체포되어 크라코우의 죽음의 수용소에 갇혔다. 그리고 눈앞에서 가족이 죽어 가는 모습을 지켜 보아야 했고, 죽음의 가스실에서 죽은 아들의 옷가지를 보았다. 그는 잠을 잘 수가 없었다. 다른 포로들에게 물어 보았다.

"어떻게 하면 이 끔찍한 곳을 탈출할 수 있을까?"

하지만 그들의 대답은 항상 똑같았다.

"바보 같은 짓은 하지 마. 탈출은 절대 불가능해! 그런 생각은 자기 영혼을 괴롭힐 뿐이야. 그냥 열심히 일하고 살아남기를 기도하는 수밖에 없어."

그러나 그는 그 현실을 도저히 받아들일 수 없었다. 그는 탈출방법에 대해 끊임없이 질문을 던졌다.

"어떻게 하면 탈출할 수 있을까? 틀림없이 방법이 있을 거야. 어떻게 하면 이곳에서 오늘, 건강하게, 살아서 나갈 수 있을까?"

가스실에서 죽은 시체들을 트럭에 던져 넣고 있었다. 레히는 "어떻게 하면 이 기회를 이용해 탈출할 수 있을까?"라는 질문을 던지고 즉시 답을 얻어 냈다. 밤에 시체 속으로 몸을 숨겼다. 마침내 트럭이 멈추고, 수용소 밖에 있는 엄청난 크기의 구덩이 안으로 수십 구의 시체와 함께 레히를 쏟아부었다. 레히는 밤이 될 때까지 그 속에서 기다렸다. 주변에 사람이 없는 것을 확인한 다음 시체 더미에서 빠져나와 벌거벗은 채로 40킬로미터를 달려 자유를 찾았다.

레히는 누구나 불가능하다고 생각하여 체념하고 있을 때 끊임없이 질문을 던졌다. 끊임없는 질문은 생각을 하게 하고, 답을 찾아 내게 한다. 죽음의 수용소에서 살아남을 수 있었던 것은 계속된 질문이었다. 질문은 죽음도 극복할 수 있는 힘을 발휘한다.

좋은 질문은 좋은 답을 얻는다. 위기에 닥쳤을 때, "왜 하필 나한테 이런 일이 닥쳤을까?" "나는 왜 되는 일이 없을까?" "이렇게 해서 무엇 하나?"라는 부정적인 질문들은 초점을 부정에 맞추기 때문에 부정적인 결과를 가져온다. "이 상황을 어떻게 활용할까?" "어떻게 하면 모두에게 도움이 될까?"라는 긍정적인 질문은 자신의 한계를 극복할 수 있는 답을 찾아낼 수 있는 힘을 준다. 생각은 질문에 따라 초점을 바꾼다. 긍정적인 질문은 생각을 긍정적으로 바꾼다. 마음을 긍정적으로 바꾸고, 삶을 긍정적으로 이끈다.

위대한 질문은 위대한 답을 얻는다.

스티브 잡스는 매킨토시 컴퓨터 개발 초기 부팅 시간 10초를 줄일 것을 요구했다. 10초를 줄이기는 어렵다는 대답이 돌아왔다. 그는 질문을 바꾼다.

"조만간 500만 명이 매킨토시를 사용하게 되고, 500만에 해당하는 10초를 합하면 연간 3억 분이다. 이것은 수십 명의 일생에 해당하는 시간이다. 만약 그걸로 한 사람의 목숨을 살릴 수 있다면 10초를 줄일 수 있는 방법을 찾을 수 있겠는가?"[14]

결국 이 질문에 부팅 시간이 28초나 앞당겨지게 된다. 훌륭한 질문은 뇌를 자극하여 다양한 방법을 생각하게 만든다. 또한 좋은 질문은 대답보다 훨씬 더 큰 힘과 영향력을 지닌다. 모두가 불가능하다고 생각할 때, 간절한 염원을 담아 질문을 바꿔 보자.

우리의 교육은 외우고 시험 보고 잊어버리고, 외우고 시험 보고 잊어버리고를 반복한다. 그래서 공부를 잘 하는 아이와 못 하는 아이의 차이점은, 잘 하는 아이는 시험 보고 잊어버리고 못 하는 아이는 시험 보기 전에 잊어버린다는 얘기도 있다. 왜 열심히

---

14. 황재일, 《질문으로 리딩하라》, 올림, 2013 참조.

외웠는데 잊어버릴까? 그것은 원리를 터득하지 못하고 무조건 암기했기 때문이다. 자신의 배움으로 이어지지 않아서 금방 잊어버리게 된다. 가장 효율적인 학습 방법은 외우는 방식이 아닌, 서로 질문하고, 대답하고, 설명하고 토론하는 것이다.

질문하는 공부법으로 하브루타가 있다. 하브루타란 짝을 지어 질문하고, 토론하고, 대화하고, 논쟁하는 것을 말한다. 유대인들은 대화와 토론을 통해 스스로 깨닫도록 만든다. 교사들이 주제를 던져 준 뒤 아이들에게 질문을 유도하고 서로 토론하면서 배울 수 있도록 한다. 강의나 설명보다 서로 얼굴을 맞대고 대화하고, 토론할 때 훨씬 더 잘 이해할 수 있다. 강의를 잘 듣는 것보다 중요한 것은 자신의 생각을 가지고 질문하고 토론하는 것이다.

생각하는 힘을 기르는 가장 좋은 방법은 '왜?, 어떻게?'라는 질문을 끊임없이 하는 것이다. 질문을 하게 되면 생각의 영역이 확장되고, 새로운 답을 찾게 되며, 창의력이 향상된다. 질문은 새로운 것을 창조해 내는 힘이 된다. 전성수의 《부모라면 유대인처럼 하브루타로 교육하라》에 질문은 인간을 성장시키는 근본이라는 내용이 있다.

사고력을 키우는 가장 효과적인 방법은 자기 나름의 의문을 품는 것이다. 의문을 갖는다는 것은 곧 생각하고 있다는 뜻이기 때문이다. 사람은 알면 알수록 숱한 의문에 부딪히게 된다. 지적인 성장은 그런 의문들을 풀기 위해 무수히 질문하고 더 넓고 깊이 사고하는 과정에서 비약적으로 이루어진다. 결국

질문은 인간을 진보시키는 길잡이이자 지성의 출발점인 셈이
다.[15]

의문을 가지고 질문을 하다 보면 생각의 힘이 커진다. 사람은
책을 읽으면 읽을수록 더 많은 의문이 생긴다. 책을 읽고, 의문을
가지고 질문하고, 토론하고, 내 삶에 적용하기 전까지는 살아 있
는 책 읽기라고 할 수 없다. 책을 읽고, 다양하게 생각하고, 질문
하고, 토론하고, 삶에 적용할 때 살아 있는 책 읽기가 된다.

하나의 정답을 암기하는 것은 사고를 틀에 가두는 것이다. 정
답을 외우지 말고, 질문을 만드는 것이 좋다. 질문은 그 내용을
이해해야만 가능하다. 교사는 교실에 들어갈 때마다 질문을 들고
들어가 보자. 지식을 전달하는 교사가 아니라 좋은 질문을 할 수
있는 교사가 되어 보자. 좋은 질문은 다양한 독서를 바탕으로 이
끌어 낼 수 있다. 많은 책을 읽고, 토론하고, 대화하다 보면 위대
한 질문을 끄집어 낼 수 있는 능력이 형성된다.

생각하고, 질문하고, 토론하는 것이 중요하다. 일상생활에서
질 높은 질문을 던져라. 답을 얘기하는 것이 중요한 것이 아니라,
상대방에게 질문을 하는 것이 중요하다. 책을 읽는 것에서 끝나
면 아직 내 것이 아니다. 질문하고, 토론하고, 실생활에 적용할
때 책이 살아나고, 내 삶이 되는 것이다.

---

15. 전성수, 《부모라면 유대인처럼 하브루타로 교육하라》, 예담friend, 2012, 78쪽

3장

삶을 변화시키는 책 읽기

## 학습공동체는 성장의 주춧돌이다

교사들은 답답한 현장에서 살아남기 위해 스스로 전문성을 길러 왔다. 혼자 연수를 받고, 혼자 공부하고, 혼자 노력하면서 좀 더 나은 학교생활을 하기 위해 힘썼다. 그러나 이러한 내용은 공유되지 못하고, 신임 교사는 처음부터 다시 시작해야 하는 힘겨운 싸움이 되었다. 교사라는 공동체는 서로 협력하지 못하고 따로따로 자신만의 성벽을 쌓은 채 살아가는 문화였다. 교사 개개인의 노력으로 개별적인 전문성은 어느 정도 길러졌지만 교사 집단의 전문성은 미약했다.

교사가 교육 현장에서 전문성을 발전시키는 것은 중요하다. 서로의 실천과 성찰을 통해 조금씩 변형, 적용하면서 쌓여 가는 실천지(實踐知)만큼 귀한 것은 없다. 자신이 가지고 있는 전문성을 자발적으로 동료 교사와 나눌 수 있는 공간이 교사 학습공동체이다. 개인의 전문성 및 교사 공동체의 전문성이 중요하다. 이 공동체의 전문성은 개인에 대한 인정과 존중에서 출발한다. 모두가 가지고 있는 지성을 마음껏 발휘할 수 있도록 인정하는 문화가 중요하다. 특정한 한두 명의 지식이 일방적으로 전달되는 식으로 모임을 가지면 그 공동체의 성장은 기대하기 힘들다.

개별적으로 존재하는 지식과 능력을 표현할 수 있는 문화가 형성되고, 일방적 배움이 아닌 서로의 배움이 일어날 수 있도록 해야 한다. 그 배움이 실천으로 쌓일 때 그 힘은 학교를 변화시키고, 지역사회의 변화로 이어진다. 성장하는 공동체 속에 있는 것만으로도 자연스럽게 교사들은 함께 성장한다. 배운다는 것은 동등한 관계에서 서로 편안하고, 자유롭게 지식을 교류하면서 가능하다.

공동체는 구성원 모두가 한 곳을 보고 함께 갈 때 서로 힘이 된다. 구성원 모두 열심히 노력하지만 추구하는 방향이 다르다면 앞으로 나아가기 어렵다. 학습공동체에서 추구해야 할 방향을 함께 잡고, 그 방향을 향해 나아갈 때 어렵지만 천천히 나아갈 수 있다. 그런데 중요한 것은 여기에 개인의 비전과 목적이 밑받침되어야 한다.

개인의 행복과 성장을 바탕으로 공동체의 행복과 성장이 이루어지는 것이다. 다양한 개인의 관점을 존중하고, 개인이 공동체를 통해 성장할 수 있도록 하나의 시선은 개인에게 맞추고 또 하나의 시선은 비전에 맞추어야 한다. 그렇게 될 때 함께 의견을 나누면서 집단지성을 발휘할 수 있다. 집단지성도 다양한 개인이 생각을 표현한 결과이다. 공동체의 비전에만 시선을 두면 개인이 소외된다. 학습공동체에서 개개인이 소외된다면 그 공동체는 지속적으로 유지되기 힘들다.

학습공동체는 개개인이 편안하게 자신의 역량을 표현하는 공간이다. 다양한 생각이 존중되고, 다양한 삶의 방식이 존중되며 개개인의 능력이 표출될 때 그것은 집단지성이 된다. 학습공동체에서는 개개인의 가치, 곧 개별성의 가치가 중요하다. 선배 교사의 일방적인 가르침이 있는 곳이 아니라 서로의 깨달음을 마음껏 나눌 수 있는 아늑한 공간이 학습공동체다. 서경혜 교수는 《교사학습공동체》에서 학습공동체는 가르치는 자와 배우는 자가 따로 있는 것이 아니며, 동등한 관계에서 서로 배우는 것을 강조하고 있다.

> 가르치는 자와 배우는 자가 고정된 것이 아니라, 내가 모르는 것을 아는 자에게 배우고 내가 아는 것을 모르는 자에게 가르치며, 서로 가르치고 배우며 함께 성장한다. 배운다는 것, 그것은 서로 동등한 관계에서 자유롭게 지식을 교류, 공유하는 것이다.[1]

학교를 흔히 공장에 비유하는 학자가 많다. 생산 라인이 가동되듯 종이 울리면 국어 교사가 들어가서 국어 지식을 주입하고, 또 종이 울리면 수학 교사가 들어가서 수학 지식을 주입한다. 그리고 이 사회에 필요한 부속품을 만들어 낸다는 것이다. 그동안은 사회에 부속품이 필요했는지 모른다. 한 사회의 부속품으로 우리가 살아온 것일 수도 있다. 그러나 지식 기반의 사회에서는 협업하여 새로운 것을 창조해 내는 능력을 가진 자가 중요하다. 협업한 경험이 없는 교사가 어떻게 아이들에게 협업을 가르칠 수 있을까? 바로 그 협업을 가능하게 하는 곳이 바로 학습공동체다.

그동안 학교 현장에서는 어떠한 교수법을 적용하면 학생의 학업성취를 높일 수 있는가를 고민했다. 훌륭한 수업 기술을 개발

---

1. 서경혜, 《교사학습공동체》, 학지사, 2015, 50쪽

하고, 그것을 익혀서 적용하면 훌륭한 결과가 나타날 수 있으리라 기대했다. 그래서 다양한 수업 기술을 개발하고, 자료집을 만들고, 그것을 익힐 수 있도록 시간과 돈을 투자했다. 그러나 아무리 좋은 수업 기술을 적용해도 똑같은 결과는 나타나지 않는다. 교실 속에는 아이들의 수만큼 다양한 변인이 있다. 수업의 핵심은 교사의 수업 구현 역량에 있다. 교사가 어떤 수업 방법을 가지고 교실 현장에 구현해 내느냐는 그 교사의 역량이다.

다양한 수업 기술을 익히는 것보다 앞서야 하는 것이 구체적인 수업 구현 능력이다. 그러면 교사의 수업 구현 능력은 어떻게 형성되고 성장할 수 있는가? 바로 교사의 내적 성장을 위한 자발적인 노력이다. 자발적으로 꾸준히 동료와 함께 노력하는 것이다. 노력의 중심에 다양한 독서와 토론, 적용과 성찰이 있어야 한다.

내가 좋아하는 책들로 집 안을 가득 채울 때의 즐거움이 있다. 하지만 이것은 자신만의 벽을 쌓아 가는 것이고, 결국 그 벽에 갇히게 될 것이다. 책을 읽으면 생각의 힘이 길러지고, 그 깊이가 달라져서 의식이 확장되어야 하는데 항상 그 자리라는 느낌이 들 때가 있다. 그것은 혼자만의 성벽에 갇혀서 읽기 때문이다.

독서를 통한 학습공동체는 성장의 주춧돌 역할을 한다. 함께 책을 읽고 나눌 동료가 있기에, 같은 뜻을 두고 함께 가는 동지가 있기에 성장할 수 있는 것이다. 학습공동체는 단순히 책을 읽고 기분을 전환하는 수준에 머무르지 않는다. 실천이 있고, 성찰이 있다. 다양한 의견, 실천과 성찰 속에 조금씩 성장해 가는 자신과 동료가 있는 곳이다. 학습공동체를 통해 자신이 관심 없던 분야도 함께 공부하게 되고, 다양한 시선으로, 다양한 방법으로 세상을 입체적으로 볼 수 있다. 책의 내용은 학습공동체 속의 다른 사람의 말을 통해 구체화되고 심화된다. 그리고 그 말을 들으면서 자신을 성찰하는 시간을 가질 수 있다.

책을 많이 읽는 사람에 대해 두려움을 갖는 것은, 그 사람이 많은 지식을 습득했기 때문이 아니라 그 읽는 습관이 대단하기 때문이다. 함께 책을 읽고 나누는 학습공동체가 학교 사회를 바꾸어 나가는 희망이다. 공동체 속에서 함께 나누고, 함께 기뻐하고, 함께 슬퍼하면서 삶은 치유되고 활력을 얻는다. 어떤 공동체 문화를 만들 것인가? 미국 작가 윌리엄 아서 워드의 말을 보면 한 가지를 선택할 수 있을 것이다.

아첨해 보아라 그러면 당신을 믿지 않을 것이다.
비난해 보아라 그러면 당신을 좋아하지 않을 것이다.
무시해 보아라 그러면 당신을 용서하지 않을 것이다.
격려해 보아라 그러면 당신을 잊지 않게 될 것이다.[2]

학습공동체는 서로 공감하고, 응원하고, 격려하는 문화가 있다. 서로 존중하면서 조금씩 성장한다. 지치고 힘들 때 격려의 말한마디는 커다란 힘이 된다. 서로의 삶을 존중하면서 축 처진 마

---

2. 이종선, 《멀리 가려면 함께 가라》, 갤리온, 2009, 86쪽

음을 다시 일으켜 세워 준다. 마치 웅장한 기둥을 받치는 주춧돌처럼.

## 목표가 있어야 달성할 것도 있다

교사들은 바쁘다. 출근과 동시에 학급 아이들의 등교 상태를 살피며 학급 활동을 시작한다. 수업을 하고, 수업이 빈 시간에는 공문을 처리한다. 수업 시작종이 울리면 또다시 교실로 갔다가 수업이 끝나면 교무실로 돌아와서 업무 포털에 얼굴을 파묻고 공문을 살피고, 업무 이메일을 확인한다. 공문을 줄인다고 이메일로 업무가 내려오는 경우도 있다.

그 바쁜 와중에 어떻게 책을 읽을 수 있겠는가? 목표를 정해야 한다. 인간사에 훌륭한 업적을 남긴 사람은 다 뚜렷한 목표를 가지고 살았다. 뚜렷한 목표는 삶의 태도를 바꾼다. 좀 더 구체적인 계획을 세우게 되고, 적극적인 삶의 태도를 보이게 된다. 목표가 있으면 목표를 향해 나아가려는 목표 추적 메커니즘이 발동하게 되는 것이다. 마음속에 목표가 생기면 뇌는 의심과 두려움을 몰아내고, 그것을 향해 나아간다. 물론 목표에 대한 확신이 있어야 한다. 목표를 정하고, 거기에 대한 강한 신념을 가져 보자. 목표를 향해 꾸준히 나아가는 자신을 발견할 수 있을 것이다. 명확한 목표가 원하는 결과를 만든다.

독서에 대한 목표를 생각해 보자. 먼저 1년에 얼마나 읽을 것인가를 정한다. 그리고 한 달 목표를 정하고, 일주일 목표를 정한 후 하루하루의 목표를 정한다. 1년에 50권 읽기를 정했다고 하자. 물론 책과 친하지 않은 사람은 1년에 50권도 벅찰 수 있다. 하지만 1년에 50권을 읽으려면 한 달에 4권, 일주일에 1권이면 된다. 한 달에 1권도 힘든데 일주일에 어떻게 1권을 읽을까? 일주일에 1권을 읽기 위해서는 하루에 30쪽 정도만 읽으면 된다. 하루에 30쪽, 어렵지 않다. 30쪽을 읽기 위해서는 보통 30분이 소요된다. 소중한 자신을 위해 하루 30분을 선물하자. 30분, 아침에 10분, 점심에 10분, 저녁에 10분이면 된다.

책 읽기는 자신에 대한 선물이다. 사람은 남을 위해서 선물을 사기도 하고, 시간을 보내기도 한다. 그러나 오롯이 자신을 위한 시간은 하루 24시간, 1440분 중 얼마나 사용하는가? 1440분 중 30분을 자신에게 책 읽는 시간으로 목표를 정해 선물로 주자. 꾸준히 실천하면 1년에 50권을 읽게 된다. 하루에 한 시간을 읽으면 1년에 100권을 읽을 수 있다. 꾸준함이 이긴다. 꾸준히 읽어 보자.

우리 사회는 불평등하다. 부유한 사람의 부는 점점 증가하는 데 비해 거리에서 먹고 자는 사람은 점점 더 늘고 있다. 태어날 때부터 부는 불공평하게 주어진다. 누구에게나 공평하게 주어지는 것은 무엇일까? 태양이 보내 주는 햇살조차 불공평하게 나뉜다. 누구는 하루 종일 따사로운 햇살이 비추는 남향집에서 살고, 누구는 하루 종일 햇살 한 줌 비추지 않는 지하 단칸방에서 산다.

햇살조차도 인간 사회에서는 불공평하게 다가온다. 모든 사람에게 공평하게 부여되는 것, 그것은 시간이다. 어디에 있든 모두에게 하루 24시간은 똑같이 주어진다. 이 시간을 잘 이끌어 보자. 시간을 관리하는 자, 인생을 관리할 수 있다.

한국인은 하루 평균 3시간 동안 텔레비전을 시청하면서 보낸다. 날마다 3시간씩 10년 동안 텔레비전을 본 사람이 변화하고 성장하는 경우를 보았는가? 날마다 3시간씩 10년 동안 책을 읽는다면 그 사람은 어떻게 될까? 변화와 성장으로 내면의 힘이 채워진 사람으로 거듭나 있을 것이다. 텔레비전 보는 시간만 책을 읽는다면 1년에 300권을 읽을 수 있다. 집에서 텔레비전을 없애자. 인생이 달라질 것이다.

> 미국의 유명한 교육심리학 박사 벤저민 블룸은 텔레비전을 '시간의 적'이라고 규정하고, "텔레비전이 소리 소문도 없이 사람들의 귀중한 시간을 훔쳐 갔다."고 하였다.[3]

텔레비전 보는 시간, 인터넷 검색하는 시간을 아껴서 책을 읽자. 그리고 얼마나 읽을 것인지, 어떻게 읽을 것인지 목표를 정해 보자. 2013년 나의 목표는 연간 365권을 읽는 것이었다. 날마다 1권씩 읽기로 했다. 학교생활도 해야 하고, 집에서는 세 아이의 엄마로 집안일도 해야 하는데 과연 가능할까? 그러나 일단 목

---

3. 송재환, 《초등 고전 읽기 혁명》, 글담, 2011, 45쪽

표를 정하고 행동으로 옮겼다. 읽은 후 꼭 독서록을 남겼다. 그전까지는 독서록으로 1년에 공책 1권 정도를 썼는데, 2013년에는 3권을 썼다. 물론 365권을 다 읽지 못하고, 239권을 읽는 것으로 그쳤지만, 그래도 239권을 읽을 수 있었던 것은 365권을 읽겠다는 목표가 있었기 때문이다. 만약 100권 읽기를 목표로 삼았다면 100권을 읽었든지, 아니면 그에도 미치지 못했을 것이다. 사람은 목표 이상으로 무엇을 달성하기는 힘들다. 목표만큼 달성하든지 아니면 그보다 좀 낮은 수준의 성취를 보이게 된다. 목표를 정해 보자. 그것도 가능한 목표를 높게 정하자.

## 더불어 읽기의 즐거움

신자유주의의 '경쟁의 악령'이 우리를 스치고 지나가고 있다. 아니 아직도 우리 사회를 지배하고 있다는 생각이 든다. 사회에서도 경쟁을 부추기고 남을 이겨야 살아남을 수 있다는 생각이 지배적이고, 학교 또한 경쟁을 통한 줄 세우기가 당연시되고 있다. 그러나 경쟁은 효율적이지도 않고, 행복을 안겨다 주지도 못한다는 것을 서서히 깨닫고 있다. 이 사회에서 행복하게 살기 위해서는 사람과 사람 사이 협업 능력이 중요하다. 얼마나 남을 배려하는지, 함께 성취할 수 있는 능력을 가지고 있는지, 그것을 위해 원만한 의사소통 능력이 있는지가 중요한 것이다.

사람은 다른 사람과의 관계 속에서 진정한 행복을 느끼는 존재다. 관계를 통해 에너지를 얻고, 기쁨을 느낀다. 내가 좋은 에너지로 충만하다면 내 주변에 좋은 사람들이 모인다. 좋은 사람들과 함께 마음을 나눌 때 편안하고 행복하다. 그러나 단순히 친목을 위한 관계 맺음을 통해서는 영혼의 풍요로움까지 느끼기는 어렵다. 책을 통해 만나고, 책을 통해 이야기하고, 책을 통해 마음을 나눌 때 영혼의 충만함을 느낄 수 있다. 함께 읽을 때, 혼자 읽을 때는 불가능한 다양한 생각들과 접할 수 있다. 같은 책을 읽고 다른 생각들을 들으며 의식에 자극을 받게 된다. 책을 통해 적용할 점을 찾아내고, 자신의 삶에 대해 성찰하면서 성장의 기쁨을 느낀다.

교실에서 아이들과 씨름하고 교무실에 와서는 잡무에 치이다 보면 교사로서의 자존감이 점점 바닥으로 떨어지는 것을 느끼게 된다. 그러나 책을 읽고 토론하다 보면 교사다워진다는 것을 느끼며, 자존감이 조금씩 회복되고, 성장하는 것을 느낀다. 내가 그랬다. 처음에는 전혀 느끼지 못한다. 적어도 1~2년 동안 꾸준히 모임을 가진다면 성장한 모습을 서로 느낄 수 있을 것이다. 만약 10년을 함께 책을 읽고 배운다면 저마다 자신의 색깔로 빛나는 존재가 될 것이고, 조직의 문화를 이끄는 밑바탕이 될 것이다.

긍정적인 마음은 긍정적인 결과를 가져오고, 부정적인 마음은 부정적인 결과를 가져온다. 내 주변에 긍정적인 기운을 전파하는 사람이 있을 수도 있고, 남을 헐뜯으며 부정적인 말만 하는 사람이 있을 수도 있다. 부정적인 기운을 가지고 있는 사람은 항상 '해 봤자 소용없어'라고 생각한다. 책을 읽어도 소용없다는 생각이 가득하며, 현상을 두루 살피지 못하고, 보고 싶은 것만 보고 듣고 싶은 것만 듣는다. 똑같은 상황에서 말을 들어도, 앞뒤 다 생략하고 자신이 생각하고 싶은 것과 일치되는 단어만 찾아 말을 만든다. 문제를 확대, 왜곡하여 타인에게 전한다.

어떤 사건이 발생했을 때, 가장 낮은 단계의 사람은 누가 그런 일을 했는지 이야기하면서 사람을 헐뜯는다. 그다음 단계의 사람은 원인이 무엇인지에 매달린다. 최고의 단계는 대안을 제시하는 사람이다. 이런 사람은 문제의 해결점을 찾기 위해 고민하고, 사색한다. 책을 통해 성장한 사람은, 성공은 창 밖에 있는 다른 사람의 공으로 돌리고, 실패는 방 안에 있는 거울을 보면서 자신의 잘못으로 돌린다. 그런 사람의 주변은 언제나 평화롭다. 서로 얼굴을 붉힐 일이 없다.

어떤 사람과 함께하느냐에 따라 내 인생의 색깔도 달라진다. 항상 책을 가까이 하고, 책을 소개시켜 주는 사람을 곁에 두자. 곁에 둘 수 없으면 책 읽는 모임을 찾아가자. 책 읽는 모임이 가까이 없으면 직접 만들어 보자. 곁에 있는 사람들끼리 독서 모임을 만들어 함께 읽고, 사색하고, 토론하는 시간을 가져 보자. 세상을 바라보는 시각이 달라진다. 세상을 보는 눈이 넓어진다. 세상을 보는 마음이 여유로워진다. 책을 읽어야 한다는 생각도 들고, 읽고 싶은 생각도 있지만 문득 스마트폰을 들여다보거나 텔레비전만 보고 있는 자신을 발견한다. 독서 모임에 참여하면 이러한 행동은 줄어들고, 책을 읽는 시간이 늘어난다. 책을 꾸준히 읽는 데 도움이 된다.

《논어》〈학이편〉 첫 구절에 "배우고 때때로 그것을 익히면 또한 기쁘지 아니한가? 벗이 먼 곳에서 찾아오면 또한 즐겁지 아니한가? 사람들이 알아 주지 않아도 노여워하지 않으니 어찌 군자답지 아니한가?"[4]라는 말이 있다. 사람들과 함께 읽으면서 공자의 이 문장이 점점 더 가슴에 와 닿았다. 학창시절에는 배움에 그리 즐거움을 느끼지 못했다. 특히 교원 임용시험을 준비할 때는 무조건 외우느라 정신이 없었다. '공자가 정말 배움의 즐거움을 느꼈을까?' 하는 의심마저 들었다.

지금은 공자의 배움에 대한 즐거움을 조금은 알 것 같다. 이것은 함께하기에 가능한 것이다. 혼자 읽을 때 느끼지 못하는, 함께 읽을 때 느끼는 배움에 대한 즐거움이 있다. 또한 함께 읽고 나누기 위해 만나는 벗에 대한 믿음과 편안함이 있다. 오랫동안 책을 함께 읽은 사람들과 있으면 삶에 대한 여유를 느낄 수 있다. 웬만한 일에는 노여움을 타지 않는다. 그만큼 내면에 힘이 있기 때문이다. 외부의 어떤 바람에도 괴로워하지 않는다. 바람이 부는 대로 그냥 몸을 맡기고, 그 상황을 즐기는 삶의 깊이를 볼 수 있다.

전혀 생소한 책을 소개받는 즐거움! 그 책을 통해 수많은 공감과 생각거리를 찾아냈을 때의 보람! 내 생각을 얘기하면서 점점 명료화되는 내 생각 조각들! 내 삶의 성찰을 통해 갖게 되는 겸허

---

4. 子曰 "學而時習之, 不亦說乎? 有朋自遠方來, 不亦樂乎? 人不知而 不溫, 不亦君子乎?"

한 삶의 자세! 이것들이 내가 독서 모임에 꾸준히 참여할 수밖에 없는 이유들이다. 혼자 읽는 것에는 한계가 있다. 자신만의 생각의 틀에 갇힐 수도 있고, 책 읽기에 지치면 그만둘 수도 있다. 그러나 모임은 생각의 틀을 깨게 만들고, 어렵고 힘들 때 든든한 버팀목이 되어 주며 삶의 즐거움을 가져다 준다. 대나무가 속이 텅 비어 있어도 길게 위로 쭉쭉 뻗을 수 있는 것은 중간중간에 마디가 있기 때문이다. 독서 모임은 내게 대나무의 마디와 같은 역할을 해 줬다. 앞으로 나아갈 수 있는 힘이 되어 주었다.

## 공개하고 공유하라, 집단지성이 열린다

모임을 통해 함께 나누고, 배운 이야기를 정리한 것을 다른 교사와 공유한다면 보다 많은 교사가 배울 수 있는 기회가 될 수 있다. 공유하기 위해서는 기록해야 한다. 나는 모임을 할 때면 간단하게 기록했다 나중에 구체적으로 정리한다. 모임 직후에 정리를 하면 여운이 아직 사라지지 않아 생생하게 기록할 수 있다. 게으름을 피우다 한 일주일쯤 지난 다음 정리하려고 하면 내가 써 놓은 말인데도 그 선생님이 무슨 말을 했는지 가물가물하다. 즉시 정리하자고 몇 번이고 다짐을 해 보지만 일주일을 안 넘기면 다행이다. 정리한 파일을 쿨 메신저로 보낸다. 보내기 전 '혹 다른 선생님들께서 공유 자체를 귀찮아하거나 부담스러워하면 어쩌지?'라며 고민을 하게 된다. 그럴 때 나는 나 자신을 성찰해 본다.

내가 '왜 이것을 하고 있는지', '누구를 위해 이것을 하는지?'를 가만히 생각하다 보면 '보내기'를 누를 수 있게 된다. 퇴임이 얼마 남지 않은 김경현 선생님께서 읽고 계신다. 반가운 마음에 아는 체를 한다.

"어머, 선생님! 읽어 주셔서 감사합니다."

"아녀~ 난 항상 읽어 봐. 모여서 뭐 하나 궁금하잖아."

"네~ 선생님! 감사합니다."

함께하지 않아도 함께 나눈 이야기를 읽어 주시는 선생님을 보면서 힘을 얻는다. 모임을 하는 공간에 같이 있진 않아도, 후기를 읽으면서 함께하는 기운을 조금이라도 느낄 수 있다. 강민자 선생님은 직접 출력하여 파일에다 정리를 해 놓으신다. 그 모습을 보면서 정말 감사한 마음이 들었다. 함께하지는 못하지만 후기 정리한 것을 공유하면서 모임의 회원이 아닌 교사와도 나눌 수 있는 것이다. 그것이 공유이고, 공유의 힘은 세다.

요즈음은 인터넷을 통해 많은 자료가 공개되고 공유된다. 원하는 지식을 인터넷 검색을 통해 쉽게 얻을 수 있다. 위키피디아는 전 세계 여러 언어로 만들어 나가는 자유 백과사전으로, 누구나 참여할 수 있다. 현재 한국어 위키백과에는 문서 34만 개가 넘게 실려 있다. 위키피디아는 백과사전이지만 누구나 정보를 편집할 수 있다는 원칙 아래 한 주제에 대한 다양한 독자의 토론을 거쳐 합의된 정보를 도출해 내는 체계다. 이는 그들이 사용하는 정보가 집단지성의 결과임을 보여 주는 것이다. 정보를 공유하면서 엄청난 정보를 얻을 수 있고 활용할 수도 있다.

서태지는 9집 타이틀 곡인 〈크리스말로윈〉의 스템파일을 모두 공개했다. 스템파일이란 곡을 구성하는 목소리와 악기 각각의 음원을 말한다. 창작을 하기 위해서는 어느 정도 모방이 필요한데, 이 스템파일을 공개함으로써 음악을 하는 많은 사람이 모방의 기회를 얻게 되었다. 대한민국 최초의 스템파일 리믹스 콘테스트에서 서태지의 〈크리스말로윈〉은 300여 개의 '크리스말로윈'으로 재탄생했다. 서태지가 공개한 음원 소스에 무궁무진한 상상력이 더해지며 풍요로운 창작 생태계가 만들어진 것이다. 서태지의 음원 공유는, '이건 내 거니까 건드리지 마라'라는 생각을 넘어 '내 것을 가지고 한 번 창작해 보세요'라는 한 차원 높은 의식 수준의 표현인 것이다. 공유를 통해 모방을 하고, 모방을 통해 창조가 가능하다.

모임에서 함께 토론하고 배웠던 내용을 정리하여 모든 교사가 공유하도록 하자. 그 자료를 통해 좀 더 나은 생각을 하고, 좀 더 나은 자료를 만들어 낼 수 있다. 가끔 다른 학교에서 자료 요청이 온다. 나는 요청한 자료 외에 필요할 것 같은 것, 조금이라도 도움이 될 것 같은 것은 더 챙겨서 보낸다. 내 자료가 누군가에게 먼지만큼이라도 도움이 되었다면, 그 먼지가 쌓여 나중에 태산이 되리라 믿는다. 한 사람 한 사람의 생각이 모여서 집단지성이 열리고, 이 집단지성은 공동체를 성장과 행복으로 이끄는 바탕이요, 원동력이 된다고 믿는다.

공동체 안에 똑똑한 사람이 있어 훌륭한 집단지성이 표출되는 것은 아니다. 여러 명이 의견을 모으면 최선의 의견이 나오고, 나중에 적용한 후 돌이켜 보면 최선의 의견이 최고의 의견이었다는 것을 알 수 있다. 공유는 어려운 문제도 해결해 주는 힘을 가지고 있다.

리오르 조레프의 《생각공유》에 보면 '황소의 무게를 맞혀라!'라는 이야기가 나온다. 황소의 무게를 맞히기 위해 시장 사람들의 생각을 모아 평균을 내보니 축산 전문가들의 추정치보다 훨씬 정확했다는 것이다. 어떤 문제를 해결하기 위해서는 한두 명이 모여 결정하는 것보다 여러 사람과 문제를 공유하여 다양한 의견을 듣는 것이 훨씬 유익하다.

100년도 더 지난 옛날 아주 유명한 크라우드 지혜 실험을 재현해 보라는 것이었다. 그 실험이란(그런데 고작 16살짜리가 어떻게 그걸 알았을까?) 1907년에 프랜시스 골턴이 〈네이처〉지에 발표한 내용이다. 사람들로 북적이는 영국의 플리머스 시장에서 골턴은 황소 무게 맞히기 대회를 열었다. 그는 도살된 황소 한 마리의 무게를 알아맞히는 문제를 시장에 있던 800명의 사람에게 냈다. 800명의 크라우드 가운데 황소의 무게를 맞힌 사람은 없었다.

그래서 이번에는 이들이 각각 추측하는 무게를 모두 말하게 한 다음 평균을 냈다. 즉 황소의 무게를 집단적으로 측정한 것이다. 놀랍게도 이 집단지성은 가축 전문가들의 추정치보다 정

확한 무게를 제시했다.[5]

공유는 힘이다. 공동체 안에서 자료를 공유하고, 문제를 공유하고 함께하면 훨씬 더 훌륭한 해결책이 나온다. 공유를 통해 해결책을 얻어 내는 것도 살아가는 지혜다. 특히 인터넷 시대에는 보다 많은 내용을 보다 많은 사람과 공유할 수 있으며, 보다 많은 사람의 생각을 공유하는 것이 가능하다. 가치를 제공하는 사람이 되자. 삶과 연결된 것이 가치 있는 것이다. 다른 사람을 도와 그들이 필요한 것을 얻도록 도와주고, 나의 지식이나 정보를 공유하도록 하면 누군가의 시간을 절약해 주는 것이다. 그것은 다른 사람의 가치를 창출하도록 도와주는 것이고, 또 그 창출된 가치는 나에게 더 나은 가치를 창출할 수 있는 힘이 된다.

## 균형 잡힌 독서의 힘

마음이 복잡하고 혼란스러울 때는 마음을 다스리는 책에 매달리게 된다. 그런데 내 상황이 달라져도 이미 그 분야의 책에 마음이 끌리면 나도 모르게 편독하게 된다. 내가 읽고 싶은 책만 읽게 되면 편협한 사고에서 벗어나기 힘들다. 다양한 분야의 다양한 책을 읽어야 한다. 그 다양성을 포괄하는 것이 인문학이다. 인문학 하면 일반적으로 자연과학에 대립하는 영역으로 인간의 근원

---

5. 리오르 조레프, 《생각공유》, 박종성 옮김, 와이즈베리, 2015, 26쪽

문제, 인간의 사상, 문화에 대한 것으로 여긴다. 그런데 과연 인간의 본질을 탐구하지 않는 학문이 어디 있겠는가? 넓은 의미에서 보면 인문학은 모든 학문을 포함한다고 할 수 있다.

인문학(人文學)이란 단어는 사람 인(人), 글월 문(文), 배울 학(學)으로 이루어져 있다. 즉 사람에 대한 글을 배우는 것이다. 다시 말해 인문학은 인간에 대한 학문이다.

인문학의 문(文)은 문(紋)에서 왔다. 사람이 어떤 무늬, 문양을 만드는 과정을 인문학이라 할 수 있다. 자연으로부터 얻어서 무늬를 만들 수 있는 원재료가 인문학이다. 우리는 모든 것을 자연으로부터 얻는다. 원재료를 가지고 책상을 만들기도 하고, 침대를 만들기도 하고, 책을 만들기도 한다. 마찬가지로 책도 누가 어떻게 읽느냐에 따라 나타나는 모습이 다양하다.

인문학 읽기를 통해 생각을 하게 된다. '사람은 어떻게 살아야 하는가?, ' 삶의 목표는 무엇인가?', '무엇이 옳은 것인가?'와 같은 질문을 하게 된다. 질문은 생각의 조각들을 끌어모아 체계화하는 힘을 가지고 있다. 체계화된 생각을 통해 자신의 정체성이 형성된다. 확고한 정체성을 바탕으로 통찰력이 형성된다. 결국 인문학 읽기를 통해 세상을 통합적으로 보는 힘을 가질 수 있다. 오직 하나의 기준으로 세상을 보는 사람은 나와 다른 생각을 만났을 때, 또는 나와 다른 사람을 만났을 때 당황하게 된다. 다른 사람의 의견을 귀 기울여 들을 수 있는 힘, 상대방의 의견이 더 합당하다고 느낄 때 받아들일 수 있는 여유, 이것은 인문학 읽기로 가능하다.

　인문학을 통해 인간의 삶을 볼 수 있다. 세상을 보는 눈을 기를 수 있다. 다른 사람의 삶을 통해 내 삶을 성찰할 수 있다. 인문학을 통해 마음 읽기가 가능하다. 독서를 하는 사람과 하지 않는 사람도 차이가 생기지만, 인문학 독서를 하는 사람과 그저 베스트셀러, 판타지 소설만 읽는 사람과의 차이는 생각보다 크다. 흥미 위주의 책만으로는 타인의 마음을 읽어 내기가 힘들다. 리더에게는 인문학적 상상력이 필요하다. 혁신하고 창조하고 이끌어 가는 사람들은 모두 인문학 독서를 한 사람들이다. 인생에서 가장 큰 차이를 만드는 것은 교과서 지식 하나 더 외우는 것에 있는 것이 아니라 인문학 독서에 있다.

　통찰력을 갖지 못한 리더는 침몰하는 배 위에서 갑판 의자를 고치는 사람과 같다. 전체적인 상황을 파악하지 못하고, 당장 눈앞에 보이는 것에만 힘을 쏟는다면 배에 타고 있는 사람들은 어떻게 되겠는가? 성공한 리더의 공통된 특징은 긍정적 사고와 다독(多讀)이다. 독서를 하는 리더는 조직을 살릴 수 있다.

　사람을 행복하게 하고, 지혜롭게 살 수 있도록 돕는 것 또한 인문학이다. 인문학은 본질을 찾아내는 능력을 길러 준다. 본질을 찾아내는 사람은 공부의 원리를 깨닫는다. 현상과 본질은 다르다. 현상 뒤에 숨어 있는 본질을 아는 것이 중요하다. 현상만 보아서는 올바른 판단을 할 수 없다.

　사람은 흔히 현상만 보고 판단하는 경향이 있다. 많은 정보가 넘쳐나는 시대에 유용한 정보를 찾아내서 활용하는 능력이 중요하다. 인문학을 읽으면 본질이 보이고, 수많은 정보 속에서 원리를 찾아낼 수 있다. 원리를 알면 세상을 보는 눈이 분명해지고, 수월해진다.

사람을 위한 수많은 학문 가운데 삶의 본질에 이르는 세 분야는 문학, 역사, 철학이다. 줄여서 문(文), 사(史), 철(哲)이라고 한다.

문학(文學)은 사상이나 감정을 언어로 표현한 학문이다. 문학작품을 읽을 때는 저자와 따뜻한 마음을 나누는 느낌으로 읽어야 한다. 그래야 작품의 세계에 푹 빠져들게 되고, 감수성과 상상력이 자극된다. 문학작품을 지식을 전달하는 서적처럼 읽어서는 안된다. 문학작품은 지식을 전달하려는 것이 아니라 경험을 전달하는 것이 목적이다.

지식을 전달하는 책은 이성적, 비판적, 합리적인 사고가 주로 요구되지만 경험을 전달하는 문학작품은 상상력이 주로 요구된다. '문학작품이 끼치는 영향력을 거부하지 마라.' 그 책이 독자에게 하고 싶은 대로 하도록 맡기는 것이다. 그 책을 향해 마음을 열어 두어야 한다. 시나 소설, 특히 희곡과 같은 문학작품을 통해서 우리는 무언가를 배울 수 있다. 그러나 철학이나 과학 서적에서 배우는 것과는 다르다. 우리는 일상생활 속에서 무엇인가를 배운다. 마찬가지로 우리의 상상 속에서 만들어 낸 다양한 경험으로부터 무언가를 배울 수 있다. 시나 소설은 즐거움뿐 아니라 배움도 준다. 다양한 개성을 가진 주인공들을 통해 인간을 이해하는 폭이 넓어지고 삶의 방식을 다각도로 모색할 수 있다.

역사(歷史)는 인류 사회의 변화와 그 흥망을 기록한 것이다. 역사 서적을 읽을 때는 시대의 흐름을 파악해야 한다. 주요 사건들을 시간의 흐름에 따라 배치해 보면 사회가 어떻게 흘러가는지 알 수 있다. 비슷한 사건이 왜 반복되는지도 알 수 있다. 즉 역사 서적을 읽으면 삶의 패턴을 알 수 있게 된다. 과거를 바탕으로 미래의 삶을 예측할 수 있는 능력이 생긴다. 역사적인 사실과 역사적인 기록은 다를 수 있다. 한 사건이나 한 시대에 대해 제대로 이해하려면, 두 가지 이상의 글을 읽는 것이 좋다. 그렇게 하면 좀 더 보편적인 역사적 시각을 기를 수 있다.

위인전은 한 사람의 역사를 다룬 것이다. 위인전은 위대한 인물과 만날 수 있는 장이다. 그 사람이 살았던 역사적인 배경을 알면 삶에 대해 좀 더 깊이 공감할 수 있다. 역동적인 시간의 흐름 속에서 굳건한 신념을 갖고 살아온 한 사람의 삶을 통해 인생을 배울 수 있다. 과거에 진짜 존재한 삶이다. 온갖 시련과 고통 속에서 살아온 나날을 보면서 자신의 삶을 되돌아보고 지금 이 순간 최선을 다할 수 있는 힘을 얻는다.

삶이 버거울 때면 나는 이순신의 《난중일기》를 읽는다. 이순신의 사람됨을 느낀다. 아들 면이 왜적에게 죽음을 당했다는 편지를 받은 날의 일기를 읽다가, 아픔을 삼키는 이순신을 생각하며 함께 눈물을 흘렸다. 이 일기를 보고, 김훈은 《칼의 노래》에서

면의 죽음에 대한 이순신의 아픔을 그렇게 처절하게 표현했나 보
다.

> 정유년 10월 14일 맑음
> 저녁에 어떤 사람이 천안에서 와서 집안 편지를 전하는데,
> 봉함을 뜯기도 전에 뼈와 살이 먼저 떨리고 마음이 조급하고
> 어지러웠다. 대충 겉봉을 펴서 열이 쓴 글씨를 보니, 겉면에 '통
> 곡(慟哭)' 두 글자가 씌어 있어서 면이 전사했음을 알게 되어
> 나도 모르게 간담이 떨어져 목 놓아 통곡하였다. 하늘이 어찌
> 이다지도 인자하지 못하신고. 간담이 타고 찢어지는 듯하다.
> 내가 죽고 네가 사는 것이 이치에 마땅하거늘, 네가 죽고 내가
> 살았으니, 이런 어긋난 이치가 어디 있겠는가. 천지가 캄캄하
> 고 해조차도 빛이 변했구나. 슬프다. 내 아들아! 나를 버리고
> 어디로 갔느냐.[6]

이순신은 죽기 이틀 전까지 일기를 썼다. 꾸준히 기록을 남긴
것이다. 힘없는 나라의 백성으로 태어나 평생을 비통한 마음으로
살다 간 이순신! 어머니에 대한 간절한 마음, 가족에 대한 그리움
을 다 접고 사지(死地)에서 의연하게 버티는 힘! 그 힘을 본받고
싶다.

나는 어떤 상황인가? '이순신보다 더 힘든 상황인가?'라는 질문
을 스스로에게 던진다. 그 상황을 상상하고, 그 상황 속에서 살아
가는 백성들을 생각한다. 그 백성들과 그 임금을 바라보며 어쩔

---

6. 이순신, 《난중일기》, 노승석 옮김, 여해, 2014, 486~487쪽

수 없는 자신의 삶을 홀로 바라보며 통곡하는 이순신을 그려 본다. 아무리 어려운 상황일지라도 담담하게 대처할 수 있는 무한한 기운을 받는다.

철학(哲學)이란 무엇인가? 철학은 지혜를 탐구하는 학문이다. 철학이라는 말에는 '지혜를 좋아하는 것', '지혜를 사랑하는 것'이라는 뜻이 담겨 있다. 그리스어로 철학은 '필로소피아(philosophia)'다. '필로(philo)'는 사랑을, '소피아(sophia)'는 지혜를 뜻한다. 즉 지혜에 대한 사랑, 지혜를 사랑하는 학문이 철학이다.

어린이들은 훌륭한 질문을 많이 한다. "사람은 어떻게 생기나요?", "해님은 왜 낮에만 있어요?", "고양이는 말을 어떻게 해요?" 질문은 생각 속에서 나온다. 아이들은 끊임없이 생각하고 질문한다. 그러나 유치원에서 대학에 이르면서 이런 질문들은 점점 사라진다. 학교에서의 기계적인 학습의 끔찍한 결과일 수 있다. 어린아이들의 곤란한 질문에 당황하며 질문하지 못하도록 하는 부모들의 행동의 결과일 수도 있다. 철학 서적을 읽고 질문을 이끌어 내도록 해 보자. 존재나 본질에 대해 깊이 있게 생각하고, 표현할 수 있도록 하자. 그 속에서 삶의 지혜를 터득할 수 있다. 철학 읽기를 통해 마음의 여유와 지혜를 배워 지금보다 한 단계 높은 삶을 살 수 있다. 가슴에 와 닿는 철학 구절을 깊이 생각하고, 그것을 자신의 삶에 적용하고 실천하도록 해 보자.

인문학은 인간에 대한 다양한 분야의 학문으로, 인문학 읽기를 통해 균형 잡힌 독서가 가능하다. 인문학을 통해 삶의 본질을 깨닫기 위해서는 천천히 생각하면서 읽어야 한다. 인문학 읽기를 통해 배운 것을 서로 나누고, 자신의 삶에 적용하면, 일상의 문제를 유연한 사고로 여유 있게 해결해 나갈 수 있다. 인문학은 궁극적으로 삶에 대한 반성적 성찰이며, 인간에 대한 보편적 가치의 회복이다. 결국 인문학 읽기를 통해 통찰력을 기를 수 있고, 인간성 회복이 가능한 것이다.

## 마음을 끌어들이는 부분을 기록하라

책을 열심히 읽고, 마지막 장을 넘긴다. 그리고 내용을 생각해 본다. 그런데 하나도 생각이 안 난다. 책을 읽기만 하는 것은 의식을 자극하는 데 별 영향을 미치지 못한다. 읽고 기록해야 한다. 조선 후기 학자인 다산 정약용은 "말은 입을 떠난 순간 사라지지만 기록은 쓰는 순간 생명을 얻게 된다."라고 하였다. 기록하는 순간 뇌를 자극하게 된다. 책을 읽으면서 마음에 와 닿는 부분은 밑줄을 치고, 귀 접기를 한다.

책을 다 읽고, 처음부터 다시 넘기며 표시한 부분을 기록한다. 도서관에서 빌린 책은 포스트잇을 붙이고 표시를 해 두었다 나중에 떼어 내면서 기록한다. 그렇게 기록한 공책이 한 권 두 권 쌓이면서 마음의 힘이 세지고 의식 수준이 높아진다. 기록의 양이 많아지면 나중에 어느 공책에 있는지 찾기 힘들다. 독서 기록을 할 때 읽은 책 목록도 꼭 만들어 보자. 목록에는 읽은 날짜, 제목, 저자, 짧은 한마디가 들어가면 좋다. 나중에 필요한 자료를 찾을 때, 미리 정리해 둔 만큼 쉽게 찾을 수 있다.

김병완은 《초의식 독서법》에서 초서 독서법의 효과에 대해, 첫째 책의 내용을 환하게 꿰뚫을 수 있고, 둘째 기억력이 향상되며, 셋째 책을 통해 배운 것, 내 생각으로 읽은 것, 작가의 견해와 나의 견해를 비교 분석하고 종합하여 새로운 것을 만들어 내는 비중이 높아진다는 것을 이야기하고 있다. 책 한 권을 다 읽어도 무슨 내용이었는지 생각이 잘 안 난다. 처음부터 책장을 넘기면서 초서를 하게 되면 핵심 단어나 문장들이 뇌에 남게 된다. 그러면서 책의 내용을 뚜렷하게 파악할 수 있다. 또한 기록하면서 뇌가 자극되고 기억력이 향상된다. 작가의 생각에 내 생각이 더해져서 새로운 생각이 떠오르고, 창의력이 향상될 수 있다.

아이들은 책을 읽고 기록하고 싶어도 무엇을 기록해야 하는지 잘 모른다. 교사와 아이가 함께 기록을 하면 좋다. 교사의 기록 습관을 아이들에게 나눠 주는 것이다. 책을 읽고, 중요한 내용을 가려 뽑아 기록하는 것이 초서(抄書)다. 초(抄)란 '노략질하다', '베껴 쓰다'라는 뜻이다. 정약용도 초서법을 강조했다. 자신의 두 아들에게 보낸 편지의 내용이다.

반드시 먼저 자기의 뜻을 정해 만들 책의 규모와 편목을 세운 뒤에 남의 책에서 간추려 내야 맥락이 묘미가 있게 된다. 만약 그 규모와 목차 외에도 꼭 뽑아야 할 곳이 있을 때는 별도로

책을 만들어 좋은 것이 있을 때마다 기록해 넣어야만 힘을 얻을 곳이 있게 된다.[7]

내가 처음 기록하기 시작한 계기가 된 책은 법정 스님의 《무소유》다. 2005년 《무소유》를 구매하여 읽었다. 읽다 보니 언젠가 읽은 듯한 느낌이 들었다. 나의 책장을 훑어보았다. 대학교 때 이미 사서 읽었던 책이다. 내가 읽은 것조차 까마득하게 잊고 있었다. 책을 읽고 기록을 한다면 최소한 내가 읽은 책은 무엇인지 알 수 있지 않을까라는 생각이 들었다.

### 2015년 5만 쪽 읽기 1~3월

| 총권수 | 연권수 | 읽은 날짜 | 저자/도서명/출판사/연도 | 메모 | 쪽수 | 누적 쪽수 |
|---|---|---|---|---|---|---|
| **BOOK LIST** | | | | | | |
| 636 | 1 | 1.1 | 켄 베인, 《최고의공부》, 이영아 옮김, 와이즈베리, 2013 | 강추 | 322 | 322 |
| 637 | 2 | 1.2 | 이제석, 《광고천재 이제석》, 학고재, 2014 | 강추 | 357 | 679 |
| 638 | 3 | 1.9 | 수호믈린스키, 《선생님들에게 드리는 100가지 제안》, 수호믈린스키 교육사상연구회 옮기고 역음, 고인돌, 2010 | 추천 | 609 | 1288 |
| 639 | 4 | 1.16 | 초등교육과정연구회, 《행복한 혁신학교 만들기》, 살림터, 2011 | 추천 | 263 | 1551 |

---

7. 정약용, 《유배지에서 보낸 편지》, 박석무 옮김, 창비, 2009, 92쪽

| 640 | 5 | 1.18 | 로버트 루트번스타인 · 미셸 루트번스타인, 《생각의 탄생》, 박종성 옮김, 에코의서재, 2007 | 강추 | 429 | 1980 |
|---|---|---|---|---|---|---|
| 641 | 6 | 1.20 | 에나 리겔, 《꿈의 학교, 헬레네 랑에》, 송순재 옮김, 착한책가게, 2012 | 강추 | 317 | 2297 |
| 642 | 7 | 1.25 | 이혁규, 《수업》, 교육공동체 벗, 2014 | 강추 | 291 | 2588 |
| 643 | 8 | 1.29 | 엄기호, 《단속사회》, 창비, 2014 | 강추 | 306 | 2894 |
| 644 | 9 | 1.30 | 이희경, 《마음속의 그림책》, 미래인, 2009 | 추천 | 286 | 3180 |
| 645 | 10 | 1.31 | 사토 마나부 · 한국배움의공동체연구회, 《교사의배움》, 에듀니티, 2014 | 추천 | 256 | 3436 |
| 646 | 11 | 2.1 | 박현숙 · 이경숙, 《어! 교육과정? 아하! 교육과정 재구성》, 맘에드림, 2014 | 추천 | 362 | 3798 |
| 647 | 12 | 2.2 | 최진석, 《인간이 그리는 무늬》, 소나무, 2013 | 강추 | 296 | 4094 |
| 648 | 13 | 2.5 | 정성식, 《교육과정에 돌직구를 던져라》, 에듀니티, 2014 | 추천 | 279 | 4373 |
| 649 | 14 | 2.7 | 남경운 · 서동석 · 이경은, 《수업 디자인》, 맘에드림, 2014 | 추천 | 316 | 4689 |
| 650 | 15 | 2.13 | 이승민, 《상처받을 용기》, 위즈덤하우스, 2014 | 음~ | 243 | 4932 |
| 651 | 16 | 2.16 | 서우철 · 이경원 · 한은정, 《수업을 살리는 교육과정》, 맘에드림, 2013 | 초등 고학년 예는 중학교에 도 적용할 만함 | 384 | 5316 |
| 652 | 17 | 2. 20 | 켄 베인, 《미국 최고의 교수들은 어떻게 가르치는가》, 안진환 · 허형은 옮김, 뜨인돌, 2005 | 추천 | 264 | 5580 |
| 653 | 18 | 2.21 | 강건, 《위대한 독서의 힘》, 누림북스, 2015 | 추천 | 241 | 5821 |
| 654 | 19 | 2.22 | 김상진 외, 《덕양중학교 혁신학교 도전기》, 맘에드림, 2012 | 추천 | 311 | 6132 |
| 655 | 20 | 2.27 | 김성천, 《혁신학교란 무엇인가》, 맘에드림, 2011 | 강추 학교 혁신 전 분야에 걸쳐 체계적으 로 구성함 | 321 | 6453 |

| | | | | | | |
|---|---|---|---|---|---|---|
| 656 | 21 | 3.1 | 에크하르트 톨레,<br>《지금 이 순간을 살아라》,<br>노혜숙·유영일 옮김,<br>양문, 2008 | 강추<br>한 차원 높은<br>평화를 추구할<br>수 있게<br>해 준 책 | 327 | 6780 |
| 657 | 22 | 3.5 | 기시미 이치로·고가 후미다케,<br>《미움받을 용기》, 전경아 옮김,<br>인플루엔셜, 2014 | 추천 | 331 | 7111 |
| 658 | 23 | 3.7 | 박숙영, 《회복적 생활교육을 만나다》,<br>좋은교사, 2014 | 강추 | 216 | 7327 |
| 659 | 24 | 3.11 | 기시미 이치로,<br>《아들러 심리학을 읽는 밤》, 박재련 옮김,<br>살림, 2015 | 추천 | 239 | 7566 |
| 660 | 25 | 3.12 | 로레인 수투츠만 암스투츠·쥬디 뮬렛,<br>《학교현장을 위한 회복적 학생생활교육》,<br>KAP, 2011 | 추천 | 110 | 7676 |
| 661 | 26 | 3.14 | 세스 고딘, 《이카루스 이야기》,<br>박세연 옮김, 한국경제신문, 2014 | 추천 | 261 | 7937 |

공책을 한 권 구매하고는 책을 읽고 조금씩 기록하기 시작했다. 처음에는 그냥 마음에 와 닿는 글귀만 간단히 적었다. 어떤 책은 책 제목과 저자만 기록하고 내용이 하나도 없는 것도 있다. 그렇게 내용을 하나도 기록하지 못한 책은 몇 년 후에 다시 읽었을 때 도저히 핵심 내용이 기억나지 않는다. 그런데 단 한 줄이라도 느낌이나 생각을 기록한 책은 시간이 많이 흐른 후 다시 보면서 책에 대한 사색에 잠길 수 있다. 단 한 줄이라도 책에 대한 기록을 남겨 놓자.

처음 독서록을 쓸 때는 공책에다 자필 초서를 했다. 그러나 2014년부터는 워드로 하고 있다. 마음에 와 닿은 글귀, 읽은 후 생각, 나를 향한 질문, 삶에 적용할 수 있는 것은 무엇인가를 기록한다. 마지막에는 한 문장으로 책의 핵심 내용을 기록한다. 책을 읽고 기록하고 실천하면서 느끼는 풍요로움을 아이들과 함께 한다면 아이들을 행복한 지적 세계로 인도할 수 있을 것이다.

　　모든 학생들을 책의 바다로 이끌고, 책을 사랑하게 하며, 책을 읽으며 지적 생활을 하게 하는 일, 이것은 모두 교사에게 달려 있고, 교사 자신이 정신생활에서 책을 어떻게 대하는지에도 달려 있다. 당신의 학생들이 사고력이 끊임없이 풍부해지는 것을 느끼게 되고, 당신이 오늘 가르치는 것이 어제 가르친 것을 되풀이하는 것이 아니라고 확신해야 독서가 당신 학생들의 마음의 갈증을 풀어 줄 것이다.[8]

　독서의 본질은 사고의 폭을 깊고 넓게 하는 데 있다. 즉 사고의 힘을 기르는 데 있는 것이다. 마음에 와 닿은 부분을 옮겨 쓰는 것에 대해 시간이 많이 걸린다고 생각할 수 있다. 그 시간에 책을 읽는 것이 더 낫다고 생각할 수도 있다. 그러나 쓴다는 것은 주체적인 행동이다. 스스로 쓰면서 생각의 힘이 조금씩 커진다.

　정약용은 '둔필승총(鈍筆勝聰)'이라는 말을 했다. '둔한 기록이 총명한 머리보다 낫다'는 것이다. 기록을 하면 잊어버릴 것에 대한 걱정을 하지 않아도 된다. 마음 놓고 잊어버리고, 나중에 필요할 때 꺼내 읽어 보면서 생각을 되짚어 볼 수 있다. 단순히 기억에 의존하기엔 한계가 있다. 정보가 늘어나고 넘쳐날수록 자료를

---

8. 수호믈린스키, 《선생님들에게 드리는 100가지 제안》, 수호믈린스키 교육사상연구회 옮기고 엮음, 고인돌, 2010, 99쪽

기록하고 정리해 놓으면 나중에 크게 쓰이는 날이 있을 것이다.

단순히 책의 내용을 옮겨 적는 것을 넘어서 자신의 생각을 덧붙이고, 저자의 생각과 주장에 공감하는 부분은 자신의 언어로 표현해 내면서 다시 생각할 수 있는 과정이 바로 기록이다. 이런 과정을 통해 한 권의 책이 오롯이 내 것이 될 수 있다. 책을 읽고, 내 생각 안으로 끌어들여 내 가치관과 연결 지어 내 삶으로 옮겨질 때 살아 있는 책 읽기가 되는 것이다. 이렇게 의식 수준을 끌어올리고, 실천으로 이어지도록 해 주는 매개체가 바로 기록이다.

단 한 줄이라도 자신의 생각이나 질문을 기록해 보자. 처음에는 한 줄 쓰기도 힘겨울 수 있다. 그래도 쓰자. 쓰다 보면 깊어진 의식과 다양한 생각을 기록하고 있는 자신을 발견하게 될 것이다. 읽은 후 기록한 사색의 한마디가 모여서 하나의 원고가 되고, 한 권의 책이 될 수 있다.

내가 그동안 기록한 공책만 16권이나 된다. 김정운의 《남자의 물건》이라는 책은 남성 열 명이 살면서 의미와 가치를 부여할 만한 물건이 무엇인지에 대한 이야기다. 이어령의 '책상', 차범근의 '계란 받침대', 신영복의 '벼루' 등이 나와 있다. 이 책을 읽으면서 과연 나의 물건은 무엇인가를 생각해 봤다. 그것은 독서 기록 공책 16권이다. 나의 삶을 모아 놓은 독서 기록은 내 삶의 힘이요, 내 생각의 근원이 되기도 하다.

## 두뇌를 깨우면 내 삶이 변한다

모든 조직은 특유의 일을 처리하는 관습, 즉 문화가 있다. 어떤 조직은 서로를 성장시키는 힘을 가지고 있기에 거기에서 근무하는 것만으로도 성공의 습관을 가지게 되고, 뇌는 성공의 길로 가게 된다. 반대로 서로의 성장을 가로막고 스트레스만을 유발하는 조직에서 오랜 시간 근무한다면 몸과 마음이 다 상해 지쳐 쓰러질 수도 있다.

긍정과 성장의 기운이 흐르는 조직 문화를 위해서는 잠자고 있는 두뇌를 깨워야 한다. 그 두뇌를 깨우기 위해 필요한 것이 독서다. 책 읽기를 통해 뇌에 자극을 주면 의식 수준이 높아지고 확장된다. 그런데 이것이 실천으로 이어지기 위해서는 습관이 되어야 한다. 습관이 형성되기 위해서는 반복해서 행동해야 한다. 한 번 행동했을 때는 뇌에 아주 작은 흔적만 남긴다. 계속하다 보면 습관이 되고, 이 습관은 뇌에 굵은 흔적으로 남는다. 기존의 삶의 패턴을 깨고 두뇌에 새로운 습관이 형성되면 억지로 노력하지 않아도 실천할 수 있게 되는 것이다. 인간의 뇌가 새로운 것에 저항하지 않고 자연스럽게 받아들이기 위해서 필요한 시간이 최소 21일이라고 한다. 인간은 다른 동물과 달리 자신을 변화시킬 수 있는 능력을 가지고 있다. 뇌를 변화시키기 위한 최소한의 시간인 21일 동안만이라도 정성을 들여 실천해 보자.

21일은 두뇌 회로를 바꾸는 데 걸리는 최소 시간이다. 그러므로 새롭게 시작한 것은 아무리 힘들어도 21일은 지속해야 한다. 이제는 21일 동안 해야 하는 최소한의 계획을 정리하고 꾸준히 실천하길 바란다. 이런 작은 계획들을 실천하는 동안 몸에 익혀지고 그래서 두뇌 회로에 정착되면 쉽게 변하지 않는다. 정착되기까지의 과정은 어렵지만, 한 번 몸에 정착되면 쉽게 실천할 수 있다.[9]

사람들은 엄청난 재능을 가지고 태어난다. 우리의 뇌는 우리가 원하는 것을 얻을 수 있는 무한 능력을 가지고 있다. 그러나 살면서 우리의 뇌를 사용하는 것은 극히 제한적이다. 두뇌는 항상 주인의 명령을 기다린다. 그리고 무엇이든 실행할 준비가 되어 있다.

뉴런은 동물의 뇌 속에서 신경을 구성하여 신호를 전달하는 역할을 하는 세포다. 신경세포의 다른 이름인 뉴런은 그리스어의 밧줄 또는 끈을 뜻하는 말에서 유래됐다. 뉴런은 그 이름처럼 온몸의 기관들과 뇌를 연결하고 있다. 뇌에서는 약 1000억 개에 달하는 뉴런이 복잡한 네트워크를 이루고 있다. 뉴런은 입수한 정보를 두뇌에 전달하기도 하고 두뇌에서 실천 명령을 내릴 수 있도록 도와준다. 앤서니 라빈스는 《네 안에 잠든 거인을 깨워라》에서 두뇌의 위대한 능력에 대해 이야기하고 있다.

뉴런은 각각 독립적으로 작용한다. 그러나 총 16만 킬로미터

---

9. 이시형, 《뇌 이야기》, 북포스, 2012, 85쪽

나 되는 엄청난 신경망을 통해 다른 뉴런과 교신할 수 있다. 현재 아무리 빠른 컴퓨터도 한 번에 하나씩밖에 연결할 수 없다는 사실과 비교하면 두뇌의 정보처리 능력은 놀랄 만하다. 하나의 뉴런은 0.02초 안에 수십만 개의 다른 뉴런에게 정보를 전달할 수 있다. 실감 나게 말하자면 이 시간은 눈을 깜박이는 속도보다 10배나 빠른 속도이다.[10]

인간은 누구나 굉장한 두뇌의 힘을 가지고 있다고 한다. 그러나 누구는 위대한 생각과 행동을 통해 성공하는 삶을 살고, 누구는 불안하고 부정적인 삶 속에서 불행한 삶을 산다. 자신의 뇌를 경영해 보자. 뇌가 긍정적인 생각을 하고, 긍정적인 행동을 할 수 있도록 꾸준히 자극을 주고 연습을 하면 긍정적인 습관을 가질 수 있다.

우리가 처음 행동을 하거나 경험을 할 때, 뇌에는 아주 작은 흔적으로 남는다. 그래서 잊어버리거나 기억해 내기 힘들다. 아주 가느다란 신경섬유를 통해 신체에 연결해 주기 때문이다. 그러나 이 행동을 반복할 때마다 연결 회로는 강해진다. 행동을 할 때마다 신경섬유가 덧붙여지는 모습이 되는 것이다. 그래서 강렬한 습관으로 이어질 수 있다.

내가 처음 108배를 배웠을 때는, 아주 가끔 108배 절 운동을 실천했다. 하고 싶은 마음도 있고, 할 여력도 있었지만 깜박하고 지나가는 날이 많았다. 날마다 108배 절 운동을 하고자 다짐을 하

---

10. 앤서니 라빈스,《네 안에 잠든 거인을 깨워라》, 조진형 옮김, 씨앗을뿌리는사람, 2008, 182쪽

지만 잊고 지나가는 날이 더 많았던 것이다. 하지만 지금은 퇴근하자마자 108배 절 운동을 한다. 여건이 안 돼서 못 하는 날은 있지만 잊어버려서 못 하는 날은 없다. 나에게 108배 절 운동은 뇌에 각인되어, 날마다 실천할 수 있는 습관의 힘으로 커져 있다. 그것은 끊임없이 뇌에 자극을 주고, 실천을 하려는 노력을 기울였기 때문이다.

108배 절 운동이 몸과 마음의 건강을 챙기는 데 훌륭하다는 것을 아는 사람은 많다. 그러나 누구는 생각만 하고, 누구는 생각을 실현한다. 생각을 실현하는 삶은 뇌를 어떻게 습관화시키느냐에 따라 가능하다. 뇌를 믿고, 계속 긍정적인 마음과 긍정적인 생각을 넣어 주자. 뇌는 끊임없이 주인을 긍정적으로 몰아가서 실천할 수 있도록 해 준다. 인간이 자신의 뇌에게 주는 암시도 중요하다. '108배를 하는 것 자체도 힘든데 매일 하기는 더더욱 어려울 것이다. 힘들 것이다.'라는 생각을 계속 뇌에게 전달했다면 나는 실천하지 못했을 것이다. 가능성에 대한 꾸준한 생각과 믿음, 실천하겠다는 의지를 계속적으로 갖는 것, 이것은 뇌의 한계를 벗어날 수 있는 하나의 방법이 될 수 있는 것이다.

책을 읽는 습관도 그렇다. 내가 1년에 책 100권을 읽는 것 자체가 불가능하다고 생각했을 때는 절대 100권을 읽지 못했다. 그러나 1년에 365권 읽는 것도 가능하다는 생각을 하는 순간 나의 뇌는 실천하기 위한 준비로 바쁘게 움직여 줬다. 뇌의 한계를 짓지 말자. 뇌는 믿어 주는 만큼 주인에게 돌려준다. 자신의 한계에서 벗어나서 우주보다도 넓은 가능성에 대해 열린 마음으로 받아들이자.

긍정적인 생각으로 두뇌를 깨우니 내 삶이 변해 있었다. 날마다 108배를 하며 몸과 마음을 챙기게 되었고, 늘 숨을 쉬듯 항상 독서를 하게 되었다. 그리고 그 결과는 생활 속에서 삶의 풍요로움으로 나타났다. 그 풍요로움을 동료와 함께 느끼고 싶어 독서 모임을 꾸리고, 함께 나누고 있다.

교사는 자기 발전을 위해 꾸준히 연수를 신청하고, 연수를 받는다. 직접 찾아가서 받기도 하지만 요즈음은 원격 연수를 많이 한다. 이동하는 시간을 절약할 수 있고, 언제든지 가능한 시간에 들을 수 있다는 이점이 있다. 그동안 나는 인터넷을 통해 연수를 받기만 했다. 그런데 연수를 만들 기회가 주어졌다. 세상은 나에게 우물 안 개구리에서 벗어나 다양한 활동을 할 수 있는 기회를 주었다. 아니, 나도 모르는 나의 힘이 기회를 끌어당겼는지도 모른다.

'책 읽는 즐거움! 독서 교육 레시피'라는 주제의 원격 연수 가운데 '인문학 독서법'에 대한 과정을 만들 수 있는 기회가 생겼다. 나는 연수를 받기만 하는 피동적인 삶에서 만들어 내는 창조적인 경험을 할 수 있었다. 내가 관심을 갖고 열심히 하는 분야의 원격 연수를 만드는 것은 참으로 신나는 일이었다. 뇌의 한계를 짓고 살았을 때는 꿈도 꾸지 못한 일이었다. 원격 연수를 만들어 본 경험이 있었기에 그다음에 의뢰를 받은 '배움 중심 수업', '교사 학습공동체'에 대한 원격 연수는 한결 가볍고 즐거운 마음으로 끝마칠 수 있었다.

모든 생각은 뇌를 자극한다. 가능성에 대한 생각과 목표를 끊임없이 생각하여 뇌에 전달하고 각인시키면 무엇이든 이룰 수 있다.

> 모든 생각은 뇌세포를 활동하게 한다. 처음에는 생각을 전달받은 원소가 제대로 반응하지 않지만, 생각이 정교해지고 집중된 상태가 되면 그 원소는 마침내 굴복하고 생각을 완벽하게 표현한다.[11]

집중해서 생각의 힘을 길러 보자. 여기저기 생각이 흩어지면 힘을 기르기가 힘들다. 하루 아침에 뇌가 변하는 것은 아니다. 지금 뇌에게 무엇을 주느냐에 따라 미래의 내가 결정된다. 어떤 생각으로 뇌를 채울지 고민해 보자. 지금의 작은 생각들이 모여서 뇌를 자극하고, 뇌는 이것을 행동으로 옮기며 미래의 나를 결정한다.

긍정, 즐거움, 가능성에 대한 생각으로 뇌를 채워 보자. 뇌는 내가 생각하는 대로 움직인다. 계속 생각하면 뇌는 그대로 믿어 버린다. 내가 생각하는 대로 뇌가 움직이고, 습관이 생기고, 습관은 삶을 바꾸고, 사람을 바꾼다. 이시형은 《뇌 이야기》에서 긍정적인 생각이 실천과 결과에 미치는 영향에 대해 이야기하고 있다.

> 우리는 어떤 일을 하려고 해도 제일 먼저 뇌의 영향을 받는

---

11. 찰스 해낼, 《성공의 문을 여는 마스터키》, 김우열 옮김, 산티, 2009, 87쪽

다. 안 좋은 생각과 부정적인 생각을 먼저 하게 되면 그 일을 시작하기도 전에 망칠 확률이 높아진다. 어떤 일이든 좋은 생각과 긍정적인 생각으로 받아들인다면 시작이라는 첫 단계를 쉽게 뛰어넘을 수 있을 것이다.[12]

## 나의 성장의 위대함을 기대하며 읽어라

나는 처음에는 아무 생각 없이 책을 읽었다. 그러나 자기 계발서를 읽다 보니 방향을 설정하고 읽어야겠다는 생각이 들었다. 인간 존재에 대해 사색해 봤다. 커다란 우주에 비하면 먼지보다도 작은 존재다. 하지만 인간이라는 존재 자체만 놓고 생각할 때 하나의 소우주라는 생각이 든다. 인간은 우주의 위대함을 고스란히 간직하고 있는 소우주다. 인간의 머리는 하늘처럼 둥글고, 두 발은 땅처럼 평평하다. 우주가 인간이 범접할 수 없는 위대한 힘을 갖고 있듯이 나의 위대함을 깨닫고 읽는다면 진짜 위대해질 수 있다.

사람은 기대한 만큼 성장한다. 아무리 위대하게 태어났다 하더라도, 자신과 주변의 모든 사람이 그 사람에 대한 기대를 거두어들이면 한없이 작아지는 것이 인간이다. 17년 동안 바보로 살았던 멘사 회장 빅터 이야기가 있다. IQ 173이었던 빅터는 어렸을 때 선생님의 실수로 IQ가 73이라고 알려졌고, 주변 사람들은 그

---

12. 이시형, 같은 책, 118쪽

를 '바보 빅터'라고 불렀다. 빅터는 스스로를 바보라고 생각하며 바보처럼 살았다. 나중에 우연히 자신의 창의력을 발휘할 기회를 얻게 되고, IQ가 173이었다는 것이 밝혀진다.

아무리 IQ가 173이라고 하더라도 빅터가 자신을 '바보'라고 믿는 순간부터 17년 동안 바보로서의 인생을 살았다. 자신의 위대함을 믿지 못하고, 스스로의 한계에 갇혀서 허우적대는 인생을 살았던 것이다. 주변의 시선에 의해 자신의 역량을 한정 지으면서, 그 틀에 갇힌 삶을 산 것이다. 나중에 깊은 깨달음을 얻은 빅터의 연설 내용이다.

> 콘래드 힐튼은 또 이렇게 말했습니다. '남의 재능을 부러워하지 말고 자기가 가진 재능을 발견하라. 당신의 가치는 당신 자신이 만드는 틀에 의해 결정된다.' 우리는 숫자로 가늠할 수 없는 능력을 가지고 있습니다. 해보지도 않고 절대 자신의 능력을 재단하지 마십시오. 자신을 믿으십시오. 스스로를 위대한 존재라고 생각하십시오. 그러면 행동도 위대하게 변할 것입니다.[13]

책을 많이 읽으면 읽은 만큼 성장하게 된다. 마치 우리가 수영을 계속 연습하면 실력이 늘어나는 것처럼 책을 읽으면 읽을수록 능력이 생긴다. 처음에 수영장에 가면 숨을 쉬는 방법부터 배운다. 물속에 얼굴을 집어넣고, '음~' 하고 있다가 얼굴을 빼고 '파~'

---

13. 호아킴 데 포사다 · 레이먼드 조, 《바보 빅터》, 한국경제신문사, 2011, 197쪽

하면서 숨을 쉰다. 수영장 한쪽 구석에서 계속 '음~, 파~'를 하노라면 돌고래처럼 접영을 하는 사람이 신기하게 느껴지고 무지 부러웠다. 접영은 고사하고 물에 뜨기만 하면 좋겠다는 생각을 했다.

그런데 계속 배우다 보니 물에 대한 두려움이 사라졌다. 나는 자연스럽게 수영장을 누비다, 한쪽 구석에서 '음~, 파~'를 하고 있는 사람들을 볼 수 있었다. 책 읽기도 이와 같다. 꾸준히 읽다 보면 책에 대한 두려움은 사라지고, 조금씩 성장하게 된다. 책 읽기를 통해 성장할 수 있다는 믿음을 가지고, 한 걸음 내디뎌 보자. 능력 있는 자, 특별한 자가 될 수 있다.

뱀이 허물을 벗어야 자유롭게 움직일 수 있듯이 사람은 책 읽기를 통해 자유로운 삶, 주체적인 삶, 위대한 삶을 살 수 있다. 책을 통해 정신이 바뀌고 의식이 확장될 수 있다. 니체의 말을 음미해 보자. 책을 통해 허물을 벗고, 파멸의 길을 뛰어넘어 축제의 삶을 살아 보자.

> 허물을 벗을 수 없는 뱀은 파멸한다. 의견을 바꾸는 것을 방해받는 정신들도 이와 마찬가지이다. 그들은 정신이기를 그친다.[14]

자신을 믿는 것이 중요하다. 오롯이 자기 자신이 되어야 하며, 남이 평가하는 말에 주눅 들 필요가 없다. 무한한 잠재의식을 가

---

14. 프리드리히 니체, 《아침놀》, 박찬국 옮김, 책세상, 2004, 422쪽

진 자신의 힘을 믿고, 발휘할 수 있는 기회를 보면시 조금씩 준비하자. 그 준비의 힘이 바로 자신의 위대함을 기대하면서 꾸준히 읽는 것이다.

책을 읽는다는 것은 자신의 인생을 조금씩 만들어 가는 과정이다. 인생의 방향을 잡고, 그것을 향해 나아갈 수 있는 힘은 책 읽기를 통해 가능하다. 지금도 편하고 좋은데, 무엇 하러 앞으로 나아가려 하는가라고 질문을 던질 수도 있다. 하지만 한 사람 한 사람은 소중하고 특별한 존재가 아닌가? 특별한 존재인 나를 특별하게 성장시킬 수 있도록 해 주는 유일한 길이 책 읽기이다. 어떤 분야에서 일을 하든 간에 그 일이 예술이 되기 위해서는 책 읽기가 바탕이 되어야 한다.

구본형은 《나는 이렇게 될 것이다》에서 "그대의 일이 예술이 되고, 그대의 삶이 축제가 되도록 해라."라고 하였다. 일이 놀이가 되고, 그다음 단계가 바로 예술이 되는 것이다. 즐겁게 일을 하는 것도 중요하지만 일 자체를 예술로 승화할 수 있는 힘은 책 읽기를 통해 가능하다. 맡은 일 하나를 하더라도 그냥 지난번 모습 그대로 답습하는 것이 아니라 나만의 고유한 향과 빛을 내면서 일 처리를 해보자. 그 일 자체가 예술이 될 수 있다.

책을 통해 영혼이 풍요로워지면 그 삶 자체가 축제가 된다. 하루하루가 춤추며 즐기는 축제 속으로 들어가는 느낌이 들 수 있다. 책을 통해 어느 정도 깨달음을 얻을 때까지 꾸준히 읽으면 가능하다. 매미에 따라 4~7년 동안은 땅속에서 애벌레로 생활한다. 그리고 매미가 되어 여름 내내 축제를 벌인다. 매미처럼 축제를 벌이듯 삶을 살아 보자. 매미는 우렁찬 노랫소리를 내기 위해 4~7년 동안 어두운 땅속에서 준비를 한 것이다.

지금 시작해도 늦지 않다. 지금부터 꾸준히 읽으며 10년 후의 나의 모습을 상상해 보자. 우리 독서 모임엔 나의 10년 후배, 20년 후배도 있다. 난 그 나이 때 책 읽고, 함께 나눌 생각도 못 했다. 그 사람들이 10년 후 어떻게 성장해 있을지 상상하는 것만으로도 놀랍다. 내가 독서록을 쓰기 시작한 지 딱 10년이 지났다. 10년 전 처음 기록을 시작할 때 난 내가 책을 쓰리라는 것은 상상조차 못 했다. 그러나 그때 쓴 한 줄이 모여 한 권의 독서 공책이 되었고. 독서 공책들이 모여 한 권의 책이 될 수 있다는 것을 깨달았다.

책을 읽지 않았다면 상상할 수도 없고, 상상했더라도 실천할 수 없었을 것이다. 위대하고 특별한 자신이 세상에 특별하게 존재할 수 있도록 도와주는 것이 책 읽기다. 자, 바로 책을 펼치자. 그리고 책을 읽자. 앞으로의 인생이 위대하게 펼쳐질 것을 기대하면서.


## 독서는 느려 보이지만, 가장 빠른 길이다

토끼와 거북이 이야기는 누구나 다 알고 있다. 거북이는 결국 목표점까지 다다른다. 물론 거북이가 토끼를 깨워 함께 가야 하는 것 아니냐고 비판하는 사람도 있다. 어쨌든 토끼보다 너무 느린, 그래서 경쟁 상대가 될 수 없다고 생각한 거북이가 산에 먼저 도착했다.

책을 읽고 거기서 내가 필요한 것을 찾아내 사용하기에는 시간이 너무 많이 걸려 비효율적인 것 같다는 생각이 들 수도 있다. 인터넷에서 검색하면 엔터를 치는 순간 원하는 지식과 정보를 찾을 수 있다. 그러나 인터넷의 정보는 정제된 지식이 아니다. 한 권의 책에서는 한 사람의 인생을 알 수 있다. 한 권의 책은 내용뿐 아니라 저자의 내면과 철학까지 느낄 수 있다. 소크라테스는 "남의 책을 많이 읽어라. 남이 고생한 것을 가지고 쉽게 자기 발전을 이룰 수 있다."라고 했다. 책을 읽는 것이 거북이걸음처럼 시간이 많이 든다고 생각할 수 있지만, 사실 한 사람의 몇십 년간의 인생의 지혜를 한 권의 책을 통해 얻을 수 있기에 그것은 가장 빠른 길이다.

고르고 다듬은 언어로 표현된 가치 있고 의미 있는 것을 모아 놓은 것이 바로 책이다. 인간에게 가장 소중한 것은 바로 책 속에 있다. 인간을 변화, 성장하게 하는 것이 바로 독서다. 책을 읽는다는 것은 자신의 삶을 하나씩 만들어 가는 과정이라고 할 수 있다. 책을 통해 사람은 조금씩 만들어지는 것이다.

김경집은 《인문학은 밥이다》에서 인문학 읽기를 강조한다. "인문학을 읽으면 밥이 나오냐? 돈이 나오냐?"라는 질문을 많이 받았다고 한다. 인문학 읽기를 꾸준히, 열심히 했더니 책도 출판하게 되고, 돈도 들어오더라는 것이다. 그래서 그는 "인문학은 밥이다."라고 표현했다.

읽기는 자신을 위한 가장 좋은 투자다. 삶에 지치고 시간에 쫓겨서 축 처진 하루를 보내는 삶에서 탈출하기는 참으로 어렵다. 그러나 책은 축 처진 어깨에 날개를 달아 주는 역할을 한다. 나의 경우, 좀 더 깊이 있게 책을 읽자 세상이 다르게 보였다. 내가 존재하는 공간을 보는 시각이 달라졌다. 내가 하루의 대부분을 보내는 학교는, 예전에는 얼른 벗어나고 싶은 공간이었다. 그러나 책을 통해 아이들을 보는 시각이 유연해지고, 조직을 보는 시각이 달라지면서 삶이 달라졌다.

지금 이 순간을 즐기는 내 자신을 발견할 수 있었다. 학생, 교직원 모두 학교라는 공간에 있는 순간도 행복해야 할 소중한 삶이다. 지금 이 순간이 중요하다. 순간순간이 모여서 하루가 되고, 인생이 된다. 지금 이 순간을 살기 위해 노력하니 학교라는 공간이 행복으로 다가왔다. 에크하르트 톨레는 "지금 이 순간에 충만하고 강렬하게 집중하고 있을 때만이 진정한 '존재' 상태를 느낄 수 있다."고 하였다.

모든 일이 상대적으로 순조로울 때 더욱 깨어 있을 필요가 있습니다. 그러면 현존의 힘이 자라납니다. '지금' 속에 깨어 있게 되면, 우리 내면과 주위에는 고주파수의 에너지 장이 형성됩니다. 어둠이 빛 속에서 있을 수 없듯이, 깨어 있는 의식의 영역에는 무지라든가 부정성, 불화, 폭력이 끼어들 자리가 없

습니다.[15]

　자연의 아름다움, 웅장함, 신성함을 인식하기 위해서는 현존이 필요합니다. 맑게 개인 밤하늘의 무한한 공간을 응시하면서, 그 완전한 평온함과 불가해한 광활함에 위압당해 본 적이 있습니까? 숲 속에서 계곡의 물소리를 들으며 진정으로 그 소리에 귀 기울여 본 적이 있습니까? 고요한 여름 저녁 해질 무렵에 이름 모를 새가 지저귀는 소리를 들어 본 적이 있습니까? 그런 것들을 의식하기 위해서는 마음을 정지해야 합니다. 잠시 개인적인 고민거리를 털어버리고, 과거와 미래, 그리고 알고 있는 모든 지식을 내려놓아야 합니다. 그렇지 않으면 보고 있어도 보지 못하고, 들어도 듣지 못합니다. 바로 완전한 현존이 요구되는 겁니다.[16]


　나는 108배를 할 때 생각을 멈추고, 그 자체에 머무른다. 그러나 나도 모르게 또 온갖 생각들이 밀려온다. 그 생각을 가만히 응시하고 있으면 생각이 슬그머니 사라진다. 생각이 사라진 순간 고요와 평화가 가득 차게 된다. 《지금 이 순간을 살아라》라는 책을 통해 나는 고요와 평화의 시간을 좀 더 많이 가질 수 있었다. 그동안 느꼈던 마음의 평화보다 한 차원 높은 충만한 평화로움을 느낄 수 있게 되었다. 지금 이 순간 행복하고, 지금 이 순간 즐거울 수 있는 힘이 한층 커진 것 같다. '지금 이 순간의 힘'을 느낄

15. 에크하르트 톨레, 《지금 이 순간을 살아라》, 유영일 옮김, 양문, 114쪽
16. 에크하르트 톨레, 같은 책, 141쪽

수 있는 것은 그 동안의 독서의 결과이리라. 과거라는 시간에 내가 존재하는 것은 아니다. 지금 이 순간이 있을 뿐이다. 미래라는 시간에 내가 존재하는 것도 아니다. 지금 이 순간이 있을 뿐이다. 지금 이 순간을 자각하며 집중하자. 평화로움이 밀려올 수 있도록.

책을 읽다 보니 주변에 도움을 줄 수 있는 기회가 생겼다. 강의를 통해 도움을 주기도 하고, 내가 갖고 있는 자료를 제공하면서 도움을 주기도 한다. 책을 읽지 않았다면 다른 사람에게 도움을 줄 기회도 얻지 못했을 것이고, 도움 요청도 오지 않았을 것이다. 사실, 책 읽기 전에는 지금 나 자신의 모습을 상상하지도 못했다. 책을 읽지 않았다면 평생을 살아도 하지 못했을 일들을 지금 조금씩 하고 있다. 책 읽기는 자신이 성장하고, 발전하며, 다른 사람에게 나누어 줄 수 있는 기회를 갖는 가장 빠른 길이 된다.

책을 읽을 수 있다는 것은 인간의 특권이다. 위대한 사람은 모두 많은 책을 읽었다. 책을 읽을 수 있는 능력이 있다는 것은 가장 큰 행운이라는 생각이 든다. 책은 인생을 행복으로 이끈다. 책은 사람을 성장시키기도 하고, 또 바른 길로 이끌어 주기도 한다. 나폴레옹은 일주일간의 전쟁터에도 수레에 천여 권의 책을 싣고 다니면서 읽었으며, 일본 통신업계의 1인자 소프트뱅크 대표 손정의도 중증 만성간염으로 병원에 입원한 3년 동안 4000권의 책을 읽었다고 한다.

납치, 사형선고, 6년간의 감옥살이, 10년간의 망명 생활, 가택

연금 등 온갖 고초를 겪었으나 군사정권에 대항하여 민주화 운동을 전개하여 결국 대통령선거에서 당선된 김대중 전 대통령도 교도소에서 하루에 10시간 이상 책을 읽었다고 한다. 그는 《김대중 자서전》에서 진주와 청주에서의 4년여 감옥 생활이 책을 통해 정신적 충만과 향상의 기쁨을 얻는, 지적 행복의 날이었다고 회고하고 있다.

신영복의 옥중 서간 《감옥으로부터의 사색》을 읽다 보면 읽고 싶은 책을 보내 달라는 내용과 어떤 책들을 어떻게 읽은 것인가에 대한 독서 계획도 세우고 있다. 20년 20일간의 옥살이 속에서 의식의 벽에 갇히지 않고, 더 유연하게 의식을 확장할 수 있었던 것은 꾸준한 독서 덕분이었다.

> 그동안 아버님께서 보내주신 『중용』을 여러 번 읽어보았습니다. 물론 제가 그 깊이를 깨닫지 못하는 대목도 많이 있었습니다만, 역시 그 중후한 고전적 가치에 새삼 경탄하였습니다. 앞으로도 동양고전과 한국의 근대사상에 관한 독서를 하고 싶습니다. 『맹자』, 『춘추』 그리고 율곡의 「공론」, 허균의 「호민론」, 「실학」 등 시간이 나는 대로 정독해보려고 합니다. 그래서 우선 동양철학과 한국의 근대사상에 관한 개설서를 먼저 읽고 독서계획을 세워서 체계있게 섭렵하였으면 합니다. 앞으로 제가 필요한 책은 아버님께 말씀드리겠습니다만 우선 개설서로 사용할 만한 것을 문의해주셨으면 합니다.[17]

---

17. 신영복, 《감옥으로부터의 사색》, 돌베개, 1998, 79쪽

1년 동안 내가 돈을 가장 많이 지출하는 분야가 책을 구매하는 비용이다. 다른 것을 구매할 때는 이것저것 생각을 많이 하는데 책은 그냥 산다. 여력이 있는 한 사고 싶은 책은 산다. 수백 쪽의 책 속에서 단 한 문장이라도 내 마음에 남는다면, 책값 그 이상의 가치와 의미로 내 삶에 다가온다. 책을 받았을 때의 설렘, 책을 읽을 때의 즐거움, 마음에 와 닿은 문장을 기록하면서 갖는 사색의 시간, 한 문장으로 책을 정리하면서 또렷해지는 생각의 힘이 나를 희열로 몰아넣는다. 그 희열을 느끼고 싶은 지적 욕망이야말로 인간이 가지고 있는 가장 고귀한 욕망이 아닌가 싶다.

## 하나의 책, 다양한 생각들

한 사람이 한 권의 책을 읽는 과정은 많은 생각들과 만나고, 다양한 사색을 가능하게 한다. 수백 쪽이 넘는 글귀에서 마음에 와 닿는 부분은 귀 접기를 하고, 새로운 내용에는 밑줄을 그으며 '아~ 그렇구나!' 하면서 감탄을 하게 된다. 수만 개의 단어와 단어가 연결된 문장 속에서 여러 가지 사색의 기회를 가질 수 있는 것은 삶의 축복이다.

서머싯 몸의 《달과 6펜스》를 읽으면서 인간에 대한 다양한 생각을 했다. '달'과 '6펜스'는 두 개의 상반된 세상을 나타낸다고 할 수 있다. 달은 은은한 빛을 내며 신비로움을 만드는 좀 더 고차원적이고 본질적인 삶이라 할 수 있다. 6펜스는 영국에서 당시 가장 낮은 단위로 사용되었던 은화 한 개 값이다. 현실적이고 세속적인 세상을 의미한다고 할 수 있다.

이 소설은 프랑스 후기 인상파 화가 폴 고갱의 삶을 바탕으로 한 것이다. 주인공 찰스 스트릭랜드는 어렸을 때부터 그림을 그리고 싶었으나 아버지의 만류로 꿈을 접고 증권사 사원이 된다. 아내와 자식 두 명을 두고, 중산층으로 행복하게 사는 것처럼 보였다. 그러나 갑자기 아무 말도 없이 집을 떠나 버린다. 왜 갑자기 집을 떠났을까? 집에 남겨진 사람들의 심경은 어땠을까? 내가 스트릭랜드의 아내였다면 어떻게 살아갔을까? 생각에 잠겨 본다. 스트릭랜드는 어렸을 때부터 그토록 원했던 그림을 그리기 위해 집을 떠났던 것이다. 꼭 집을 떠나서 그림을 그렸어야 하는가? 이야기 이면에 또 다른 이유가 있는지 궁금함이 더해 갔다. 하지만 정말로 그림을 그리고 싶은 이유 외에는 없었다.

> 어렸을 적에는 화가가 되고 싶었소, 하지만 아버지가 그림을 그리면 가난하게 산다고 하면서 장사일을 하게 만들었지. 일 년 전부터 조금씩 그리기 시작했소. 한 일 년 야간반에 나가 그림을 배웠어요.[18]

주인공의 아버지가 그림을 그릴 수 있도록 적극 지원해 주었으면 어땠을까? 그 옛날 아버지나 지금 이 시대 아버지나 살아가

---

18. 서머싯 몸, 《달과 6펜스》, 송무 옮김, 민음사, 2000, 67쪽

는 가치관은 비슷한 것 같다. 지금의 아버지도 자식이 그림을 그리겠다고 하면 먹고살기 힘드니 다른 꿈을 찾아보라고 하지 않을까? 스트릭랜드의 아내는 남편이 떠난 이유가 다른 여자 때문이 아니라, 단지 그림 때문이라는 것을 알고는 더더욱 참담한 심정이 된다. 아내가 추구하는 삶과 가치관으로는 도저히 이해할 수 없는 상황인 것이다.

그러나 스트릭랜드는 좀 더 본질적인 삶을 추구하기 위해 자신을 채우고 있는 밑바탕 욕심들을 버린 것이다. 좀 더 이상적인 삶을 살고자 하는 욕구가 더 강한 것이다. 스트릭랜드는 세상의 모든 것들을 초연히 바라본다. 심지어 자신이 문둥병에 걸렸을 때도 생에 연연해하지 않는다. 스트릭랜드의 초연한 삶과 그의 아내의 세속적인 삶이 달과 6펜스처럼 대조적으로 나타나고 있다고 볼 수도 있다.

주인공 스트릭랜드의 삶에 대해 많은 생각을 했다. 자신의 세계가 아무리 완벽하고 고귀하다 하더라도 주변 사람에게 크나큰 고통을 주면서 진정 행복할까? 정상적인 사람이라면 행복하지 않을 것이다. 스트릭랜드로 인해 고통 받은 사람들이 너무나 많다. 자신의 가치관과 자기 세계를 추구하기 위해 아내와 아이들을 고통에 빠뜨렸고, 나중에는 연인 블란치를 자살하게 만든다. 스트릭랜드는 "나는 고통 받으라고 하지 않았다. 그들이 스스로 고통을 선택했다."는 식으로 이야기한다. 스트릭랜드의 영혼의 세계는 비정상적인 것 같다. 물론 이 '정상적'이라는 말도 세상 사람들이 만든 틀이다. 스트릭랜드의 입장에서는 자신 외의 사람들이 비정상으로 보일 수도 있다.

여러 등장인물 가운데 브루노 선장이 가장 마음에 든다. 스트릭랜드의 욕망과 삶을 이해하고 공감하지만 삶의 형태는 그와 다르게 나타난다. 변호사의 잘못으로 모든 것을 잃고도 무인도를 사들여 열심히 일구고 산다. 그 노동에서 신성한 의미를 찾고 행복을 느낀다. 스트릭랜드를 사랑했던 블란치의 죽음, 블란치를 무진장 사랑했던 더크 스트로브의 행동이 마음을 아리게 한다. 이 한 권의 책을 통해 삶과 사랑, 영혼과 예술에 대해 많은 사색을 하게 되었다.

한 명의 존재가 한 권의 책으로 다양한 생각을 하기도 하지만, 한 권의 책을 놓고 다양한 존재가 다양한 생각을 나누면서 좀 더 풍성한 사색의 세계에 빠지기도 한다. 우리 학교 교사 학습공동체인 '산책'에서 오그 만디노의 《위대한 상인의 비밀》을 함께 읽었다. 이 책은 성공의 길로 이끄는 방법을, 열 개의 두루마리를 통해 알려 주고 있다.

**임혜진** 책을 읽으면서 '좋은 영향력'에 대해 생각해 보았다. 밑그림만 있던 일상에 색칠하는 느낌, 의미를 부여하는 느낌을 받았다. 두 번째 두루마리가 가장 마음에 남았다. 모든 것은 관점의 차이다. 좋게 보면 좋게 보이고, 불평하면서 몰아치면 나쁘게 보인다. 좋은 생각을 하고, 좋은 마음으로 좋은 영향을 미칠 수 있도록 해야겠다. 이 책은 나 자신에게 삶의 지침이 되는 책이다.

두 번째 두루마리 중에서
나는 태양을 사랑하리라. 나의 몸을 따뜻하게 해 주니까.
그러나 소낙비도 사랑하리라. 나의 영혼을 깨끗하게 해 주니까.
나는 밝음을 사랑하리라. 나의 갈 길을 밝혀 주니까.
그러나 어둠도 사랑하리라. 별을 볼 수 있게 해 주니까.
나는 행복을 사랑하리라. 내 가슴을 가득 채워 주니까.
그러나 슬픔도 사랑하리라. 나의 마음을 가다듬어 주니까.
나는 당당히 보상을 받으리라. 내 노력의 대가니까.
그러나 난관들도 환영하리라. 나에게 도전이 되니까.[19]

**이재규** 군대 시절(책 많이 읽음) 이후 자유의지로 책을 가장 많이 본 해이다. 진리는 통한다고 하였듯이 내가 평소 하던 생각들이 많이 나왔다. 음악 교과는 웃음과 더불어 가능한 과목이다. 최근 힘들어서 마음의 엔진이 멈춘 느낌, 삶이 무너지는 느낌이었는데 이 책은 마음을 다잡는 기회가 되었다. 집에서도 자녀하고 갈등이 있었을 때 많은 화를 냈다. 나쁜 에너지가 쌓여 있어서 그랬나 보다. 이 책을 통해 생각이 비슷한 친구를 만났다는 생각을 했고, 참 좋은 느낌을 받았다.

나는 일곱 번째 두루마리인 "나는 웃으면서 세상을 살리라."라는 문장이 마음에 들었다. 웃음은 인간이 보내는 가장 부드러운 신호다. 나의 잔잔한 미소로 타인을 미소로 이끌 수 있다. 웃음은

---

19. 오그 만디노, 《위대한 상인의 비밀》, 홍성태 옮김, 문진출판사, 2000, 68쪽

실패를 희망으로 바꿔 준다. 웃음은 인간이 가진 소중한 능력이며 이 웃음은 우리의 삶을 행복으로 이끄는 원천이 된다. 웃으면서 기쁜 마음으로 일하는 삶이 진정으로 성공한 삶이라 할 수 있다. 이 책은 우리 가족 독서 모임에서도 함께 나눴다.

큰딸 소영이는 네 번째 두루마리인 "나는 자연의 가장 위대한 기적이다. 태고 적부터 나와 같은 마음, 가슴, 눈, 귀, 손, 머리카락, 입을 가진 사람은 그 누구도 존재하지 않았다."라는 문장이 가장 마음에 와 닿았다고 했다. 자신이 자연의 독특한 창조물이라는 걸 인식하게 되었다는 것이다. 또 "자연은 패배를 모른다. 자연은 결국에 가서는 항상 승리하며, 나 또한 그러하리라."에서 자신도 자연의 일부니까 성공할 수 있다는 희망을 가졌다고 했다. 앞으로 자신이 자연의 가장 위대한 기적이라는 걸 생각하며 열심히 노력해서 꼭 성공할 것이라는 다짐도 했다.

어떤 사람도 똑같은 마음을 갖고 있지 않으며, 어떤 사람도 똑같은 몸을 갖고 있지 않다. 어떤 사람도 똑같은 목소리를 가지고 있지 않으며, 어떤 사람도 똑같은 발걸음을 가지고 있지 않다. 모든 사람은 각자 이 우주에서 유일한 존재이며 그 자체로 위대하다. 우리 부부의 위대한 기적인 소영이가 건강한 사람으로 잘 자라 주는 것이 고마울 따름이다.

작은딸 민영이는 여덟 번째 두루마리인 "오늘 나는 나의 가치를 수백 배 증대시키리라. 사람의 손길로 뽕잎은 실크가 된다. 사람의 손길로 진흙은 성이 된다."라는 글귀를 뽑았다. 민영이는 항상 목표를 향해 꾸준히 노력하면서 자신의 역량을 키우고 싶다고 했다. '나의 창이 한 마리 독수리를 겨냥하다가 바윗돌에 빗맞는 것보다는 차라리 저 하늘의 달을 겨냥하여 한 마리의 독수리를 맞추는 편이 낫지 않겠는가?'라는 문장을 통해, 목표를 정할 때는 과거의 가장 높은 성과를 고려하여 백배로 기준을 삼아야겠다는 이야기도 했다. 매 순간 최선을 다하는 모습이 대견하다. 결과에 마음을 쓰면서 속상해하기도 하지만 그 과정의 소중함을 깨닫고, 유연하게 사는 모습이 감사할 뿐이다.

막내아들 승관이는 세 번째 두루마리인 "나는 성공할 때까지 밀고 나가리라."라는 문장으로 이야기를 시작했다. 이 말은 끈기를 가지고 일을 하면 성공 확률이 높다는 것이며, 어떤 경우든 성공할 때까지 노력하고 싶다고 했다. 그러면서 "오늘을 소중히 여기라."는 말도 기억에 남는다고 덧붙였다. 왜냐하면 오늘을 계속 소중히 여기면 나중에 하루하루가 뜻깊고 소중하게 생각되기 때문이라고 하였다. 실패는 단지 성공으로 가는 과정일 뿐이다. 책을 통해 세 아이가 진정한 삶의 지혜를 찾아 고민하는 모습을 지켜 보는 것도 행복이다.

한 권의 책으로 다양한 생각을 하고, 타인의 다양한 생각과도 만난다. 작지만 다양한 생각들과 자주 접할수록 나의 생각의 힘은 서서히 자라고, 생각의 틀은 조금씩 유연해진다. 모임을 하면서 내 생각에 비판이 가해지면 스물스물 감정이 올라올 수도 있다. 그럴 때 자신의 그 감정을 돌아보고, 다른 생각에 대해 그냥 인정해 주면 올라오려던 감정이 슬그머니 사라질 것이다. 책을 읽고 다양한 생각과 만나서 긍정의 기운을 찾고 삶의 밑거름으로 삼아 보자.

## 책 속의 이슈 짚기

사람은 어떤 상황이나 사회 현상에 대해 자신의 생각을 이야기하고, 가치를 불어넣어 판단을 한다. 그러면 그 가치 판단은 어디에서 온 걸까? 나의 주체적이고 자발적인 생각의 결과일까? 아니면 누군가에 의해 만들어진 생각일까? 계속 들여다보게 되는 대중매체가 내 생각을 만들어 내는 것은 아닐까? 어린 시절과 청춘을 쏟아 부은 제도교육 아래서 형성된 틀에 끼워 맞춰진 생각들이 아닐까?

누군가에 의해 내 생각이 조종당한다면 그야말로 얼마나 끔찍한 일인가? 그럴 리가 있나? 내 생각을 누가, 어떻게 조종할 수 있겠는가? 그러나 광고에 계속 노출되다 필요하지 않은 물품을 구매하게 된 경험을 갖고 있다면 이야기는 달라진다. 이것은 광고가 나의 생각을 조종한 것이나 다름없다. 하루 24시간 내 손을 떠나지 않는 스마트폰을 통해 접하는 각종 정보, 거실에 앉자마자 리모콘을 꾹 눌러서 틀어 놓은 텔레비전의 온갖 뉴스와 광고들이 나의 생각을 조종하고 있는 것인지도 모른다. 홍세화는 《생각의 좌표》에서 제도교육과 미디어로 인해 인간이 주체화되지 못하고 객체화되고 있다고 이야기하고 있다. 이러한 세상에서 주체적인 인간으로 성장하기 위해서는 책 읽기가 중요하다는 것이다.

제도교육과 미디어에서 나는 주체로 존재하지 않으며 오로지 객체이며 대상일 뿐이다. 세상 사람들 중 책을 읽는 사람은 절대적으로 소수다. 문제는 과거에는 책을 읽지 않은 사람은 스스로 무지하다는 것을 알고 있었지만 오늘날에 책을 읽지 않아도 스스로 무지하다는 것을 알지 못한다는 점에 있다. 과거와 달리 오늘날엔 제도교육이 보편화되었고 미디어가 사람들의 일상을 지배하기 때문이다. 책을 읽지 않아도 사람들의 의식세계는 빈 채로 남아 있지 않고 채워진다. … 한국처럼 제도교육이 민주화되지 않은 사회에서는 스스로 책을 읽지 않을 때 필연적으로 지배세력이 요구한 것만으로 채우게 된다.[20]

우리가 생각당한다면 이 사회를 객관적인 시각으로 보기는 힘들다. 무엇이 정의로운 것인지 판단하지 못하고 인간다운 삶에서 점점 멀어질 수 있다. 인간다운 삶이란 무엇일까? 열심히 노력하여 나 혼자만 잘산다면 그것이 인간다운 삶일까? 인간은 더불어 사는 존재다. 더불어 살 때 진정한 행복을 느낄 수 있는 존재다. 그러나 지금의 세상은 경쟁을 부추긴다. 경쟁에서 승리한 자만이 행복해질 수 있는 것처럼 이야기한다. 경쟁에서 승리한 자가 진정 행복할까? 남을 짓밟고 선 사람은 남을 생각하는 방법을 모른다. 자신만을 생각하고, 자신의 주변에 눈을 돌리는 능력이 부족

---

20. 홍세화, 《생각의 좌표》, 한겨레출판, 2009, 25쪽

해진다. 사회의 여러 가지 문제에 대해 고민하고, 논쟁할 수 있는 힘이 필요하다.

한 권의 책을 읽고 이슈가 될 만한 것을 찾아보자. 책을 읽다 보면 생각나는 논쟁거리가 분명 있다. 《하워드 진, 교육을 말하다》를 읽다 보면 승자의 관점에서 이루어지는 역사 교육이 얼마나 정의에서 벗어날 수 있는지 알게 된다. 미국과 멕시코 전쟁(1846~1848)에 대해 '전쟁으로 말미암아 국토의 40퍼센트를 강탈당했을 때 그들의 심정은 어땠을까?'에 대한 생각을 가질 수 있는 교육 기회를 제공해 주어야 한다는 이야기가 나온다. 또한 이 책에서는 "이스라엘의 팔레스타인 영토 점유와 몰수를 지지하는 나라는 실제로 세계에서 미국밖에 없다는 것을 학생들은 스스로 깨닫게 될 것이다."라는 이야기도 나온다. 이스라엘이 팔레스타인에 설치한 분리 장벽에 대한 생각, 그것을 용납해 주는 나라를 어떤 시각으로 바라볼 것인가에 대한 이슈를 끄집어 낼 수도 있다.

역사를 객관적으로 보는 눈을 가져야 한다. 객관적인 역사는 존재하지 않는다 하더라도, 여러 가지 관점에서 역사를 보는 방법을 배워야 한다. 역사는 승자의 기록이다. 승자의 관점에서 보면 약자의 고통은 소외된다. 과거의 진실에 대해 제대로 알 때 그 조직은 발전할 수 있다. 진실이 왜곡된 사회는 건강하지 못한 사회이며 서서히 썩어 들어가 결국은 멸망할 수 있다.

친일파가 독립유공자로 둔갑하기도 하고, 이 사회를 지배하고 있는 우리나라는 한없이 반성해야 한다. 영국의 소설가 올더스 헉슬리는 "자유는 저절로 얻어지는 것이 아니라 쟁취하는 것이다."라고 하였다. 자유는 자유를 누릴 자격이 있는 사람에게 주어지는 고귀한 것인 것 같다. 자유를 지켜 내기 위해 노력하지 않으면 교묘한 정치적인 힘에 의해 나도 모르게 노예의 삶을 살게 될 수 있다. 내 삶이 노예의 삶인지 인지하지도 못한 채 사회 시스템 속에 그냥 녹아들고, 정의롭지 않은 것에 대해 분노하기 보다는 오히려 당연하다는 착각에 빠질 수 있다. 엄기호는 《단속사회》에서 우리가 자유의지에 의해 무엇을 선택하지만 그것은 이미 길들여진 자유라고 이야기한다.

> 자유는 시장자본주의자들이 말하는 것처럼 내가 하고 싶은 것을 선택하는 것을 의미하지 않는다. 내가 하고 싶은 것을 할 때 그는 자율적 주체가 아니라 욕망의 노예일 뿐이다. 그 욕망이 자신에 의해 점검된 것이 아니라 사회적으로 만들어진 것이라면 더욱 그렇다. 자신이 선택한 것처럼 보였던 많은 것조차도 사실은 선택이라는 이름의 강요였다.[21]

주어진 자유라도 제대로 지켜 낼 수 있는 힘이 필요하다. 이미 타율에 길들여진 성인 세대는 스스로 생각하고, 토론하고, 의사 결정하는 것 자체를 귀찮아한다. 비효율적이라고 치부하면서 그냥 타인에 의해 결정되는 삶에 안주한다. 그러면 그냥 그렇게

---

21. 엄기호, 《단속사회》, 창비, 2014, 138쪽

우리는 그날의 노예처럼 살아갈 수밖에 없지 않은가? 홍세화도 《생각의 좌표》에서 사회를 비판적으로 보는 안목을 갖춰 주체성을 확장해야만 진정한 자유인이 될 수 있다고 이야기한다.

> 내 안에 생각을 집어넣는 실제 주체인 사회를 비판적으로 바라보는 안목을 갖춰 나가면서 기존에 형성된 생각을 끊임없이 수정하여 나의 주체성을 확장하지 않으면 진정한 자유도, 내 삶의 진정한 주인도 되기 어렵다.[22]

우리의 삶이 하나로 이어지지 못하고 파편처럼 끊어져 있으면 공허해지고 허무해진다. 삶이 연속적일 때 하나의 역사가 되고, 내가 내 삶의 주인공이라는 느낌을 가질 수 있다. 우리 사회는 서로 소통할 여유가 없는 것 같다. 하지만 사이버 공간 속에서는 쉴 새 없이 자신의 감정과 상처, 고통에 대해 지저귀며 모르는 사람과도 서로 소통하는 것처럼 보인다. 나의 바로 곁에 있는 사람들과의 관계를 중요시하기보다는 사이버 공간에서 끝도 없이 자신을 드러내기 위해 바쁘다. 지금 먹고 있는 음식, 자신이 걷고 있는 거리, 자신이 한 일 모든 것을 공유하고, 세상 사람들이 나를 봐 주기를 바란다. 그러나 그럴수록 마음은 더 허전해진다. 그 공간에서는 나와 마음이 맞지 않으면 차단해 버리면 그만이다. 통신망 속에서의 관계는 쉽고, 간단하다.

---

22. 홍세화, 같은 책, 22쪽

의사소통은 다름을 인정할 때 가능하다. 그러나 관계 속에서 상대방과 다른 이야기를 할 때, 특히 선배와는 다른 생각과 다른 방법을 제시하면 금방 버릇없는 사람, 나쁜 사람이 되어 버린다. 이런 안전하지 못한 문화 속에서 사람들은 입을 닫는다. 그리고 관계는 단절된다. 가까운 사람들이 나에게 도움이 되지 않는다는 생각을 하기도 한다.

《단속사회》에서는 서로 어떻게 관계를 맺느냐에 따라 인간, 속물, 동물, 유령, 괴물로 나누고 있다. 인간은 '질문을 던지는 사람'을 말한다. 우리 사회에서 '왜'라는 질문을 통해 주체적으로 살아가는 인간이 얼마나 될까? 소크라테스는 질문의 철학자라고 할 수 있다. 소크라테스의 교육법은 산파술이다. 마치 산파가 천천히 유도하여 아기를 받아 내듯이, 상대방의 앎에 끊임없이 질문하여, 결국 스스로 알지 못한다는 것을 끄집어 내는 과정을 중요시한다. 이러한 과정을 통해 상대가 자신을 의식하게 되는 것이다. 학교 현장에서의 수업도 마찬가지다. 아이들과 교사, 아이들과 아이들 간에 끊임없는 질문과 대화를 통해 사고를 자극하고, 자신의 생각을 표현할 수 있는 기회를 만들어 아이들이 주체적인 생각을 할 수 있는 힘을 길러 낼 수 있도록 해야만 한다.

동물은 '질문을 던지지 않는 존재'를 말한다. 온갖 매체가 현란한 말을 통해 인간의 구매 욕구를 부추긴다. 필요하지 않지만 구매하는 행동을 통해 인간은 만족을 느끼는 존재가 된다. 구매하고 또 구매하면서 즐거움을 느낀다. 자신의 행동에 대한 질문은 사라지고 그 행동에 만족하게 되는 것이다.

> '함'이 지나칠수록 인간에겐 생각할 틈이 줄어든다. 생각할
> 공간, 즉 내면 따위는 사라진 지 오래이기 때문이다. 따라서 함
> 이 과잉된 인간에게 내면의 풍요, 즉 '행복'이란 존재하지 않는
> 다. '함'을 통해 만족을 얻는 것이 전부다. 이처럼 행복이 아니
> 라 만족이 삶의 목적이 된 존재는 질문을 던지지 않는다. 소비
> 를 통해 만족을 추구하는 삶에 질문이 들어설 여지는 없다.[23]

속물은 '질문이 있는 척하는 존재'로 형식적 가치에 죽고 사는
일본의 '할복'을 예로 들고 있다. 속물은 자신의 내면에 충실하는
것이 아니라 지속적으로 자신을 내보이기 위해 힘쓰는 존재다.
현대 사회의 삶이 서로 과시하면서 사는 속물의 인생인 듯하다.
통신망을 통해 항상 자신을 과시하면서 산다. 그 공간에 있는 한
장의 사진과 한 편의 동영상은 그 사람의 일부일 뿐이다. 그것을
부러워하기도 하고, 자신을 드러내기 위한 좀 더 자극적인 또 다
른 무엇인가를 찾아 헤매이기도 한다.

유령은 '질문을 할 수 없는 자들'이다. 우리는 성소수자들을 사
회의 정상인으로 생각하지 않는 경향이 있다. 그런 의미에서 유
령은 보이지 않는 존재다. 성소수자들은 음지에서 생활하면서 사
회에 떳떳하게 나설 수 없다. 학교에서 소외당하는 아이들, 아주
조용하여 존재감이 없는 아이들이 있다. 이런 아이들은 어쩌다

---

23. 엄기호, 같은 책, 141~142쪽

말을 거는 것조차도 어색하게 느낄 때가 있다. 학교는 이런 아이들이 마음껏 이야기하고, 생각을 펼칠 수 있는 안전한 공간이 되어야 한다. 다양한 존재에 대해 인정하는 학교문화에서 자란 아이들이 사회에 나가 다름을 인정하게 된다. 성소수자도 똑같은 인간으로 바라보는 아이로 자라게 된다.

괴물은 '질문을 파괴하는 자'라고 하였다. 바로 사회악이다. 그러나 이 사회악이 너무나 거대해서 우리가 아무리 소리를 지르고 발버둥 쳐도 듣지 않고, 오히려 짓눌러 버린다. 《단속사회》에서는 한진중공업에서 근무했던 고(故) 최강서 씨 이야기가 나온다.

그가 자살한 뒤 그의 시신은 조문과 애도를 통해 그를 기억해야 하는 사람들 사이의 만남 속에 놓이지 못했다. 그 대신 그가 "집보다 더 많은 시간을 보낸 공간"이었던 한진중공업의 정문 부근 땅바닥 위에 놓여 있었다. 유족들에 따르면 회사 측은 "말로는 유가족들에게 심심한 애도를 표한다."라면서도 회사의 책임 있는 사람들은 절대 얼굴을 보이지 않았다는 것이다. … 과거와 현재, 미래의 모든 시간에서 최강서 씨는 그들에게는 세계의 일부였던 적이 없다. 그저 돈벌이 도구였다. 가장 비극적인 것은 회사 측이 만남을 거부하는 동안 유족들은 관을 열어 드라이아이스를 부으며 망자의 얼굴을 대면해야 했다는 것이다. 이 고통을 강요한 자들이 괴물이 아니라면 누가 괴물이란 말인가?[24]

---

24. 엄기호, 같은 책, 159쪽

우리 아이들을 어떤 인간으로 기를 것인가? 질문이 있는 존재로 길러야 한다. 질문을 통해 자신을 자각하고, 생각하고, 생각을 통해 협력의 가치를 실천하는 인간으로 성장할 수 있다. 이것은 학교생활 속에서 이루어져야 한다. 그러기 위해서는 서로를 존중하면서 생각-질문-협력이 있는 수업이 될 수 있도록 해야 한다. 교실이 누구나 자유롭게 질문을 던질 수 있는 편안하고 안전한 공간이 되어야 한다.

한 권의 책 속에서 다양한 이슈를 짚어 볼 수도 있고, 다양한 책에서 비슷한 이슈를 찾아낼 수도 있다. 이슈에 대해 자신의 가치를 불어넣어 이 세상 속에서 실천하는 것이 중요하다. 그런 과정을 통해 행동하는 사람이 늘어날 때 이 사회는 아주 조금씩 변할 수 있을 것이다.

4장

신뢰를 바탕으로
공동체 안에서 '자아 찾기'

## 내 책 읽기의 근본 문제를 깨닫다

학창 시절 내 공부의 목적은 시험에 합격하기 위한 것이었다. 고등학교 때는 대학교에 합격하기 위해, 대학교 때는 교원 임용시험에 합격하기 위해 공부했다. 진정한 공부를 할 수 있는 대학 시절이었음에도 나는 임용시험 관련 공부만 했다. 그리고 시험에 합격을 하고 교사가 된 이후에는 공부를 하지 않았다. 공부의 필요성을 느끼지 못했기 때문이다. 그렇지만 대학원에는 진학했다. 대학원은 진정한 공부를 하기 위해서라기보다 교사로서 밟아야 할 하나의 단계라는 생각을 했을 뿐이다. 첫아이를 가진 상태에서 다녔던 대학원에 대한 기억은 그냥 '힘듦' 그 자체였다. 맹자에 대한 논문을 쓸 때도 한자를 나보다 잘 아는 남편의 도움을 많이 받았다. 이때까지 나는 진정한 공부의 즐거움을 경험하지 못했다.

그러나 집중적으로 책을 읽기 시작하면서 공부에 대한 나의 생각에 근본적인 문제가 있음을 깨달았다. '왜 공부하는가?'라는 질문을 하며 진정한 답을 찾기 시작했다.

그동안 '평생 공부'라는 말에는 아무런 의미도 부여하지 않았다. 그러나 사람은 평생 공부하는 존재, 배우는 존재다. 나의 끊임없는 성장을 위해 공부를 하는 것이다. 사람은 자신이 성장한다는 것을 감지할 때 희열을 느낀다. 배우지 않는 삶은 무의미하다. 풍요로운 미래를 상상하기 어려워진다. 배운 만큼 보이고, 배운 만큼 사색하고, 배운 만큼 행동할 수 있으며, 그만큼 삶은 충만해진다. 인간은 죽을 때까지 배우고 성장하는 존재다. 배움의 즐거움을 느끼면 더욱더 성장할 수 있다.

나의 하루하루는 책 읽기와 쓰기로 이루어진다. 하루 일과를 끝내고 집에 들어왔을 때, 책으로 둘러싸인 거실에 앉으면 그 기운으로 힘이 돈다. 얼른 씻고 108배 절 운동으로 지친 몸을 정리하고, 책상 앞에 앉는다. 그러면서 읽고 싶은 책을 펼칠 때의 즐거움, 그 자체가 곧 행복이다. 책을 읽으면서 또 다른 영혼과 만나고 대화하는 즐거움을 느낀다. 다른 세계와의 접촉이 시작되는 것이다. 기원전 사람인 공자를 만나기도 하고, 먼 미래의 우주인을 만나기도 한다. 내 상상 속에서 시공간을 넘나들며 이 우주를 종횡무진할 수 있다. 가장 저렴한 여행이 책 읽기인 것 같다. 책 한 권으로 무한한 우주 속 어느 곳에라도 다가갈 수 있다. 김진애는 《왜 공부하는가》에서 책을 읽는 사람과 그렇지 않은 사람의 차이를 이렇게 이야기하고 있다.

책을 제대로 읽는 사람은 책을 안 읽는 사람보다 여러 점에서 유리한 고지를 점령한다. 말도 잘하게 되고 글도 잘 쓰게 된다. 훨씬 더 세련되고 수준이 깊어지고 또 높아진다. 논리적이 되고 전체를 조감하는 통찰력이 커진다. 사실을 포착하는 구조적 능력도 높아지고 윤리적 수준도 높아질 수 있다. 전후좌우를 살피고 종합적으로 파악하고 비교 안목이 높아지니 균형감각이 높아질 수 있다. 상상력이 높아짐은 물론 창조 역량도 높아진다.[1]

---

1. 김진애, 《왜 공부하는가》, 다산북스, 2013, 215쪽

참다운 지식인이란 무엇인가? '지식인'은 아는 게 많은 사람이다. 남들보다 더 깊고 넓게 아는 것이다. 요즘은 지식을 이용하여 자신의 욕심을 채우는 지식인이 대부분이다. '다른 사람에게 피해를 주지만 않으면 괜찮겠지'라는 생각으로 자신의 이익을 챙긴다. 자신이 가지고 있는 것을 자신을 위해서만 쓰는 것이다. 지식인이 되는 과정에서 사회로부터 받은 도움은 생각지 못하고 자신이 잘나서 능력 있는 사람이 되었다고 생각하는 것이다.

참다운 지식인은 자신이 가지고 있는 지식을 바탕으로 지구를 생각하고, 생명을 존중하고, 노동을 중요시하고, 소외된 이웃을 배려하는 따뜻한 사람이다. 내가 얻는 수입의 일부를 사회에 환원하는 것은 지식인으로서의 기본이다. 내가 할 수 있는 범위 내에서 최대한의 금액을 가장 먼저 기부하는 마음이 중요하다. 남을 위해 친절한 행동을 하고, 배려하며, 봉사를 할 때 참다운 지식인이 되는 것이고, 참다운 행복을 얻을 수 있는 것이다.

함께 공부하는 생태계가 잘 움직이면 서로 배우고, 서로 알려주는 선순환이 된다. 내가 가르쳐 주는 자가 되기도 하고, 배우는 자가 되기도 한다. 그 배움을 바탕으로 실천하는 자가 될 수 있다. 말은 중요하다. 말은 자신의 생각과 느낌을 표현하는 것이다. 표현하지 못하면 알지 못하고, 알지 못하면 소통할 수 없다. 함께 배운 것을 말하고 소통하면서 다른 세계와 접하게 되는 것이다. 공부를 하면 생각의 폭이 깊고 넓어진다. 그러면 더 자연스럽게 소통할 수 있다. 결국 공부를 하는 목적은 통하기 위함이다.

내 생각의 지점은 어디인지 고민했다. 학교 내에서 학생들은 과연 진정한 민주주의의 경험을 가질 수 있는 것인가? 수업은 민주주의의 이념을 녹여 내는가? 아이들은 자신의 생각을 갖고, 질문하고, 대화하는가? 교사는 민주주의가 구현되는 학교에서 근무하는가? 학교의 주인으로 자발성을 갖고 참여할 수 있는 여건이 주어졌는가?

자발성과 주체성을 발휘할 수 있는 제도적 장치가 있음에도 그동안 교사가 받은 교육으로 인해 저절로 자발성은 주눅 들어 있고, 주체성은 사라지지 않았는가? 교사든 아이들이든 자발성이 중요하다. 자발성을 되찾는 방법은 독서와 토론, 그리고 끊임없는 자기 성찰이다. 선생님들과 함께 독서와 토론, 자기 성찰하는 시간을 꾸준히 갖는 것이 진정한 민주주의로 가는 첫걸음이라는 생각이 든다.

이전에는 같은 책을 두 번 읽어 본 적이 없다. 물론 수험서는 빼고. 재독이 주는 가치를 몰랐던 것이 내 책 읽기의 문제였다. 마지막 책장을 덮는 순간 내 기억도 함께 덮어지는 느낌이었다. 책 내용이 하나도 기억나지 않을 때도 많았다. 다 읽었지만 무슨 내용인지 가뭇했다. 처음 책을 읽을 때, 읽는 순간은 이해하고 공감하면서 넘어가지만 나중에는 기억에 남는 것이 없다. 그러나 재독을 하다 보면 좀 더 깊은 깨달음을 얻어 그 내용이 각인되어 의식에 남는다.

처음 읽은 후에는 그 책에 대해 한마디도 할 수 없는 지경이 된다. 그러나 두 번째 읽으면 생각이 열리는 느낌이 들고, 핵심을 짚어 이야기를 나눌 수 있다. 물론 두 번째 읽을 때는 속도도 빨라진다. 재독의 힘은 단순히 두 배의 힘을 뛰어넘는다. 한 번 읽었을 때는 전혀 모르다가 두 번 읽게 되면 거의 내용을 소화하고, 표현하고, 적용할 수 있으니 열 배 백배의 힘이 있는 것이다.

## 성장하는 교사, 경쟁 대신 공존을 배우는 아이들

아직까지도 우리나라의 제도 교육은 아이들의 생각의 힘을 기르기보다는 누가 단순 지식을 얼마나 많이 암기했느냐에 따라 우열을 가리는 경향이 있다. 그래서 모든 과목의 역량을 점수로 표현한다. 국어 과목이 100점인 아이는 읽기, 쓰기, 말하기가 100점인가? 도덕 과목이 100점인 아이는 도덕성이 100점인가? 그렇지 않다. 그러나 모든 과목은 점수로 표현되며, 줄을 세우고 있다. 물론 '성취평가제'가 도입되면서 어느 정도 성취했느냐를 중요시 여기고, 성적도 급간으로 표시되고 있기는 하다. 그러나 아이들을 줄 세우지 않고는 진학시키기가 어렵다. 입시는 줄 세워진 아이들의 점수를 요구한다. 또한 교사들은 점수에 대한 순위를 매겨 학생의 능력을 가늠하기도 한다.

한 개인의 성취를 중요시하는 것이 아니라 남과 비교해서 어느 정도의 위치에 있느냐를 중요시한다. 부모들도 아이가 점수를 말하면 "그래서 그게 몇 등이니?"라고 되묻는다. 아이를 진정한 개체로 소중히 여기면 등수는 의미 없어진다. '성취평가제'는 줄 세우기의 문제점을 해결하기 위해 나온 제도다. 그러나 현실은 만만치 않다. 고등학교 입학시험이 평준화되어 있어도 중학교 때의 등수는 필요하고, 대학 입학시험에서도 내신을 바탕으로 한 수시 비중이 늘고 있다.

우리 아이들은 이렇게 경쟁 속에 내몰리고 있다. 그동안 우리 교사들은 계속 경쟁과 차별을 부추기면서 아이들을 대해 왔다. 홍세화는 《생각의 좌표》에서 이것을 잘 지적하고 있다.

> '지적 인종주의'를 내면화하여 경쟁과 차별을 부추기는 교육환경에서 우리 학생들은 좋은 가치에 관해서는 어쩌다 배울(學) 뿐이고, 일상 속에서는 그 반대를 익힌다(習). 우리 학생들은 남과 더불어 살아야 한다는 공동체 의식, 연대의식을 어쩌다 배우지만 일상에서는 남을 누르고 혼자 이기는 것을 익힌다. 우리 학생들은 인권의식에 대해 이따금 배울 뿐이고, 일상에서는 인권침해를 몸에 익힌다. 우리 학생들은 자유, 평등의 가치를 어쩌다 배우고 일상에서는 억압과 차별을 몸에 익힌다. 이렇게 우리 학생들은 일상에서 억압과 차별, 인권 침해를 겪으며 몸에 익히기 때문에 나중에 남을 억압, 차별하고 인권을 침해하면서도 인식하지 못한다.[2]

우리 아이들은 자유, 평등, 인권, 협력의 가치를 어쩌다 배우긴 하나 학교생활 속에서 그것을 경험할 기회를 얻지 못한다. 미래

---

2. 홍세화, 《생각의 좌표》, 한겨레출판, 2009, 29쪽

를 인간답게 살아갈 수 있는 핵심 역량을 기르지 못하고, 오히려 억압과 불평등, 인권 침해를 경험하면서 자란다. 이런 아이들이 사회에 나가면 경험한 그대로 정의롭지 못한 것들에 대해 당연하다고 생각하며 살 것이다.

끊임없이 생각당할 때 이 사회의 불평등은 더욱 심해질 것이다. 기득권이 만들어 내는 지배 구조가 온갖 미디어를 통해서도 전달된다. 미디어에 노출된 아이들은 아무 생각 없이 그냥 그렇게 받아들여지고, 생각당하게 된다.

어떤 상품의 광고에 계속 노출되면, 금방 구매하지 않으면 마치 손해라도 볼 것처럼 느껴진다. 인간의 저급한 욕구를 부추기는 광고를 보면서 그것에 대한 비판을 가하는 것이 아니라 가지지 못하는 것에 대해 한없이 속상해한다. 그런 광고를 우리는 언제까지 봐야만 하는가? 우리 아이들 역시 그런 광고에 물들게 되고, 물질주의적인 가치관을 가지고 자랄 것이다. 부의 개념은 상대적이다. 사람은 내가 원하는 것을 가질 때 부자라는 생각이 든다. 반대로 내가 원하는 것을 갖지 못할 때 가난하다고 느낀다. 지금 이 시대를 살고 있는 사람들은 물질적인 풍요 속에 살지만 원시시대보다도 더 궁핍함을 느끼며 살고 있다. 미디어는 끊임없이 인간의 소유욕을 자극한다. 이런 광고에 비판을 가할 수 있는 힘을 길러야 한다. 물질의 노예로 전락하지 않고, 타인에게 시선을 두며, 사람과 사람, 자연과 사람이 공존하는 세상을 만들어 나갈 수 있는 역량을 학교수업을 통해 길러야 한다.

우리 학교 교사들은 진정 중요한 것이 무엇인가 고민하기 시작했다. 이 아이들이 나중에 사회에 나가 행복하게 살기 위해 필요한 것이 무엇인가? 그것은 경쟁이 아니라 협력이다. 그래서 협력의 경험을 수업 안으로 끌어들이기 위해 노력했다. 남과 더불어 살아야 한다는 공동체 의식, 남을 배려하는 민주 시민 의식을 기를 수 있도록 수업을 고민했다.

서로 협력하여 배우기 위해서는 모둠 활동이 필수다. 우리는 모든 학급의 모둠을 만들고. 모든 교사가 공유한다. 각 교과마다 모둠을 구성한다면 열 과목이 넘는 교과에 아이들은 열 가지가 넘는 모둠을 구성해야 한다. 모둠을 구성하기 위해서도 한 시간은 소요되는데, 각 교과마다 구성한다면 열 시간이 넘는 시간을 모둠 구성에 소비한다.

담임교사가 기본 모둠을 구성해 놓으면 교과 교사는 그대로 하거나 약간 변형만 하면 된다. 모둠을 공유하고, 수업 시간 예절도 함께 가르친다. 공존하기 위한 첫걸음이 바로 예절이다. 수업 시간 가장 기본적인 예절로 '듣기, 배려, 협력' 세 가지를 뽑았다.

대화를 잘 하기 위한 첫걸음은 잘 듣는 것이다. 잘 듣는 아이가 잘 배울 수 있다. 일단 친구나 선생님이 이야기할 때는 시선을 그에게 주면서 듣도록 했다. 배려는 더불어 살아가기 위한 기본자세다. 친구가 마음 상할 수 있는 말과 행동은 하지 않는다. 친구의 의견과 생각을 존중해 주는 것, 이것은 배려의 시작이다.

아이들은 나와 다른 생각이나 엉뚱한 생각에 대해서는 즉각 야유를 보내는 경우가 많다. 친구에 대한 존중을 수업 시간에 실천할 수 있도록 우리 교사들은 함께 힘을 모았다. 세상 만물은 연결되어 있다. 나 혼자는 살아갈 수 없다. 다른 친구의 생각을 바탕으로 내가 생각을 하게 된다면 그것은 친구의 도움을 받은 것이다. 친구의 생각과 내 생각을 모아서 좀 더 새로운 생각을 만들어 내는 것, 이것이 진정한 협력이다. 수업을 디자인할 때 서로의 생각을 모을 수 있도록 고민하고, 또 고민했다.

몇몇 교사만 모둠 활동을 하던 3~4년 전에는 모둠을 만드는 순간 교실은 시장 바닥으로 바뀌었다. 아이들은 강의식 수업에서 억눌렸던 기운을, 모둠을 만드는 순간 폭발시켰다. 또 서로 경쟁하듯이 소리를 지르면서 떠들기 시작했다. 침묵하면서 지낸 시간에 비례하여 떠들어 대는 강도는 높았다. 모둠 수업을 하기가 두려웠다. 모둠을 만들었다 활동도 제대로 못 하고, 얼른 풀곤 했다.

그러나 교사들은 함께 공부하면서 수업 시간에 협력을 경험한 아이가 사회에 나가서도 서로 협력할 수 있음을 깨달았다. 경쟁에 익숙한 아이가 사회에 나가서 어떻게 협력하면서 살겠는가? 모둠을 통한 협력 수업이 가능하도록 조금씩 수업을 바꿔 나갔다. 꾸준히 2~3년을 함께 노력하니 모둠 수업 분위기가 신기하게 바뀌었다. 대부분의 수업이 모둠으로 서로 대화를 할 수 있도록 이루어지다 보니 어느 순간부터 아이들은 소리를 지르거나 장난을 하지 않는다.

주어진 주제를 가지고 편안한 마음으로 서로 대화를 한다. 수업 시간에 자연스럽게 자신의 생각을 펼치고 있는 것이다. 단순한 지식 하나 더 외우는 것보다는 내 생각을 갖고, 그것을 표현하는 기회를 가질 수 있는 것이 훨씬 중요하다. 자신의 생각을 나누면 나눌수록 아이들은 성장한다. 대부분의 교사가 모둠을 만들고 아이들의 생각을 듣고 표현할 수 있는 기회를 주니, 아이들이 차분하게 앉아서 활동을 하기 시작한 것이다. 서로의 이야기를 귀 기울여 듣고, 그 이야기를 발판삼아 자신의 생각을 이야기하는 분위기가 형성되었다. 교사들이 함께 배우고 함께 실천하니 아이들의 수업 활동 수준이 달라졌다. 편안한 분위기에서 서로의 생각을 이야기하는 수업이 가능해졌다. 교사가 더불어 배우고 성장한 만큼 아이들이 수업에 참여하는 수준도 더불어 성장하였다. 우리나라 아이들은 하루 종일 학교 수업을 받으면서 자신의 생각을 표현할 수 있는 기회를 얼마나 가질까? 스스로의 생각을 가지고 그것을 표현할 때 자발성과 주체성이 형성된다. 수업 시간에 자신의 생각을 표현하면서 배운 아이는 이 사회를 냉정하게 비판하는 힘을 가질 수 있다. 더 이상 생각당하지 않고, 주체적으로 생각할 수 있는 사람이 되는 것이다.

우리 학교가 혁신학교가 되면서, 그동안 시행했던 상벌점 제도에 대한 논의가 있었다. 그 전에 우리 '산책' 선생님들은 미리 제인 넬슨과 린 로트, 스티븐 글렌의 공저인 《학급긍정훈육법》을 함께 읽고 나누었다. 이 책의 핵심은 '아이를 존중해 줘라. 친절함과 단호함, 배려하는 마음으로 아이들을 대하라. 상벌이 아니라 아이들이 내적 동기에 의해 행동하는 건강한 사회인이 될 수 있도록 격려하라'라고 할 수 있다.

상벌이 단기적으로 행동의 변화를 가져오는 것처럼 보일 수 있으나 장기적으로는 효과가 없다는 것이다. 상벌점 제도는 쥐나 개의 실험으로 만들어진 행동주의 철학을 바탕으로 하고 있다. 이것을 사람에게 그대로 적용하기엔 들어맞지 않는 것이다.

교사나 부모는 학생이 즐겁게 배우기를 바라면서 잘못된 통제의 방법을 사용해 흥미의 싹을 잘라 버린다. 상벌로 아이의 행동을 바로 잡으려고 하는 것은 커다란 빙산 중, 물 아래 거대한 덩어리는 보지 못하고 물 위에 살짝 비추는 얼음 조각에만 관심을 두는 격이다. 수면 아래에 있는 커다란 빙산에 주목해야 한다. 아이의 내면에 집중해 아이가 성장할 수 있도록 해야 한다.

상벌로는 아이의 성장을 기대하기 힘들다. 상벌점으로 내적 동기를 형성해 행복한 사회인으로 성장하도록 하는 것은 어려운 것이다. 아이가 잘못했을 때 무심코 내밀은 경고 카드는 아이의 마음에 상처를 긋는다. 어른들도 많은 사람 앞에서 자신의 잘못이 드러날 때 얼마나 고통스러운가? 아이의 잘못을 지적하면 할수록 아이는 더욱더 주눅 들 수밖에 없다. 이 책은 상벌이 아닌 아이에 대한 친절과 존중을 강조하고 있다.


아이가 말을 배울 때 무엇이 필요한가? 먼저 언어를 익혀 말하고 다양한 말을 들으며 문장을 배우도록 격려 받는다. 그런 다음 해를 거듭하면서 어휘력을 늘리며 계속 발전하고 완벽한 문장을 만들기 위해 노력한다. 그런데 왜 말 배우기가 아닌 다른 것에서는 즉각적인 결과를 기대할까? 아이들이 틀린 문장을 말할 때마다 비난이나 벌을 받는다면 제대로 말을 배울 수 있을까? 아이들은 그들의 삶을 통해 배움을 얻는다. 아이들이 친절하고 존중하는 아이로 자라기를 원한다면 아이들이 생활하는 곳이 친절과 존중으로 가득 차야 한다.[3]

교사는 아이들을 이성적으로 판단하기 전에 마음으로 느끼며 존중해야 한다. 존중은 존중을 낳고, 무시는 무시를 낳는다. 벌은 아이에게 상처와 좌절만 남길 뿐이다. 처벌에 대한 연구 결과를 보면 '모든 처벌은 효과가 없다'는 것이다. 그런데도 상벌점 제도를 계속 유지해야 할 것인가? 상벌점 제도에서 벌점이 많은 아이는 학생 자치법정에 서서 재판을 받고 벌을 받아야만 했다. 나는 자치법정에 서 있는 아이가 내 아이라고 생각해 보았다. 엄마의 마음으로 아이를 바라보았다. 그냥 더 이상 바라볼 수 없었다. '죄인'이라는 낙인이 아닌가? 이 장면이 마음속에 평생 남아 있지 않을까? 걱정이 되었다. 상벌점 제도를 없애야겠다는 마음이 깊어졌다.

우리 학교에서 상벌점에 대한 논의가 있을 때 교사들 간에 다양한 의견이 오갔다. 상벌점이 없으면 학생 지도가 곤란하다는

---

3. 제인 넬슨 · 린 로트 · 스티븐 글렌, 《학급긍정훈육법》, 김성환 · 강소현 · 정유진 옮김, 에듀니티, 2014, 52쪽

의견도 있었다. 함께 '산책' 활동을 열심히 했으며, 학생부에서 학생 생활지도 업무를 담당했던 이재규 선생님은 "저도 현실적으로는 상벌점 제도가 필요하다고 생각하지만 함께 공부한 철학으로는 폐지해야 한다는 생각이 든다."라고 찬성의 말을 했다. 결국 찬반투표를 했고, 상벌점 제도를 폐지하자는 의견이 가까스로 우세했다. 그렇게 상벌점 제도는 폐지되었다.

상벌점 제도를 폐지하고 2년째 들어선다. 상벌점 제도가 있을 때 아이들은 어떤 일을 하면서, 상점을 주는지 여부에 대해 교사에게 물었다. 아이들은 이미 상벌점에 의해 움직이는 피동적인 존재가 되어 가고 있었던 것이다. 우리 아이들은 이제 어떤 선행을 할 때 더 이상 상벌점에 얽매이지 않는다. 자발적으로 봉사하는 행동, 타인을 위한 행동을 한다. 상벌점을 없애면서 아이들의 자발성과 주체성은 더욱더 커질 수 있었다. 이렇게 교사의 배움과 성장은 저절로 아이의 성장으로 이어졌다.


## 편안한 공간 구성의 힘

어떤 공간에서 생활하는가는 중요하다. 한 사람 한 사람이 내뿜는 기운이 다르듯이 공간이 발산하는 기운이 다르다. 성당이나 절에 가면 엄숙하고, 차분하고, 고요한 기운이 느껴진다. 시장에 가면 사람들의 활기찬 기운이 느껴지고, 깊은 산 속에 가면 자연의 편안한 기운이 느껴진다. 마음에 평화로움과 힘을 가져다 주는 공간이 되기 위해서는 어떻게 해야 할까?

모임이 지속적으로 이어지기 위해서는 그 속에서 편안한 기운을 느낄 수 있어야 한다. 책과 내 마음이 자연스럽게 오가는 공간이어야 한다. 어떤 공간에 들어갔을 때, 선배 교사나 다른 교사의 권위가 지배적이면 왠지 마음이 불편하다. 동등한 관계에서 서로 배울 때 교사의 자존감은 높아질 수 있다. 일방적으로 가르치고 배우는 관계에서 함께 성장하는 것을 기대하기는 어렵다.

'직사각형으로 길게 책상이 배치되어 있고, 이름이 새겨진 파일이 호봉 순으로 안쪽부터 놓여 있다. 모임을 주관한 교사는 교감 선생님이 들어오니 안쪽 중앙에 앉으라고 권한다.' 이럴 경우 어떤 기운이 느껴지는가? 직사각형의 자리에서 맨 안쪽 중앙이 가장 상석이다. 그리고 맨 안쪽 중앙과 가까울수록 상석이 된다. 이 자리가 별것 아닌 것 같지만 의외로 많은 사람이 신경을 쓴다.

윗사람부터 차례대로 상석을 찾아서 앉았을 경우, 위압적인 분위기가 흐른다. 이런 권위적인 자리에서는 자연스럽게 자신의 생각을 펼치기가 힘들다. 모임이든 수업이든 유연한 분위기일 때 창의적인 생각이 가능하다. 공동체가 유연성을 갖기 위해서는 수평적인 구조여야 한다. 관리자나 선배 교사의 권위적인 분위기가 흐르면 모임은 경직된다. 똑같은 수준의 발언권을 가지고, 동등한 관계에서 모임이 진행되어야 한다. 그러기 위해서는 동그랗게 앉는 것이 좋다. 직사각형의 자리에는 상석이 있지만 원형의 자리에는 상석이 없다. 직사각형의 자리에서는 어느 자리에 앉느냐에 따라 권위의 기운이 다르게 느껴진다. 오죽하면 국제 사회에서 자국의 권위를 세울 수 있는 자리에 앉기 위해서 서로 8개월간 협상을 하다 결국 원탁으로 결정했겠는가. 평등은 자리 배치에서부터 시작되는 것이다.

> 1968년 파리에서 열렸던 베트남 평화회담이 좋은 예이다. 이 회담이 시작되기 전, 좌석배치를 둘러싼 의견조율을 8개월이나 했다고 한다. 미국과 베트남은 모두 자기 나라에 유리하게 회담을 진행하기 위해 협상에 유리한 좌석을 확보하고자 치열한 쟁탈전을 벌였다. 나라의 운명이 걸린 문제이니만큼 두 나라 모두 한 치의 양보도 하지 않았고, 결국 테이블은 사각이 아닌 원탁으로 바꾸어 회담을 진행할 수 있었다고 한다.[4]

원형의 공간은 모든 사람이 서로 마주 보고 대화할 수 있는 구조다. 이렇게 공간을 부드럽게 구성할 때 마음이 따뜻해지는 것이다. 따뜻하면 유연해지고, 유연해지면 다양한 생각이 나온다. 다양한 생각 속에서 질 높은 방안도 나오는 것이다. 모두가 동등한 자격을 가지고 편안한 마음으로 참여하는 학습공동체 문화를 만들어야 한다.

물리적으로 편안한 공간 구성이 되었으면 그 분위기를 이어 심리적으로 안정된 공간이 될 수 있도록 해야 한다. 그러기 위해서는 잘 들어야 한다. 지금은 정보화 사회, 지식 기반의 사회이다.

---

4. 강치원, 《토론의 힘》, 느낌이있는책, 2013, 253쪽

너무나 빠르게 변화하는 사회에서 들어야 하는 것이 너무나 많다. 모든 것이 빠르게 흘러가다 보니 차분히 들을 수 있는 기회가 줄어들고 있다. 듣는다는 것은 그 사람의 말을 듣는다는 의미도 있지만 그 사람의 마음을 들을 수도 있고, 그 사람의 몸짓을 들을 수도 있다.

내가 얼마나 집중하느냐에 따라 듣는 정도는 다르다. 운전을 하다 복잡한 도로에 접어들어 다른 차들에 온통 신경을 뺏기다 보면 라디오에서 흘러나오는 음악 소리를 듣지 못한다. 나는 똑같은 귀를 가지고 똑같은 공간에 있었는데, 다른 데 신경 쓰다 보니 전혀 듣지 못하는 것이다. 함께 모여 협의를 할 때도 그렇다. 같은 협의를 하고 같은 목소리를 들었어도 결론은 전혀 다르게 내는 경우가 종종 있다. 내가 기존에 가지고 있는 마음의 필터를 통해 듣고 싶은 것만 듣고, 생각하고 싶은 대로 생각하고, 내 마음대로 결론을 낸다. 그것은 듣는 힘이 부족하기 때문이다. 잘 듣기 위해서는 자신의 생각과 마음의 틀에서 벗어나야 한다.

잘 듣고 공감할 때 모임은 활력을 얻는다. 꾸준히 참여하고 싶은 마음이 생기게 되는 것이다. 모임은 내 마음속 이야기를 하고, 내 얘기를 귀 기울여 들어 주는 사람이 있는 곳, 그래서 함께 성장할 수 있는 곳이어야 한다. 함께 성장하기 위해서는 수평적인 관계가 중요하다. 후배는 고민하는 자, 선배는 고민을 해결하는 자로 규정해 놓고 모임을 하거나, 선배는 후배를 가르쳐 줘야 한다는 생각으로 접근을 하면 서로 힘들어진다. 선배도 고민이 있고 후배도 그 해결점에 대한 생각이 있을 수 있다. 모임의 기본은 수평적인 관계이며, 동등한 관계에서 함께 배운다는 생각을 갖고 접근할 때 서로 편안하다.

현대 사회는 개발이라는 이름으로 옛날부터 있었던 그 길과 그 나무를 파헤치고 아파트를 짓는다. 도시의 공간은 자연과 단절되고, 저 홀로 외로이 하늘로 쭉쭉 뻗어 있다. 도시인들은 주말이 되면 시골로 떠난다. 바람에 나뭇잎 흔들리는 소리, 창가에 빗방울 떨어지는 소리, 돌멩이 사이를 가르며 흐르는 시냇물 소리에 마음의 안정을 찾는다. 인간도 자연의 일부이기에 자연 속에 머무를 때 편안한 마음이 흐르나 보다.

도시의 공간은 이미 과거의 흔적을 찾을 수 없다. 아이들이 뛰놀던 골목이 사라지고, 빌딩 숲을 이뤘다. 빌딩 숲에서는 차가운 직선만 느껴진다. 고향에 가면 그 공간은 편안하다. 수십 년, 수백 년 전 그 길, 그 나무, 그 냇물이 그 자리에 그냥 있기 때문일 것이다. 옛 추억이 그대로 있을 때 사람은 안정감을 느끼게 된다.

깊은 숲, 냇물 소리에서 느끼는 평화로운 기운이 우러나도록, 고향에서 느끼는 포근함이 묻어나도록 우리의 모임 공간을 만들어 보자. 원형의 자리 배치에서 편안한 기운이 흐르고, 편안한 기운 속에서 수평적인 관계가 유지되며, 수평적 관계에서 편안하게 서로 배우고 성장할 수 있는 것이다. 서경혜 교수는 《교사학습공동체》에서 몇몇 교사의 일방적인 지식의 전달이 아니라 서로 동등한 관계에서 자유로운 교류가 이루어져야 함을 강조하고 있다.

교사의 학습은 일방적인 전수가 아니라 자유로운 교류와 공유를 통해 이루어진다. 대학 교수가 학교 교사들에게 일방적으로 지식을 전달하는 것이 아니라, 유명 교사가 일반 교사들에게 비법을 전수하는 것이 아니라, 또는 고참은 가르치고 신참은 배우는 일방적인 관계가 아니라, 다양한 경력과 능력을 가진 교사들이 서로 동등한 관계에서 그들의 전문성을 자유롭게 교류, 공유하면서 서로 가르치고 배우며 개인의 전문성은 물론 공동의 전문성을 형성 발전시킨다.[5]

## 발언할 시간을 균등하게 배분하다

생각을 편안하게 발언할 수 있는 분위기가 만들어졌다고 하더라도, 말할 기회가 주어지지 않는다면 나처럼 소극적인 사람은 능동적인 행동인이 되는 것이 아니라 수동적인 방관자가 될 수밖에 없다. 어떤 모임이든 말하는 것을 좋아하는 사람 몇 명이 분위기를 주도한다. 둥그렇게 앉아서 돌아가면서 이야기를 하는 중에, 말하는 이가 한 호흡 쉬는 틈을 타 자신의 생각을 이야기하는 경우가 있다. 이것은 그 사람의 잘못이라기보다는 그동안 진정한 토론 문화를 접해 보지 못했기 때문이다.

어떤 사람은 생각나는 대로 즉시 표현하고, 어떤 사람은 머뭇거리다 한 마디도 못 하고 모임이 끝나기도 한다. 모임을 이끄는 사람은 모두가 균등한 시간을 가지고 생각을 이야기할 수 있도록

5. 서경혜, 《교사학습공동체》, 학지사, 2015, 170~171쪽

세밀하게 진행해야 한다. 모두가 균등하게 말하는 것을 원칙으로 정하고, 서로 조금만 신경 쓰면 금방 토론 문화는 성장한다. 처음에는 돌아가면서 이야기하는 것을 어색해하거나 불편해하는 경우도 있다. "난 돌아가면서 얘기하는 것은 좀 그래, 그냥 편안하게 말해야 좋지."라고 얘기하는 교사도 있었다. 물론 서양처럼 자연스럽게 서로를 존중하며 이야기하는 문화가 형성되었다면 굳이 돌아가면서 이야기하지 않아도 된다. 하지만 우리의 문화는 그렇지 않다. 말하는 사람은 계속 말하고, 듣는 사람은 계속 듣는 경우가 많다.

한 명의 교사도 소외되지 않도록 하면서 대화와 토론이 진행되어야 한다. 수업에서도 한 명의 아이도 소외되지 않도록 수업을 디자인하는 것이 중요하듯, 학습공동체에서도 모든 교사가 동등하게 발언의 기회를 가질 수 있도록 해야 한다. 동그랗게 앉아서 돌아가면서 이야기를 하면 누구나 다 발언할 수 있다. 이야기를 다 듣고 서로 궁금한 것, 모르는 것은 질문하고 토론으로 진행하면 된다. 그렇게 진행을 해도 말하는 것을 즐기며 혼자만의 이야기를 계속하는 교사가 꼭 있기 마련이다. 그럴 때는 말하고 있는 교사의 마음이 다치지 않도록 배려해 가면서 적절한 시점에 말을 잘 받아서 발언을 거의 하지 못한 교사가 이야기할 수 있도록 기회를 주는 것이 모임을 진행하는 진행자의 역할이다.

여름이 절정에 달하면 나뭇잎은 푸르다 못해 검은 기운이 감돈다. 나뭇잎마다 펼쳐지는 검푸른 빛은 저마다, 햇살과 바람과 비를 똑같이 나눠 가진 결과이리라. 서로를 위해 나뭇잎들은 적당한 공간을 유지하며 매달려 있다. 서로에 대한 존중이다. 사람 사이에도 서로에 대한 배려와 존중이 필요하다. 모임 시간 전체에서 나에게 주어진 시간을 생각해 보는 것, 그리고 말하는 시간을 조절해 보는 것, 이것이 타인에 대한 존중이다. 서로의 귀중한 시간을 살펴 주고, 의미 있는 시간으로 이끄는 문화가 형성된 학습 공동체에는 신비한 모임의 법칙이 존재한다.

그것은 사람이 많을수록 일찍 끝나고, 사람이 적을수록 늦게 끝난다는 것이다. 모임에 참여한 사람이 많으면 비슷한 시간의 비율로 발언을 해야 하기 때문에 서로의 시간을 존중해, 핵심만 간단히 이야기한다. 그러나 모임에 참여한 인원이 적을 때는 좀 더 깊이 있게 나누기 때문에 상대적으로 시간이 더 걸린다. 따사로운 햇살 한 줌, 부드러운 바람 한 결, 시원한 비 한 방울을 똑같이 나누려는 자연의 섭리 속에서 인간은 또 하나의 지혜를 얻어서 실천할 수 있다.

어느 모임이든 말을 많이 하는 사람이 있고, 적게 하는 사람, 아예 안 하는 사람이 있기 마련이다. 말을 안 한다고 해서 그 사람의 몫까지 이야기를 많이 하는 것은 그 사람을 존중하는 모습이 아니다. 말하기를 어려워하는 사람에게도 자신의 생각을 표현할 수 있는 기회를 주어야 한다. 모임의 리더는 말을 많이 하는 경향이 있는 사람이건 그렇지 않은 사람이건 간에 동등한 시간을 배분해 모두가 비슷한 양의 생각을 표현할 수 있는 시간을 확보해 주어야 한다.

열 명이 한 시간 동안 모임을 갖는데 한 명이 30~40분 정도를 이야기하는 경우도 있었다. 나머지 사람들은 무한한 인내심이 필요했다. 열 명이 한 시간의 모임을 한다면 한 명은 6분 정도 시간을 사용할 권리가 있는 것이다. 당연히 그 모임은 3월에 딱 한 번 이루어지고 그다음에는 이루어지지 못했다. 하고 싶은 말이 있어도 나보다 적게 한 사람이 있을 때는 참을 줄 아는 지혜가 필요하다.

한두 명이 이야기를 독점할 때는 제한 시간을 정하고 스톱워치를 쓰는 방법도 있다. 책을 많이 읽으면 할 말도 많다. 시내 북카페에서 처음 독서 모임을 할 때, 시간이 너무 길어져 11시를 넘기는 경우도 있었다. 제한 시간을 두고 손전화의 스톱워치 기능을 이용했다. 처음 몇 번 기계의 도움을 받아 모임을 진행한 후에는 자연스럽게 서로를 배려하면서 시간을 안배하여 말하게 되었다. 모임 내내 자신의 생각을 표현할 수 있는 기회를 한 번도 얻지 못했다면 그 모임에 또 참여하고 싶지는 않을 것이다.

사람은 성장하고 싶은 욕구를 가지고 있다. 함께하는 것만으로도 성장할 수 있는 공간이 학습공동체다. 가산점이나 승진 같은 비본질적인 것에 끌리다 보면 몸과 마음이 지치고 힘들다. 자발적으로 진정성을 가지고, 성장하고자 하는 본질적 욕구에 충족하기 위해서는 균등하게 발언할 수 있어야 한다. 모임을 이끄는 리더는 진정한 용기가 필요하다. 그 진정한 용기란 바로 '말을 하지 않을 용기'다. 리더는 편안하게 말을 할 수 있는 위치에 있는 사람이다. 다른 사람이 이야기할 때마다 자신의 생각을 덧붙여 얘기한다면, 그만큼 함께 있는 사람들이 표현할 수 있는 시간은 줄어든다. 하고 싶은 말이 있어도 조금은 참으면서 다른 사람에게 말할 기회를 좀 더 줄 때 모임은 활력을 얻어 역동적이 된다. 함께하는 것 자체만으로도 성공의 경험을 느낄 수 있는 것이다.

한 사람의 전문성은 외부의 강의 몇 번 듣는 것으로 형성되지 않는다. 그 사람의 내면으로부터 나와야 한다. 아무리 외부의 전문가로부터 질 높은 강의를 제공받는다고 하더라도 주체적인 협의와 대화가 없으면 성장은 힘들다. 함께 모여 꾸준히 논의하고 토론할 때 전문성은 형성될 수 있다.

민주적인 토론 문화를 형성하는 것은 생각보다 힘들다. 수업은 열심히 고민하고, 나누고, 준비하면 바뀔 수 있다. 하지만 토론은 사람과 사람의 관계 속에서 형성된다. 민주적인 토론 문화의 첫걸음, 신뢰의 첫걸음은 누구나 균등한 수준의 발언권을 갖는 것이다. 서로에 대한 신뢰가 없으면 입을 다물게 된다. 어렵게 한 말 한마디가 뒤에서 도마에 오른다면 그 당사자는 또 다른 상처를 받고, 신뢰는 무너지게 된다.

성숙한 토론 문화를 위해서는 의견은 그냥 의견으로 받아들여야 한다. 거기에 사람의 감정과 생각의 프레임을 덧씌우면 서로의 관계는 서서히 곪아 갈 수밖에 없다. 토론의 원칙을 세우자. 어떤 생각을 표현해도 안전한 토론 문화를 만들어 보자. 서로의 생각과 의견을 존중하자. 서로를 인간적으로 존중하자. 그러면 신뢰가 쌓이고, 마음 놓고 말할 수 있는 분위기가 조성될 수 있다.

모두가 편안하게 발언할 수 있는, 열띤 토론이 벌어지는, 발언하는 것에 대한 두려움이 없는 토론 문화를 만들어야 한다. 진정한 공동체는 일사분란하게 움직이는 것이 아니라 자연스럽게 격렬한 토론과 논쟁들이 오가는 것이다. 보다 많은 생각 속에서 창의적인 생각이 나오기 마련이다. 그 창의적인 생각을 바탕으로 학교가 운영될 때 한 단계 높은 민주적인 문화를 형성할 수 있다.

## 책 읽기는 가족의 삶과도 연결된다

부모는 텔레비전을 보면서 아이에게는 공부를 하라고 하면 아이는 어떤 느낌이 들까? 텔레비전 소리가 아이 공부방에까지 들린다면 집중해서 공부하기는 힘들 것이다. 지금은 100세 시대이며, 평생공부를 필요로 한다. 항상 배우는 부모의 모습을 보고 자란 아이는 배우는 것을 자연스럽게 생각한다. 아이들은 부모의 책 읽는 모습을 보면서 읽기에 대한 거부감이 사라진다. 읽는 문화가 자연스럽게 형성되는 것이다.

큰아이 소영이가 중학생 때까지만 해도 날마다 가족 독서 시간을 가질 수 있었다. 그러나 소영이가 고등학교에 들어가면서 서로 시간을 맞추기가 힘들었다. 집안일을 하다 보면 가족 독서 시간을 깜박 잊고 지나쳐 버리기 일쑤다. 그래서 생각한 것이 알람이었다. 스마트폰에 가족 독서 시간이라고 입력하고, 알람 시간을 설정한다. 처음에는 알람이 울리면 막내 승관이가 스마트폰을 갖고 얼른 방으로 들어가서 숨기곤 했다. 그러나 내가 이미 소리를 들은 상태라 그건 소용없는 짓이다. 소용없는 짓인 걸 알면서도 승관이는 여러 차례 그런 행동을 해서 우리를 웃게 만들었다.

가족 독서 시간을 정하기 전에 꼭 필요한 것은 서로 간의 합의다. 내가 독서 시간을 정해서 제시한 적이 있는데, 아이들은 엄마가 일방적으로 정한 것이기에 지키지 못하겠다고 했다. 그래서 다음부터는 꼭 합의하여 독서 시간을 정했다. 물론 학기 중과 방학 때의 독서 시간은 약간 달랐다. 저녁 8시에 알람을 맞춰 놓고, 기본 30분 읽기를 했다. 그러나 30분만 읽진 않는다. 책을 읽다 보면 흥미를 느껴 한 시간 이상 읽게 된다. 거실에 온 가족이 모여서 책을 읽을 때, 조용히 책장 넘기는 소리가 고요한 집 안의 기운을 압도한다. 평화와 풍요가 느껴지는 순간이다. 소파에 엎드려 보는 아이도 있고, 거실 바닥에 벌렁 누워서 읽는 아이도 있다. 내 옆 책상에서 읽는 아이도 있다. 나는 대부분 거실 책상에 바른 자세로 앉아서 읽는 편이다. 엎드리거나 누워서는 오랜 시간 읽기가 힘들다. 그러나 아이들은 엎드려서도 한참을 읽는다.

이러한 가족 독서는 자연스럽게 가족 독서 토론으로 이어졌다. 토론의 형식은 다양했다. 일단 독서록은 꼭 썼다. 자신이 기록한 것을 바탕으로 생각을 이야기하기도 하고, 서로 질문을 하고, 답을 하기도 했다. 아이가 세 명이니까 돌아가면서 한 명은 질문을 하고, 두 명은 답을 하면 좀 더 재미있게 진행되기도 했다.

문지현, 김수경의 《십대 고수답게 싸워라》라는 책을 함께 읽고 토론했다. 이 책에는 10대 아이들이 분노를 어떻게 표출하고, 어떻게 해결하는지에 대한 다양한 사례가 나온다. 큰딸 소영이는 맨 처음 나오는 용수 이야기가 마음에 와 닿는다고 했다. 용수는 항상 동생과 비교당하며 자라 왔다. 동생은 성적표를 꺼내 자랑하면서 형은 몇 등이나 했는지 묻는다. 성적이 떨어진 것을 알면서도 묻는 동생에 대해 형이 짜증나는 것은 당연하다는 생각이 들었다고 했다. 용수는 엄마가 동생과 은근히 비교하는 것을 보면서 화가 치밀어 오르고 자존심이 상했다. 큰딸 소영이는 귀찮을 때도 참고 성실하게 생활해야겠다는 다짐을 이야기했다.

둘째 딸 민영이도 용수 이야기를 하였다. 형 입장에서는 '동생이 없었으면 좋겠다'라는 생각을 했을 것이고, 내가 동생이라면 엄마에게 성적표를 보여 주되 좀 더 겸손하게 해야겠다고 이야기했다. 이 시기에 막 중학생이 된 민영이는 시험에 대한 두려움이 있고 학원에 대한 스트레스도 있지만, 그래도 공부하기는 괜찮고 대체로 만족스럽다고 말했다.

막내 승관이는 '수민과 보영 이야기'에 등장하는 수민이 오빠 수혁이가 용감하다는 생각을 했단다. 아빠한테 감정을 표출할 수 있다는 자체가 용감하다는 것이다. 그러면서 자연스럽게 아빠 이야기로 넘어갔다. 둘째 딸 민영이는 아빠가 안아 줄 때 가장 좋다고 했다. 막내아들 승관이는 아빠가 보고 싶지 않은 다큐멘터리를 보여 주기도 하는데, 어차피 자신은 딴짓을 한다고 했다. 큰딸 소영이는 다큐멘터리는 의미 있는 것이기 때문에 보고 이해하려고 노력한다고 했다.

자연스럽게 나온 논제는 '화를 내는 것, 즉 분노 표출이 왜 문제가 되는가?'였다. 민영이는 사람과의 사이가 나빠지고, 화를 내는 것 자체가 습관이 되어 사회 생활하기가 어려워진다고 이야기했다. 화내는 것이 습관이 되면 잘 모르는 사람은 오해할 수도 있고, 또 주변 사람들은 기분이 나빠질 수 있다는 것이다.

큰딸 소영이는 화를 다른 방법으로 표현하면 좋겠다는 생각을 이야기했고, 이를 받아서 승관이가 글로 표현한다든지 편지로 표현하는 방법도 있다고 말했다. 둘째 딸 민영이는 스트레스를 받거나 화나는 일이 있을 때, 영화를 보거나 친한 친구 지수랑 수다를 떤다고 했다. 아이들이 책을 매개로 해 토론하는 것을 들으면서 엄마로서 반성하는 시간을 가졌다. 나는 세 아이를 비교하는 말을 하지는 않았는지, 공부에 대해 스트레스를 주지는 않았는지, 하기 싫은 일을 억지로 시키지 않았는지에 대해 한참을 생각했다.

엄마가 항상 책 읽는 모습을 보고, 함께 읽으면서 자랐기 때문에 우리 아이들은 책 읽기에 대한 두려움은 없다. 두꺼운 책도 편하게 선택하여 읽는 편이다. 아이들에게는 책 읽는 것이 그냥 일상으로 느껴지는 것이다. 세 아이의 책 읽는 성향은 다르다. 큰아이는 자기 계발서에 주로 관심을 두고, 둘째 아이는 판타지 소설을 좋아하지만 스스로 절제를 하며 다양한 분야의 책을 읽는다. 셋째는 추리 소설, 특히 하야미네 가오루의 책을 좋아하며, 나중에 추리 소설 작가가 되고 싶어 한다. 우리 아이들이 엄마의 욕심만큼 읽지는 않지만, 나중에 어른이 되어 자신이 꼭 필요하다고 느낄 때 스스럼없이 책을 뽑아 들리라 믿는다.

## 경청: 잘 말하려면, 잘 들어야 한다

우리가 하루 종일 가장 많이 하는 것이 듣기다. 가만히 있으면서 아무것도 듣지 않는 것처럼 느껴질 때도 우리에겐 여러 가지 소리가 들린다. 그러나 의식하지 않으면 그 소리는 나에게 아무런 의미도 없다. 귀를 기울이는 순간 나에게 의미 있는 소리가 된다. 아침 일찍 일어났을 때 테라스에서 까치 소리가 들릴 때도 있다. 가만히 다가가면 나뭇잎 흔들리는 소리도 들린다. 더 가까이 다가가면 매화에 붙어 꿀을 빨아 먹으려는 벌의 날갯짓 소리도 들을 수 있다. 더 자세히 들어 보면 봄바람이 담장을 넘어오는 소리도 들을 수 있다. 내 몸과 마음을 밀착시킬수록 자연의 소리가 내 안으로 들어온다. 사람의 말도 더 잘 듣기 위해서는 내 몸과 마음을 상대에게 밀착시켜야 한다.

상대방의 말을 잘 듣기 위해서는 먼저 다양하게 읽어야 한다. 다양한 분야의 책을 읽을 때 다양하게 들을 수 있다. 책을 읽으면 새로운 것을 발견하게 되고, 새로운 것을 들을 수 있는 힘이 생기는 것이다. 그러면서 인간은 조금씩 발전하게 되는 것이다. 상대방과 이야기할 때 가장 기본은 듣기다. 인간이 입은 하나인데 귀는 두 개인 것은 아마 말하기보다 듣기를 두 배 정도 더 하면서 살라는 우주의 섭리가 아닐까?

잘 들어 주는 사람에게 잘 말하게 되고, 속내까지도 이야기하면서 신뢰가 쌓이게 된다. 상대의 말에 집중할 때, 가만히 듣기가 가능하다. 듣기는 교사의 기본이다. 아이와 상담을 할 때 판단하지 말고 아이의 말 그대로를 인정하고 들어 주어야 한다. 교사가 판단을 하여 조언을 하는 순간 아이는 마음을 닫고, 입을 닫는다. 《읽기의 힘, 듣기의 힘》에서 심리학자인 가와이 하야오는 "말하면 들어라, 말하지 않아도 들어라."라면서 무조건 듣는 것이 중요함을 강조하고 있다.

> 나를 찾아온 클라이언트와 상담을 할 때에 기본은 '듣는' 것입니다. 스모에 이런 말이 있습니다. "밀면 밀어라, 당기면 밀어라." 미는 것이 스모의 기본이라는 말입니다. 나는 카운슬러의 기본은 "말하면 들어라, 말하지 않아도 들어라"라고 생각합니다. 무조건 듣는 것이 기본이어서, 상담하러 온 사람이 하는 말을 참을성 있게 듣습니다.[6]

---

6. 다치바나 다카시 · 가와이 하야오 · 다니카와 순타로, 《읽기의 힘, 듣기의 힘》, 이언숙 옮김, 열대림, 2007, 229쪽

이렇게 남의 이야기에 귀 기울이며 들으면 그 슬픔이 나에게 전해져서 나도 슬퍼진다. 그것이 공감이다. 공감하여 들을 때 진실의 목소리가 들린다. 남을 위해 온 마음을 다해 듣기도 하지만 나를 위한 듣기도 있다. 사람은 어떤 일이 발생했을 때 온갖 생각에 휩싸이면서 판단을 하고, 스스로를 고통 속에 몰아넣기도 한다. 이때 자신의 내면에 귀 기울여 보자. 진정한 나를 발견할 수 있다. 고통의 진짜 원인이 무엇인지, 우울함의 진짜 원인이 무엇인지 들을 수 있는 것이다. 흙탕물 속에는 무엇이 있는지 보이지 않는다. 하루에 저절로 생겨나는 수만 가지 생각 속에 갇혀 있으면 간절한 나의 소리를 들을 수 없다. 오만 가지 생각에 묻혀 있는 자신에게서 한 발짝 물러나 가만히 들여다보자. 흙탕물도 시간이 지나면 저절로 가라앉아 맑아지듯이, 온갖 생각이 가만히 사라지고 내면의 소리를 들을 수 있게 된다.

이렇게 물도 고요할 때 그 안을 들여다볼 수 있듯이 사람도 마음을 고요히 한 후 자신을 살필 수 있고, 생각에 집중할 수 있는 것이다. 그다음에 깨달음을 얻을 수 있다. 자신의 마음의 소리를 듣고, 다스림이 가능한 사람이 인격적으로 성숙한 사람이다. 이것은 누가 대신해 줄 수 있는 것이 아니라 스스로 갈고 닦아야 하는 것이다. 함께 읽고, 함께 나누고, 타인의 마음에 귀 기울이는 과정을 통해 스스로 다듬어진다.

개인의 이해득실에서 벗어날 수 있다면 마음은 외부의 제약에서 자유로울 수 있다. 외부의 많은 스트레스에서 마음의 여유와 안정을 가질 수 있는 능력이 필요하다. 어떤 소리에도 마음이 동요되지 않고 평화로움을 유지할 수 있는 경지에 이른 삶은 진실된 마음으로 정성을 다하여 들을 때 가능하다.

너를 위하여 듣기도 하고 나를 위하여 듣기도 하지만, 독서 모임은 모두를 위해서 듣는 시간이다. 서로에게 귀 기울여 들을 때 모임의 분위기는 살아난다. 서로에게 생명을 불어넣는 역할을 한다. 지치고 힘든 몸으로 모임에 참여하고 나면, 단지 내 얘기를 하고 타인의 이야기를 들은 것뿐인데, 삶의 활력을 얻는다. 그 힘으로 또 독서를 시작하고, 생동감 있는 하루를 살아 낸다.

제대로 듣는다는 것은 그것에 대해 이해하여 잘 안다는 것이다. 상대방이 말한 의도를 정확하게 파악하고, 그 말이 논리적인 오류는 없는지 생각해 보는 것이다. 그러면서 분별력과 판단력이 높아진다. 이 지적 능력을 바탕으로 좀 더 합리적이고, 논리적으로 말할 수 있게 된다. 김진애는 《왜 공부하는가》에서 "많이 듣고 잘 듣자! 모든 소통의 근본은 듣기고, 모든 공부의 기본은 잘 듣기다."라고 하면서 듣기가 배움의 기본임을 강조하고 있다.

잘 들으면 더 많은 정보를 알 수 있다. 더 많은 정보를 알면 더 잘 말할 수 있다. 잘 듣는 사람이 잘 배울 수 있고, 잘 말할 수 있게 된다. 그냥 침묵하면서 말하는 사람을 쳐다보기만 한다고 해서 잘 듣는다고 할 수 없다. 들으면서 호응을 하는 언어나 몸짓을 해 줘야 한다. 즉 맞장구를 쳐야 한다.

좀 더 적극적으로 듣는 것은 상대방에게 질문을 하는 것이다.

질문을 받으면 상대방은 존중받는다는 느낌이 들고, 좀 더 깊은 이야기를 하게 된다. 남이 이야기할 때 '저 사람 이야기가 끝나면 내가 얼른 이 이야기를 해야지'라고 생각하는 경우가 있는데 그것은 듣는 것이 아니다. 그러면 소통은 힘들어진다. 그럴 경우 제대로 핵심을 짚어서 이야기하지 못하고, 깊이 있게 나누지 못한다.

상대의 말과 행동이 자신의 가치나 신념과 맞지 않을 때 이야기하기를 꺼리게 된다. 그러나 사람이 원래 가지고 있는 선함에 다가선다면 그 사람의 마음과 느낌을 잘 들을 수 있다. 진실된 마음으로, 상대방을 존중하는 방식으로 판단하지 않고 듣는다. 듣기는 존중의 가장 기본적인 자세이며, 서로 공감할 수 있는 마지막 연결고리다. 다른 사람이 주는 말을 공감하며 받을 줄 알며, 그가 원하는 것이 무엇인지를 들어야 한다. 그러면 그 사람의 진정한 의도와 에너지의 흐름을 느낄 수 있다.

어떤 장소든 간에 끊임없이 이야기를 주도하는 사람이 있다. 그것은 자기 존재를 드러내고 싶은 욕구가 강해서다. 자신을 드러내기 위해 발버둥칠수록 존재 자체는 먼지처럼 가벼워질 뿐이다. 자기의 이야기를 하기보다는 주변 사람에게 질문을 던지고, 그의 대답에 귀 기울여 듣는다면 훨씬 진정성 있게 느껴진다. 말하는 것보다 듣는 것, 즉 경청이 중요하다. 그래서 '경청 리더십'이라는 말도 생겨났다. 말을 잘 하는 사람이 진정한 리더가 되는 것이 아니라, 하고 싶은 말을 참고, 잘 경청하는 사람이 진정한 리더가 될 수 있다.

## 책 읽기와 독서 토론은 결과가 아니라 학습의 과정

책을 읽고 토론을 하는 것 자체가 학습이다. 두뇌의 발달을 위해서는 자극이 중요하다. 토론은 뇌를 자극한다. 서로 질문하고, 대답하고, 자신의 생각을 나누는 것은 뇌에 역동적인 자극을 준다.

토론을 통해 다양한 관점, 다양한 견해를 갖게 된다. 내가 여태껏 당연하게 생각한 것도 다시 한 번 생각할 수 있는 기회를 갖는다. 무조건 암기하는 것은 두뇌 발달에 도움을 주지 않는다. 그러나 그동안 아이들 학습의 주된 방법은 암기였다. 단순히 암기를 하는 것은 뇌를 자극하지 못한다. 뇌는 단순히 반복하는 것을 싫어한다. 새로운 생각을 하고 다양한 생각을 할 때 뇌는 움직이고 발달하게 되어 학습 능력이 향상된다.

토론을 통해 경청 능력도 기르고, 의사소통 능력도 기를 수 있다. 인간의 삶은 모두 관계의 연속이라고 할 수 있다. 어떻게 관계 맺음을 하느냐에 따라 삶의 수준도 달라진다. 의사소통 능력은 편안한 관계 맺음의 핵심이다.

토론은 가장 고전적인 방법이며 미래지향적인 방법이기도 하다. 소크라테스는 넓은 광장에서 토론을 통한 배움을 이끌어 냈다. 끊임없이 질문하면서 상대방의 사고력을 자극했다. 토론은 철학하는 사람들의 가장 기본적인 방법이며 깨달음을 얻는 원천이다. 의문이 생기면 질문하고, 그에 대한 답을 하면서 무한한 지적 유희를 느낄 수 있다.

미래 사회를 이끌어 갈 지금의 우리 아이들에게 요구되는 것이 토론 능력이다. 토론을 하면서 자기 표현 능력도 생기고, 분석력, 창의력, 문제해결 능력이 형성된다. 다양성을 인정하면서 어느 한 곳에 치우쳐서 세상을 바라보는 편협한 생각이 아니라 열린 마음으로 대상 세계와 소통할 수 있는 힘이 생긴다. 토론을 하는 순간 삶의 방관자가 아닌 참여자가 된다. 자신의 생각과 느낌, 어떻게 살 것인가에 이르기까지 다양한 표현은 자신의 삶을 적극적으로 살아가도록 만든다.

토론을 잘 하는 아이는 미래를 살아가는 힘을 갖고 있는 것이다. 시험 성적은 높지만 토론을 힘들어 하는 아이가 있다. 그것은 단순 지식을 암기하는 힘은 있으나 두루 생각하고 깊이 생각하는 힘이 부족한 것이다. 그렇게 되면 아이가 성장하는 데 한계가 있다. 토론을 잘 하는 아이는 잘 배운다. 토론 능력을 기르기 위해서는 많이 읽어야 한다. 읽으면 생각 거리들이 생기고, 그 거리들을 바탕으로 토론할 수 있는 힘이 생긴다. 또한 토론을 하기 위해서는 상대방의 말을 잘 들어야 하고, 존중해 줘야 한다.

듣는 태도를 보면 인성의 정도를 파악할 수 있다. 상대방을 존중하는 마음으로 이야기를 하면 아무리 다른 의견이라고 하더라도 마음이 상하지 않는다. 그러나 상대방의 입장이나 생각은 아랑곳하지 않고, 자신의 이야기를 일방적으로 하면 관계에 상처를 준다. 토론을 하면서 자연스럽게 나와 다른 의견을 바라볼 수 있는 힘이 생기고, 기다리는 힘도 생기면서 인성 형성에 도움이 된다.

처음부터 토론을 잘 하는 사람은 없다. 토론 능력은 학습되는 것이다. 책을 읽고 토론을 하면 할수록 좀 더 논리적이고 체계적으로 말할 수 있는 힘이 생기게 된다. 반복의 힘은 세다. 반복해서 계속 토론을 하다 보면 뒷심이 생기는 것이다. 그 뒷심으로 다양한 생각을 하고, 창의적은 생각을 하여 잘 배울 수 있게 된다.

## 강연을 듣기 전에 책을 읽고 공감하자

잘하는 아이에게는 상을 주고 잘못하는 아이에게는 벌을 주는 것이 교육적으로 정의로운 것이고, 효과가 있는 것인가에 대한 의문이 자꾸 들었다. 그러면서 찾게 된 방법이 회복적 생활교육이다. '회복적 생활교육'이라는 말도 생소하고, 구체적인 교육방법도 알지 못하기 때문에 답답했다. 우리 학교 교사들은 먼저 책을 통해 함께 배우기로 했다. 관련 책으로 현직 교사인 박숙영의 《공동체가 새로워지는 회복적 생활교육을 만나다》를 선택했다. 이 책의 핵심은 '아이들 한 명 한 명을 존중하고 사랑해야 한다. 응보적 정의가 아닌 회복적 정의를 바탕으로 아이들을 바라봐야 한다. 아이들은 갈등을 통해 성장할 수 있는 힘이 있고, 이것을 이끌어 내는 것이 교사의 역할이다.'라고 할 수 있다. 저자는 권위에 의존한 생활지도 방식은 끝났으며, 개인의 자율성에 기초한 생활교육이 중요하다고 이야기하고 있다.

사회가 발전해 갈수록 서로 다른 것에 대한 존중, 개인의 자율성에 대한 인정, 다양성의 가치가 중요하게 여겨지고 있다. 이러한 시대적 변화는 학교 사회에서도 마찬가지다. 학생들은 더는 교사의 권위적인 지도에 무조건적으로 순응하기를 거부한다.[7]

아이들의 잘못된 행동에 대해 교사들의 일반적인 대응은 강압과 벌이다. 아이들은 그 순간 순응하는 것처럼 보이지만 교사가 없는 곳에서는 그 효과가 사라진다. 강압과 벌은 행동의 변화를 이끌어 내는 것이 아니라 더 심한 수치심으로 잘못된 행동을 반복하게 만들기도 한다. 잘못에 대한 처벌보다는 배려와 존중으로 다시는 잘못하지 않도록 도와주는 것이 중요하다. 이 책을 읽고 서로의 생각을 나눈 내용의 일부를 담았다.

> **이상민** 많은 책에서 설명하는 것처럼 더 이상 교사가 권위를 내세워 학생들을 훈계하는 시대는 지났다. 잘못을 범한 학생에게 당시의 감정에 휩싸여 꾸중을 하기보다는 스스로 어떤 것을 잘못했는지 깨닫게 하는 것이 중요하며, 둘 중 누가 잘못했느냐를 따지는 것이 아니라 둘 사이의 관계를 회복시키는 것이 중요하다. 하지만 막상 머리로 아는 것과 행동으로 옮기는 것은 어렵다는 것을 느낀다. 단지 책을 읽고 이해하고 넘어가는 것이 아니라 계속 상기시켜서 습관처럼 삼는 게 중요하다고 생각한다.

---

7. 박숙영, 《공동체가 새로워지는 회복적 생활교육을 만나다》, 좋은교사, 2014, 29쪽

**이정규** 벌에 대해 다시 생각해 보는 계기가 되었다. 잘못을 했을 때 벌을 통해 고통을 주는 게 목적이 아니라 행동교정이 중요하다. 싸웠을 때 상대방 말을 그대로 따라 하도록 하는 방법을 통해 상대방을 이해할 수 있을 것 같다. 학생들이 싸우면 교사는 고민이 크다. 감정은 주고받는 것이기 때문이다.

**권경숙** 책 읽는 동안 작년 담임이었던 ○○이가 자꾸 떠올랐다. ○○이의 행동을 바르게 이끌기 위해 계속 잔소리를 했는데 그 아이한테는 그로 인해 더 힘들 수 있다는 생각을 했다. 지금은 더 온유하게, 더 여유 있게 잘 대할 수 있을 것 같다. ○○이한테 공감보다는 지적에 치중하지 않았나 생각해 본다.

담임교사의 역할은 중요하다. 특히 중학교 1학년 담임교사는 중학교 생활의 기반을 잡아야 하기 때문에 더욱 중요하다. 학생들이 싸웠을 때 그냥 잘못을 지적하면서 혼내는 것이 아니라 서로 관계를 회복할 수 있도록 차근차근 서로의 입장을 이야기하고, 공감하는 시간을 갖는 방법을 사용하면 좋겠다. 학급에서는 교사의 리더십이 중요하다. 단순이 지도하는 것이 아니라 상황을 공감할 때 진정한 리더십이 발휘되는 것이다.

이렇게 함께 읽고 나눈 후에 비폭력 평화물결 대표인 박성용 박사와 학교 현장에서 실천하신 선생님의 강의를 들었다. 함께 공감하고 강의를 들으니 학교 현장에 적용하는 것이 훨씬 수월했다.

3학년 학생 중에 수업 시간마다 조는 아이가 있었다. 그 아이는 지난해에도 그랬고, 지지난해에도 그랬다. 그 아이의 담임교사는 고민하기 시작했다. 일단 원인을 찾아보았다. 밤늦게까지 게임을 하는 것은 아니다. 다만 부모님과 떨어져서 할머니와 함께 사는데, 할머니는 병원에 계신다. 사랑이 부족해 계속 엎드려 잘 수도 있다는 생각이 들었다. 같은 반 아이들과 담임교사는 그 아이를 도와주기로 했다. 일단 잠을 자면 주변 친구들이 깨워 주었다. 그래도 계속 잤다. 수업 시간에 자는 행동에 대해 담임교사는 벌을 주는 것이 아니라 도움을 주고 싶었다.

"○○야. 수업 시간에 항상 자니까 선생님 마음이 아프구나."

"…"

"선생님은 ○○이가 잠을 자지 않고 수업에 집중할 수 있도록 도와주고 싶은데, 무슨 좋은 방법이 있을까?"

"제가 졸리면 뒤에 나가서 서 있어 볼께요."

이 상황에서 교사가 수업 시간에 잠자는 것에 대해 벌을 가했다면 아이는 떠나 버린 부모님 생각, 아픈 할머니 생각이 겹치면서 더 많은 상처를 받으며 더 깊은 잠에 빠져 버릴 수도 있다. 교사의 아이에 대한 존중과 배려는 아이를 건강하게 자랄 수 있도록 도와준다.

엄격한 교사 밑에서 아이들은 질서를 지키며 평화가 유지되는 것처럼 느껴지지만 사실 그것은 갈등이 가려진 상태라고 할 수 있다. 허용적인 교사 밑에서는 오히려 갈등이 더 잘 드러나고 학급이 혼란에 빠질 수도 있다. 적당한 경계를 세우는 것이 중요하다.

무섭고 엄격한 교사의 학급은 대체적으로 조용하고, 마치 갈등이 없는 것 같다. 하지만 정확히 말하면 갈등이 잘 드러나지 않는 것일 수 있다. 무서운 교사의 학급은 갈등이 억압되기 쉽기 때문이다. 그래서 잘 드러나지 않는데 갈등은 억압되면 억압될수록 골이 깊어지고 문제가 더욱 심각해진다. 반면에 허용적인 교사의 학급은 갈등이 잘 드러난다. 엄격한 학급에 비해 학생들이 자유롭게 자신의 불편함이나 갈등을 표현한다. 하지만 드러난 갈등을 방치하거나 제대로 대처하지 못하면 교사는 갈등의 소용돌이에 휩싸여 통제력을 잃고 학급은 혼란에 빠지고 무질서해질 수 있다.[8]

한 아이 한 아이가 모두 소중하다. 모든 아이를 존중하는 마음을 가지고, 말과 행동을 살펴보자. 잘못된 행동이 보일 때 즉각 벌을 주는 것이 아니라 왜 그런 행동을 했는지 그 이면을 들여다볼 수 있어야 한다.

가만히 들여다보면 소중하지 않은 아이가 없고, 이유가 없는 행동은 없다. 왜 지각을 했는지? 왜 치고받고 싸웠는지? 왜 엎드려 자는지? 아이의 내면에 귀 기울여 보자. 아무리 말썽만 부리는 아이라 할지라도 그 안에 선함이 깃들어 있다. 그 선함을 끄집어 내는 역할을 하는 것이 교사이다. 회복적 생활교육에 대한 책을 함께 읽고 함께 토론했기에 강의가 마음속에 쏙쏙 들어왔고, 적용할 수 있는 힘을 얻었다. 사랑과 존중의 마음을 가지고 기다리자. 아이의 행동에 공감하며 다가가자. 학교생활에서 행복감을

---

8. 박숙영, 같은 책, 117쪽-118쪽

느낄 수 있도록 서로의 관계 회복에 집중해 보자.

손우정의 《배움의 공동체》를 읽고, 저자의 수업에 대한 강의를 들으면 수업과 학교 문화를 바꾸는 데 많은 도움이 되리라는 생각을 했다. 강연이 우리에게 좀 더 깊이 있게 다가와서 현장에 적용하기 위해서는 그만큼의 준비가 필요하다. 수십 명이 같은 강의를 들어도 그것을 내면화하고 실천하는 정도는 다 다르다. 사전에 얼마나 그것을 받아들일 수 있는 역량을 갖고 있느냐에 따라 강의의 영향력 차이는 크게 나타난다. 손우정 박사의 강의를 듣기 전에 책을 함께 읽고, 함께 나눴다.

배움의 공동체 철학으로 공공성, 민주주의, 탁월성에 대해 깨달을 수 있었고, 수업의 중요한 도구가 '대화'라는 것을 알게 되었다. 교사의 '듣기, 연결 짓기, 되돌리기'의 방법은 아이들에게서 대화를 이끌어 낼 수 있으며, 살아 있는 수업을 위한 기본적인 방법이라는 것을 알게 되었다. 대화가 자연스럽게 되기 위해서 'ㄷ' 자형 자리 배치가 편하다는 것도 배웠고, 수업을 볼 때는 교사가 어떻게 가르치는가보다 아이들이 어떻게 배우는가를 봐야 한다는 것도 알게 되었다.

수업의 변화와 성장을 이끌어 내기 위한 기본은 교사가 함께 배우고 적용하는 것이다. 이러한 배움을 바탕으로 손우정 박사를 초청해 수업에 대한 컨설팅을 받고, 강의를 들었다. 미리 적용해 보고, 배움 중심 수업의 어려운 점을 어떻게 풀어 나가야 할 것인가에 대한 고민을 가지고 강의를 들으니 많이 배울 수 있었다.

　교수의 책과 강의도 중요하지만 우리는 실제 학교 현장에서 실천한 교사로부터 배우고 싶었다. 그래서 함께 읽은 책이 박현숙 선생님의 《교사는 수업으로 성장한다》이다. 제목부터 맘에 들었다. 나는 평소에도 '수업은 교사의 생명이다'라는 생각을 했다. 또한 수업을 통해 성장하고, 수업을 통해 행복한 교사이고 싶었다. 이 책을 통해 공개수업 참관 방법을 배웠고, 참관록 형식도 바꿨다. 기존 체크리스트 형식에서 교사가 보고 배운 것을 자유롭게 기록할 수 있도록 양식을 변경했다.

　아이들이 수업에 활발히 참여하고 잘 배울수록 학교에서의 이탈 행동은 덜 일어난다. 수업 속 협력을 통해 아이들의 인성은 자연스럽게 형성된다. 교사가 일방적으로 가르치려는 욕구보다는 학생들이 대화를 통해 참여하는 순간 수업이 살아난다. 우리 학교에서는 박현숙 선생님을 초청하였다. 생생한 현장의 목소리를 들을 수 있었고, 우리가 수업을 바꿔 내고, 수업을 통해 성장할 수 있도록 하는 계기가 되었다.


## 글로 정리하지 못한다면 진짜 실력이 아니다

　읽는 것과 말하는 것, 쓰는 것은 그 성질이 다르다. 뇌는 문장에 쏠린다. 몇몇 사람들에게 동일한 시간 동안 영화와 책을 보게 했다. 사람들은 오랜 시간 후 영화의 장면보다 책의 내용을 훨

썬 많이 떠올렸다. 일시적인 자극은 영상 쪽이 강하지만 오랫동안 무의식을 지배하는 쪽은 문장이다. 책을 다 읽어도 무슨 내용이었는지 기억해 내기가 힘들다. 하지만 우리 뇌에는 흔적을 남기는 것이다. 무슨 일을 할 때, 어떻게 할까 고민하다 보면 방법이 생각난다. 그러나 그 방법은 백지 상태의 뇌에서 창조해 내는 것이 아니다. 언젠가 책을 통해 스친 흔적을 통해 필요할 때 살아 꿈틀거려 주는 것이다.

말을 잘 하기 위해서는 많이 읽어야 한다. 읽는 것은 누구나 할 수 있다. 어떻게 읽는가와 얼마만큼 읽는가의 개인차가 있을 뿐이다. 그러나 말하는 것부터는 많은 차이가 난다. 많이 읽고 깊이 읽은 사람이 논리적으로 타당성 있고 합리적으로 말한다. 많이 읽고 토론을 잘 하는 사람은 글로도 잘 표현할 수 있다.

말을 논리적으로 깊이 있게 하는 사람은 그만큼 세상을 깊이 있게 보는 사람이다. 그러나 핵심이 무엇인지 파악하기 힘들 정도로 중언부언하며, 앞뒤가 맞지 않고, 주제에 벗어난 얘기를 장황하게 늘어놓는 사람도 있다. 순간적으로는 '말을 잘 하는구나'라고 착각을 하게 만들기도 한다. 그러나 좀 더 깊이 들어보면 핵심과 논리가 빠졌다는 것을 알 수 있다. 그가 말하는 모습에서 알 수 있듯이, 세상을 깊이 있게 보는 힘이 부족한 것이다. 세상을 통찰하는 힘을 기르기 위해서는 많이 읽어야 한다. 읽은 힘을 바탕으로 세상을 조망할 수 있다.

들은 것을 말로 표현하는 것은 대부분의 사람들이 하는 행동이다. 물론 거기에 자신의 프레임이 덧씌워져서 말의 내용이 가감되긴 한다. 그러나 쓴다는 것, 글로 정리한다는 것은 그리 만만한 작업은 아니다. 독서 토론이 끝나고, 서로의 이야기를 정리하고 싶지만 말은 순간 사라지기 때문에 잘 기억이 나지 않는다. 그래서 나는 항상 기록을 한다. 토론 내용을 간단히 기록했다가 글로 정리해 함께 볼 수 있도록 한다. 기록은 뇌의 활동에도 영향을 미친다. 뇌 과학자들은 읽을 때보다 쓸 때 3배 이상 뇌의 활동이 늘어난다고 한다.

상대방의 이야기를 제대로 들으면서 기록하기 위해서는 온 정신을 쏟아 부어야 한다. 그만큼 말하는 사람에게 집중하게 된다. 들으면서 순간순간 핵심 언어들을 기록한다. 그 기록을 바탕으로 문장을 만든다. 그러면서 조금씩 글을 정리하는 능력이 향상된 듯하다. 4년째 독서 토론을 함께하면서 기록한 것을 한데 묶었더니 1년에 공책 한 권 정도의 분량이 되었다. 지금은 4권째를 기록하고 있다. 이 기록이 쌓일수록 글로 정리하는 힘도 강해진다.

처음에는 내가 기록한 것임에도 정확한 내용이 생각나지 않아 당사자에게 물어 본 경우도 있었다. 내가 상대방의 말을 들을 때 몰입하지 않았기 때문인 것 같다. 토론을 하면서 기록을 하면 듣는 힘도 기르고, 글을 쓰는 힘도 기를 수 있다. 《읽기의 힘, 듣기의 힘》의 저자 중 한 사람인 다치바나도 "이야기를 들으면서 메모를 하고, 메모를 하면서 우선 내용을 요약해 두었다가, 마지막 정리를 하면서 요약하면 비로소 좋은 글을 쓸 수 있습니다."라고 말하고 있다.

　상대방이 이야기를 할 때 귀는 열어 두지만 시선은 다른 데를 보거나 다른 일을 하는 경우가 있다. 이것은 제대로 듣는 것이 아니며, 상대방의 기분을 상하게 만들 수도 있다. 막내아들 승관이가 학교에서 있었던 일을 나한테 신나게 이야기하고 있었다. 나는 일을 하면서 들었다. 순간 승관이가 "엄마! 하던 일을 모두 멈추고 나를 봐, 5분이면 돼!"라고 했다. 아들에게 미안한 마음이 들었다. 듣는다는 것은 귀로만 하는 것이 아니다. 눈으로도 들어야 하는 것이다. 엄마의 시선이 자신을 향하고 있지 않는 것을 봤을 때 제대로 듣지 않는다는 것을 느낀 것이다. 들을 때는 항상 시선을 말하는 사람에게 두면서 그 사람의 입 모양과 표정, 손동작, 눈동자의 움직임까지 들을 줄 알아야 한다. 집중하여 들으면서, 핵심 언어를 짧게 기록한다. 그러면 나중에 그것을 문장으로 표현할 때 부드럽게 문맥을 잘 이어서 쓸 수 있다.

　내가 기록의 습관을 가질 수 있었던 것은 자라 온 환경이 그리 풍족하지 않았기 때문인 것 같다. 우리 집은 형편이 넉넉지 못했기에 자습서 한 권 사 달라고 할 때마다 눈치가 보였다. 그래서 수업 시간에는 선생님의 말씀을 다 기록했다. 나중에 혼자 공부할 때 자습서가 없어도 많은 도움이 되었다. 학창 시절 그 습관이 지금도 계속된다. 독서 모임할 때도 항상 기록한다. 연수를 받을 때도 기록을 하고, 회의를 할 때도 기록을 한다. 기록하기 위해선 집중하게 되고, 잘 듣게 된다. 딴 생각을 할 여지가 없다. 독서 모임을 하면서 듣는 능력, 말하는 능력, 글로 정리하는 능력이 자연스럽게 길러졌다.

## 책 쓰기가 최고의 공부법

공부의 첫 단계가 책 읽기라면 공부의 마지막 단계는 글쓰기이다. 쓴다는 것은 자신의 내면을 바라보고, 성찰하는 것이다. 자기의 세계 깊은 곳까지 들어가 자신을 모두 드러낼 때 다른 사람들이 공감할 수 있는 글이 나온다. 그러나 사람들은 쓰기에 대한 두려움이 있다. 예전에는 내 생각을 단 한 줄 쓰는 것도 힘들었다. 고민하고, 생각하고, 이리저리 머리를 굴리다 결국 인터넷을 검색해서 복사해서 붙여 넣었다. 쓰는 것 자체가 힘들었다. 그러나 지금은 쓰기에 대한 두려움이 사라졌다. 어떤 한 주제를 가지고 내 생각을 막 써 내려가다 보면 원고지 대여섯 장 정도의 분량은 금방 쓸 수 있다.

글을 쓸 때 처음에는 잘 쓰려고 노력했다. 문장이 매끄러운지, 맞춤법은 틀리지 않았는지 신경 쓰이는 것이 한두 가지가 아니었다. 한 문장 쓰고 다시 읽어 보고, 고치고, 또다시 쓰고를 반복한 적이 있다. 하지만 그럴 경우 생각의 맥락이 끊겨 글을 매끄럽게 쓸 수 없게 된다. 먼저 글을 쓸 때는 다른 생각은 하지 말고 오로지 주제에 몰입하여 그냥 막 써 내려가는 것이 중요하다. 다 쓴 다음 문법을 고치거나 문맥을 바로잡으면 된다. 나탈리 골드버그는 《뼛속까지 내려가서 써라》에서 마음 가는 대로 그냥 쉼 없이 써 내려갈 것을 강조하고, 거기에 에너지가 있음을 말하였다.

> 손을 계속 움직이라. 편집하려 들지 말라, 철자법에 얽매이지 말라, 마음을 통제하지 말라, 생각하려 들지 말라. 더 깊은 핏줄로 자꾸 파고들라. 두려움이나 벌거벗고 있다는 느낌이 들어도 무조건 더 깊이 뛰어들라. 거기에 에너지가 있다.[9]

글은 쓰면 쓸수록 자란다. 글을 써야 남는다. 일단 써 놓은 것은 내 것이 된다. 내가 독서록을 쓸 때 항상 마지막 부분에는 그 책의 내용을 바탕으로 생각을 써 놓았다. 이 글쓰기가 지금 책을 쓸 수 있는 힘이 되었다. 몇 년 전에 써 놓은 글을 읽다보면 내가 이런 생각을 써 놓았는지, 까마득히 잊고 있었던 글도 많다.

독서록을 쓸 때, 처음에는 공책에 손 글씨로 썼지만 2014년부터는 워드로 작업을 한다. 물론 감각을 자극하고, 뇌를 자극하는 데 손 글씨 만한 것은 없다. 그러나 워딩 작업을 해 놓으면 나중에 활용하기에 무척 용이해진다. 강의 원고를 쓸 때도 내가 써 놓은 글이니 마음 놓고 복사해서 붙여도 되고, 이렇게 책을 쓸 때 인용하기도 편하다. 마음에 와 닿은 글귀를 쓸 때, 앞에 쪽수를 기록해 두면 나중에 책을 다시 찾아볼 때도 한결 수월하다.

쓴다는 것은 뇌를 자극하는 것이다. 그냥 읽기만 하는 것과, 그

---

9. 나탈리 골드버그, 《뼛속까지 내려가서 써라》, 권진욱 옮김, 한문화, 2013, 25쪽

것을 기록하는 것의 차이는 걸음마를 하는 아이와 전력 질주하는 달리기 선수와의 차이와 같다. 이 단편적인 기록들을 한데 묶으면 한 권의 책이 된다. 책 쓰기는 한 사람이 살아온 인생을 총망라하는 것과 같다. 말은 그 순간 공중으로 사라지지만 글은 그대로 존재하게 된다. 그 글을 통해 책임감이 자라고, 상상력이 자란다. 글쓰기는 자기를 찾아가는 여행이다.

차분히 자신의 삶과 연결 짓고 되돌아보는 사색의 시간을 가질 수 있다. 앞으로 남은 수십 년의 삶은 긴 여정처럼 느껴지지만 되돌아서서 지나온 수십 년의 삶을 바라보니 엊그제 일어난 것처럼 생생하게 떠오른다. 책을 쓸 때 자신을 담아 보자. 자신을 진솔하게 담아 낸 글은 지남철처럼 타인의 마음을 잡아당긴다. 온 마음을 쏟은 글은 힘이 있다. 그 에너지가 독자에게도 느껴진다. 많이 읽으면 자연스럽게 쓰게 된다. 주전자에 물을 계속 부으면 차고 넘치듯이 계속 읽다 보면 차고 넘쳐서 글로 흘러나온다. 그렇게 저절로 흘러나오는 글이 자연스럽고 깊이가 있다.

책 읽기가 책 쓰기보다 먼저다. 읽지 않고, 책을 쓰려는 것은 마치 옛날 중국 송나라의 송씨라는 사람처럼 모를 심어 놓고 얼른 자라기를 바라는 마음에서 그것을 쑥 뽑아 놓는 것과 같다. 그러면 그 모는 벼로 자라서 나락을 얻을 수 있는 것이 아니라 그냥 죽고 만다.

중국 송(宋)나라에 농부가 있었다. 모내기를 한 이후 벼가 어느 정도 자랐는지 궁금해서 논에 가보니 다른 사람의 벼보다 덜 자란 것 같았다. 농부는 궁리 끝에 벼의 순을 잡아 빼보니 약간 더 자란 것 같았다. 집에 돌아와 식구들에게 '오늘은 참 힘들었다. 내가 벼가 자라는 것을 도와주었다'고 했다. 이튿날 아들이 논에 가보니 벼는 이미 하얗게 말라 죽어버린 것이다. 농부는 벼의 순을 뽑으면 더 빨리 자랄 것이라고 생각해 그런 어처구니없는 일을 하였다.[10]

글을 쓰면서 내면을 바라볼 수 있고, 내면에 쌓여 있던 것을 풀어 내게 된다. 내면의 세계를 글로 표현한 아이는 그만큼 편안한 마음으로 잘 배울 수 있다. 쓰기를 할 때는 아무런 제약이나 규칙을 가하지 않으며, 잘 쓰려고 노력하지 않아도 된다. 어떤 주제를 가지고 글을 쓸 때 떠오르는 단어들을 막 써 내려간 후에 그 단어들을 조합하여 문장을 만드는 방법도 있다. 또는 좋은 문장을 가져와서 모방하여 자신의 표현으로 바꿔 가면서 연습한 후 최종적으로 자신만의 글을 창조해 내는 방법도 있다. 잘 쓰기 위해 신경을 쓰는 순간 문장의 흐름은 불편해지기 시작한다. 순간순간 생각나는 단어들과 문장을 강물 흘러가듯 쓰도록 해 보자. 글쓰기를 하다 보면 자기 내면 깊숙한 곳까지 들어가서 성찰하게 된다. 이것이야말로 인생을 배우는 최고의 공부법이 되는 것이다. 켄 베인은 《최고의 공부》에서 쓰기 연습을 한 학생이 훨씬 더 잘 배우고, 성적이 좋았다고 이야기하고 있다.

---

10. 맹자, 《맹자》〈공손추(상)〉, 박경환 옮김, 홍익출판사, 2011

한 학기에 두 번 15분 동안 자신의 가치관에 대해 쓰는 훈련을  한 콜로라도 대학교의 물리학도들은 그렇지 않은 학생들보다 더 높은 성적을 얻었다. 일본의 연구자들은 인생에서 겪은 깊은 상처에 대해 쓰는 과제를 한 학부생들의 작업 기억(정보들을 일시적으로 저장하고, 각종 인지적 과정을 수행하는 작업장) 용량이 증가한다는 사실을 발견했다.[11]

　책을 쓴다는 것은 전문가만 하는 것은 아니다. 누구나 다 많은 책을 읽고 날마다 조금씩 쓰다 보면, 그 힘을 바탕으로 책을 쓸 수 있다. 《김병완의 책 쓰기 혁명》에서 저자는 "전문가가 책을 쓰는 것이 아니다. 책을 쓰면 전문가가 되는 것이다. 성공한 사람이 책을 쓰는 것이 아니다. 책을 쓰면 성공한 사람이 되는 것이다. 똑똑한 사람이 책을 쓰는 것이 아니다. 책을 쓰면 똑똑한 사람이 되는 것이다."라는 말로 책 쓰기를 권장하고 있다.

　이 글에서 나는 힘을 얻었다. 책을 쓰고 싶은 생각은 있었으나 나중에 좀 더 성장하고, 퇴직을 하고 여유 있을 때 작업을 시작하자고 생각했다. 그러나 이 책을 읽으면서, 쓰기는 더 잘 배우고, 더 많이 성장할 수 있도록 도와준다는 것을 깨달았다. 쓰기를 못하면 변화, 발전하기가 어렵다. 쓴다는 것은 자신을 표현한다는 것이다. 이 시대에는 자신을 표현할 수 있는 힘이 중요하다. 다양하고 복잡한 시대에 자신만이 가지고 있는 특별한 역량을 글로

11. 켄 베인, 《최고의 공부》, 이영아 옮김, 와이즈베리, 2013, 312쪽

표현할 때, 세상 사람과 소통할 수 있다. 아무리 전문적인 역량이 있어도 그것을 글로 써 내지 못한다면 세상과 소통할 수 있는 범위는 극히 제한적이다. 책은 저자가 없어도 스스로 세상을 돌아다니면서 독자와 소통할 수 있다.

## 수동적인 독서와 능동적인 독서

칭찬을 받거나 상을 받기 위한 독서가 아니라 오로지 즐거움에 빠져 책을 읽는 것이 능동적인 독서의 시작이다. 남의 시선을 생각해서 억지로 읽으면서 깨달음을 얻을 수는 없다. 책을 읽을 때 가장 기본은 내용을 이해하면서 읽는 것이다. 작가가 주장하고자 하는 것은 무엇인지, 줄거리는 무엇인지 파악하면서 읽어야 한다. 작가의 주장을 이해하는 것을 넘어 왜 그런 주장을 했는지, 나라면 어떻게 할 것인지와 같은 것에 대해 물어 보면서 읽으면 도움이 된다. 그러면 저절로 생각하게 되고, 분석하게 되어 비판력과 창의력이 길러진다.

어린아이들은 본능적으로 책을 좋아한다. 그림을 좋아하고 이야기를 좋아한다. 어렸을 때 아이들은 책을 읽어 달라고 조른다. 읽어 준 책도 반복해서 읽어 달라고 한다. 그런데 어느 순간부터 아이들은 책과 멀어진다. 그것은 이 시대의 부모들이 책을 통해 즐거움을 느낄 수 있는 여지를 빼앗고, 억지로 독서 논술을 가르치기 때문이다. 책은 지적 희열을 느끼는 대상이 아니라 숙제의 대상이 되며, 읽지 않으면 꾸지람을 듣게 되는 존재로 전락하게 되었다. 이런 수동적인 독서는 책에 대해 거부감만 키운다. 중학생이 되면 독서가 온갖 수행평가를 위한 수단으로 여겨진다. 수행평가 영역에 독서가 차지하는 부분이 꽤 있다. 물론 억지로 읽다가 흥미를 느껴서 계속 읽는 경우도 있지만, 대부분 평가를 위한 독서는 간단히 내용만 파악하고, 억지로 느낀 점 한 줄을 적는 정도의 수동적인 독서가 되고 있다.

수동적인 독서는 사람을 성장시키는 힘보다는 좌절시키는 힘이 더 크다. 억지로 읽으면 읽을수록 성장하는 것이 아니라 마음속 응어리가 생기고, 내용은 머리에 하나도 남아 있지 않게 된다. 또한 스스로 읽는다고 하더라도, 단순히 읽기만 하는 것도 수동적인 독서다.

어렸을 때 가졌던 책에 대한 즐거운 마음이 사라지지 않도록 아이들에게 책 읽기를 강요해서는 안 된다. 집에서 부모가 먼저 책 읽는 모습을 보여 주고, 책 읽는 환경을 만들어 주어야 한다. 책 읽는 환경을 만들어 주는 것 중에 최우선은 텔레비전을 없애는 것이다. 텔레비전을 없애면 어떤 일이 벌어질까?

우리 집 세 아이는 함께 소꿉놀이를 했다. 아이들은 거실, 베란다, 부엌으로 공간을 바꿔 가면서 놀았다. 놀다 놀다 지치니 결국엔 거실에 꽂혀 있던 책을 한 권씩 가져다 읽기 시작했다. 텔레비전을 없앴더니 아이들이 자연스럽게 책을 보기 시작한 것이다. 스스로 읽다 지치면 읽어 달라고 책을 가져온다. 한 권씩만 가져오는 것이 아니라 두 권, 세 권씩 뽑아 들고 온다. 처음 텔레비전을 없앴을 때 큰아이가 아홉 살, 둘째 아이가 일곱 살, 막내가 여섯 살이었다. 그런데 신기하게도 연령별로 꼭 자기 수준에 맞는 책을 가져오는 것이었다. 그렇게 서너 권을 연달아 읽다 보면 목이 아파 온다. 그래도 가져온 책은 다 읽어 주었다. 텔레비전을 없애니 아이들은 책을 보고, 나도 책을 볼 수 있는 시간이 늘어났다.

사람들은 습관적으로 거실에 앉으면 텔레비전을 켠다. 밥 먹을 때도 텔레비전은 켜져 있는 상태다. 그렇다고 텔레비전이 인간의 고독을 치료해 주지는 않는다. 텔레비전을 보는 순간은 외로움이 사라진 것처럼 느낄 수 있다. 이것은 잠깐 동안 외로움을 감추는 것이다. 텔레비전을 치우면 나 자신과 만나는 시간이 늘어난다. 조용히 침묵하면서 내면과 만날 기회가 늘어난다. 오롯이 자신과 함께하는 시간을 가질 때 영혼이 풍요로워진다.

자신의 내면과 만날 때 능동적인 독서의 시작은 가능하다. 능동적인 독서를 하는 사람들은 여러 가지 특징을 가지고 있다.

첫째, 책을 읽기 전에 많은 의문점을 갖는다. 무슨 내용일까? 나에게 도움이 되는 내용이 있을까? 내 삶과 어떻게 연결될 수 있을까? 다양한 의문이 뇌를 자극하고 탐구심을 향상시킨다.

둘째, 책의 제목과 목차를 보면서 여러 가지를 상상한다. 목차만 보고 내용을 기록해 보기도 하고, 결과를 예측해 보기도 한다. 해결책을 생각해 보며 마음껏 상상의 날갯짓을 하는 것이다.

셋째, 본문을 읽으면서 생각이 떠오를 때마다 책의 여백에 기록을 한다. 주인공의 행동을 도덕적 가치와 견주어 판단해 보기도 한다. 아름다운 시와 만날 때 느낌을 기록하기도 한다.

넷째, 지금 읽는 책과 과거에 읽은 책을 비교하며 읽는다. 저자의 생각은 같은 것인가, 다른 것인가? 내 마음에 더 와 닿는 책은 어느 것인가? 특히 역사 서적인 경우 저자는 어떤 관점으로 사실을 기술했는가? 그 관점이 논리적인 타당성은 있는가? 다양한 비교와 사색 속에서 논리성은 향상된다.

다섯째, 책을 읽을 때 가장 능동적인 것은 바로 누군가에게 가르쳐 줄 것이라는 생각으로 읽는 것이다. 그냥 읽을 때와 남에게 가르쳐 줘야 한다고 생각할 때, 읽는 수준이 다르고 집중의 깊이도 다르다. 이해의 정도, 암기의 정도가 더 높아지는 것이다. 누군가를 가르칠 것을 상상하면서 읽은 집단이 이해의 정도가 더 높았다는 실험 결과도 있다.

> 이제는 고전이 된 한 실험에서, 존 바그는 한 그룹의 학생들에게 낱말들을 주면서 스스로 공부하게 했다. 다른 아이들에게는 다른 사람에게 가르칠 준비를 하라고 일렀다. 두 번째 그룹은 실제로 아무도 가르치지 않았지만, 훨씬 더 많은 단어들을 기억했다.[12]

지금 이 시대는 단순히 읽기만 하는 수동적인 독서를 넘어서

---

12. 켄 베인, 같은 책, 300쪽

능동적인 독서가 절실히 필요한 때다. 우리나라 국민들이 책 읽는 양이 미국, 일본에 비해 10퍼센트도 안 된다는 것도 안타깝지만, 그냥 읽기만 하는 것에서 그치는 경우가 많은 것은 더욱더 안타까운 일이다. 그냥 읽기만 하면 사람의 성장을 가져오는 데 한계가 있다. 항상 질문하고, 추론해 보고, 반응을 보이고, 요약도 해 보고, 느낌도 기록하고, 적용할 것을 찾아 삶과 연결할 때, 능동적인 독서가 되는 것이고, 변화와 성장으로 이어질 수 있다.

## 자연을 품은 산책 토론

천안 지역 중등 교사들이 모여 만든 수업 혁신 동아리인 '담쟁이' 모임을 시내 카페에서 했었다. 그러나 저녁 시간에 편안하게 모이기엔 장소가 여의치 않았다. 주차 문제도 항상 신경이 쓰였다. 그래서 학교별로 돌아가면서 모임을 하기로 하였다. 모임 장소가 없어서 곤란한 점을 알았는지 천안교육지원청에서 교사 동아리 및 교사 학습공동체 활동을 위해 1층 회의실을 밤 9시까지 대여해 준다는 공문을 띄웠다. 그 공문을 보면서 다음 학기부터는 교육지원청 회의실을 이용하면 주차 문제도 해결되고, 편안하게 모임을 할 수 있겠다는 생각을 했다. 요즈음은 교육지원청의 운영 방법도 많이 바뀌고 있다. 어떻게 하면 교사들의 불편을 해소하고 교사들이 성장할 수 있도록 지원할 수 있을까를 많이 고민하는 것 같다.

우리 학교 바로 옆에는 산책길이 있다. 아침시간과 점심시간에 동물 사랑 동아리 아이들이, 자신들이 기르는 강아지 '동동이'를 데리고 산책을 하기도 한다. 교사들은 바쁜 일과에 쫓기다가 점심시간 잠깐 시간을 내어 산책을 하기도 한다.

'담쟁이' 모임이 우리 학교에서 있던 날 조금 일찍 도착한 교사 몇 명과 함께 산책을 했다. 참새 소리에 마음이 설레고, 나뭇잎이 가만히 떠는 듯 흔들리는 모습은 경이롭기까지 했다. 산책길 초입 왼쪽에는 생태 동아리 아이들이 심어 놓은 페퍼민트, 골든레몬타임, 애플민트, 오데코롱민트가 향기로 사람의 시선을 끌고 있었다. 한련화, 사랑초, 메리골드는 저마다의 화려한 색깔을 뽐내며 뿌리를 내리고, 자리를 잡아 가고 있었다. 오른쪽엔 잔잔하게 피어오른 진보랏빛 제비꽃이 따뜻한 기운을 뿜고 있고, 그 옆에는 모든 잎을 바닥에 쫙 깔고, 오로지 노란 꽃대만 치켜 올린 민들레가 은은하게 존재를 알리고 있었다.

타지에서 들어온 것의 화려함에 절대 굴하지 않고, 그 자리를 지키며 존재 자체에서 빛을 발하는 제비꽃과 민들레에 더 눈길이 가고 마음이 머무는 것은 당연한 일이리라. 사람들이 오가는 길에 피어 자주 밟혔음에도 꿋꿋이 상처를 견디며 꽃을 피운 민들레가 보였다. 호미를 가져다 민들레 주변을 넓고 깊게 판 후 사람의 발걸음이 닿지 않는 곳으로 살짝 옮겨 주었다. 그 동안 사람들이 오갈 때 밟힐까 봐 파르르 떨었으리라. 이제는 더 이상 두려움에 떨지 않고 노란 꽃대를 올리기를.

좀 더 올라가면 아직도 노란 기운을 머금고 있는 개나리와 만날 수 있다. 좀 더 풍성한 개나리를 맞이하기 위해 꺾꽂이를 해 둔 것이 어느새 뿌리를 내렸는지 여린 연둣빛으로 새 잎을 뿜어 내고 있었다. 숲 속으로 더 들어가면 소나무와 벗나무가 어우러져 자라는 공간이 나온다. 그곳에서 느끼는 기운은 '평화로움'이다. 난 그 공간이 좋다. 지금은 네 개의 타원형 계단으로 길게 그 형태를 잡아 놓았고, 그리스의 아고라처럼 야외 교실을 만들 예정이다. 아이들과 함께 여기에 와서 명상도 하고, 책도 읽으리라.

　푸른 솔잎 사이로 보이는 하늘빛은 경쾌하고, 하얀 벗꽃 사이로 보이는 하늘빛은 따사롭다. 그런데 이곳의 벗나무는 소나무의 키만큼 위로 쭉쭉 뻗어 있었다. 햇살을 향한 경쟁에서 벗나무 본래의 성질은 줄어들고, 대나무처럼 위로 뻗을 수밖에 없었나 보다. 볕이 충분한 곳에 있는 벗나무는 여유롭게 사방으로 가지를 뻗으며 풍성하게 자란다. 소나무와 경쟁하면서 자란 벗나무는 자신의 본질을 망각하고 소나무를 따라 계속 하늘을 향해 올라가고 있었다.

　우리 학생들도 경쟁을 시키면 이와 같은 현상들이 발생한다. 남과 비교하여 우위를 점령해야 한다는 마음에 오로지 공부에만 매달리다 보면 자신이 진정 원하는 것은 무엇인지, 하고 싶은 것은 무엇인지 파악할 수 없게 된다. 모든 아이가 오로지 한 방향으로 달리다 보면 그 결과는 어떻게 될 것인가? 마치 레밍의 쥐처럼 모두 절벽으로 떨어질지도 모른다.

아이들이 갖고 있는 재능은 아이들의 수만큼 다양하다. 그런데 아이들의 역량을 재기 위해 한 줄로 세우고 경쟁을 시키다 보면 본래 가지고 있던 재능은 인정받지 못해 사그라지고 만다. 물고기에게 잘 날 수 있도록 경쟁을 시키고, 토끼에게 수영을 잘 할 수 있도록 경쟁을 시킨다면 그 결과는 어떻게 되겠는가?

산책을 하면서 많은 사색과 깨달음을 얻었다. 산책을 한 후 나누는 독서 토론은 모든 것을 품을 수 있는 자연의 너그러운 기운을 받았기에 좀 더 자연스럽고, 좀 더 편안하게 진행되었다.

더불어 **읽기**

삶과 교육을 바꾸는
맘에드림 출판사 교육 도서

### 혁신학교란 무엇인가

김성천 지음 / 값 15,000원

교육 공동체가 만들어내는 우리 시대 혁신학교 들여다보기. 혁
신학교 전반에 관한 이야기를 다루고 있는 책으로, 공교육 안에
서 혁신학교가 생기게 된 역사에서부터 혁신학교의 핵심 가치,
이론적 토대, 원리와 원칙, 성공적인 혁신학교의 모습을 보이고
있는 단위 학교의 모습까지 담아냈다.

### 학부모가 알아야 할 혁신학교의 모든 것

김성천, 오재길 지음 / 값 15,000원

학부모들을 위한 혁신학교 지침서!
'혁신학교에서는 무엇을, 어떻게 가르치고 있는지, 교사 · 학
생 · 학부모는 어떻게 만나서 대화하고 관계를 맺어가는지, 어
떤 교육 목표를 지향하고 있는지 등 이 책은 대한민국 학부모
들의 궁금증에 친절하게 답을 한다.

### 덕양중학교 혁신학교 도전기

김삼진 외 지음 / 값 14,500원

이 책의 1부는 지난 4년 동안 덕양중학교가 시도한 혁신과 도
전, 성장을 사실과 경험에 기반한 스토리텔링 방식의 성장기로
전개하고 있다. 그리고 2부는 지역사회와 협력하여 펼치고 있는
교육 프로그램, 배움의 공동체 수업 등을 현장 사례 중심의 교육
적 에세이 형태로 담고 있다.

### 학교 바꾸기 그 후 12년

권새봄 외 지음 / 값 14,500원

MBC PD 수첩에 방영되어 화제가 되었던 남한산초등학교.
아이들이 모두 행복하고, 얼굴 표정이 밝은 아이들. 학교 가는 것
을 무엇보다 좋아하고, 방학을 싫어하는 아이들. 수업과 발표를
즐겼던 이 학교를 졸업한 아이들이 그 후 12년의 삶을 세상에 이
야기한다.

## 교사는 수업으로 성장한다

박현숙 지음 / 값 12,000원

그동안 교사는 수업에서 아이들을 만나지 못해왔다. 관계와 만남이 없는 성장의 결손을 낳았다. 그리하여 우리 아이들과 교사들은 모두 참 아프고 외로웠다. 이 책에서는 교사, 학생, 학부모, 지역사회가 공동체로서 서로 관계를 맺을 때에만 배움은 즐거운 활동으로서 모두가 성장하는 삶의 일부가 될 수 있음을 보여준다.

## 교사와 학부모가 함께 읽는 주제 통합 수업

김정안 외 지음 / 값 15,000원

'서울형 혁신학교'로 지정된 7개 혁신학교들이 지난 1~2년 동안 운영한 주제 중심 통합 교육 과정과 수업 사례를 소개한 책이다. 이 학교들의 교육과정은 전국적으로 이루어지는 혁신학교들의 성과를 반영하였고, 자신의 지역사회의 실제 환경과 경험을 살려 실제 수업에 적용한 것이다.

## 혁신교육 미래를 말한다

서용선 외 지음 / 값 14,000원

혁신교육은 2009년 이후 공교육 되살리기의 새로운 희망이 되어왔다. 이러한 정책을 입안하고 추진하는 데 기여해왔던 6명의 교사 출신 연구자들이 혁신교육 발전에 필요한 정책 과제들을 모아 하나의 책으로 제시한다. 이 책은 교육철학, 교육과정, 교육행정과 학교 운영(거버넌스) 등에서 주요 이슈들을 정리하고 혁신교육의 성과와 과제가 무엇인가를 보여준다.

## 수업을 살리는 교육과정

서우철 외 지음 / 값 16,500원

최근 교육과정을 재구성하는 논의가 활발한 가운데, 이 책에서는 개별 교과목과 교과서의 형식에 얽매이지 않고 아이들의 발달을 고려하여 주제를 중심으로 교육과정을 재구성하여 통합적으로 운영하는 방법과 구체적인 실천 사례를 설명하고 있다. 이러한 과정은 같은 학년을 맡고 있는 교사들의 토론과 협력을 통해서 이루어진 것임을 이야기한다.

### 수업 딜레마

이규철 지음 / 값 14,000원

이 책을 관통하는 키워드는 '사람'이다. 저자의 노하우를
전수하는 것이 아니라, 수업 속에서 딜레마에 맞닥뜨려 고통
받고 있는 선생님들의 고민을 담고, 신념을 담고, 그것을
이겨내기 위한 한 분 한 분의 마음을 담고 있다. 이런 고민
속에 이 책을 집어 든 나를 귀하게 여기며 다시 한 번 교사로 잘
살아보고 싶은 도전을 하게 한다.

### 좋은 엄마가 스마트폰을 이긴다

깨끗한미디어를위한교사운동 지음 / 값 13,500원

스마트폰에 대한 아이들의 집착은 대단하다. 스마트폰은
'재미있고 편리하다.' 그러나 스마트폰 때문에 아이들은
시간을 빼앗기고, 건강이 나빠지고, 대화가 사라지며, 공부와
휴식, 수면마저 방해를 받는다. 이 책은 이러한 사례들을
생생하게 소개하고 부모들에게 아이들의 스마트폰 사용에
어떻게 대응해야 하는지 대안을 제시한다.

### 엄선생의 학급운영 레시피

엄은남 지음 / 값 14,000원

34년 경력의 현직 교사가 쓴 생동감 넘치는 학급운영 지침서.
초등학교에서 아이들은 문자와 숫자를 익히는 것보다 학교와
교실에서 낯설고 모험적인 사건을 겪으면서 더 많은 것을
배운다. 이 책은 초등학교에서 교과서 지식보다 더 중요한
역할을 하는 학교생활과 학급문화를 만드는 데 담임교사의
역할을 다룬다. 교사와 아이들이 서로 존중하고 신뢰하는
관계를 어떻게 만들어야 하는지 구체적인 경험과 사례로
설명해준다.

### 진짜 공부

김지수 외 지음 / 값 15,000원

혁신학교가 추구하는 '진짜 공부'와 '진짜 스펙'이 무엇인지
보여주는, 졸업생들의 생동감 넘치는 경험담. 12명의
졸업생들은 학교에서 탐방, 글쓰기, 독서, 발표, 토론, 연구,
동아리, 학생회 활동을 통해 자신들이 생각하지도 못한 진짜
공부를 경험했음을 보여준다. 이 책을 통해 수능시험이 아니라
정말로 청소년 스스로 하고 싶을 즐기면서 성장하는 것이 우리
사회에 필요한 것임을 새삼 느낄 수 있다.

### 수업 디자인

남경운, 서동석, 이경은 지음 / 값 15,000원

서울형 혁신학교의 대표적인 수업 혁신을 담은 이야기. 아이들이 서로 협력하면서 배우는 수업을 목표로 삼은 저자들은 범교과 수업모임을 통한 공동 수업설계를 대안으로 제시한다. 아이들은 교사의 설명을 통해 배우는 것이 아니라 서로 '옥신각신'하며 함께 문제에 도전할 때 수업에 몰입하고 배우게 된다. 이 책은 이러한 수업을 위해서 교사들이 교과를 넘어 어떻게 협력하고 수업을 연구해야 하는지 잘 보여준다.

### 아이들이 가진 생각의 힘

데보라 마이어 지음 / 정훈 옮김 / 값 15,000원

미국 공교육 개혁의 전설적 인물 데보라 마이어가 전하는 교육 개혁에 대한 경이롭고도 신선한 제언. 이 책은 학교 혁신의 생생한 기록을 통해 우리가 학교에서 무엇을 왜 가르치고 배워야 하는지에 대한 근원적인 성찰을 담고 있다. 아이들이 지성적으로 생각하는 마음의 습관을 배우는 것이 얼마나 중요하고 그것을 위해 학교가 무엇을 해야 하는지를 일깨워준다.

### 어! 교육과정? 아하! 교육과정 재구성!

박현숙 · 이경숙 지음 / 값 16,500원

교육과정 재구성을 고민하는 교사를 위한 현장 지침서. 이 책은 저자들이 학교 현장에서 교육과정 재구성이라는 화두를 고민하고, 실행한 사례들이 담겨져 있다. 책의 내용은 주제 통합 수업, 교과 통합 수업, 범교과 주제 학습, 교과 체험 학습, 프로젝트 수업 등 학교 현장에서 적용해 큰 성과를 본 것들을 세밀하게 소개하면서 교육과정 재구성 작업의 노하우를 펼쳐 보인다.

### 행복한 나는 혁신학교 학부모입니다

서울형혁신학교학부모네트워크 지음 / 값 16,000원

이 책은 학부모가 자신의 눈높이에서 일러주는 아이들의 혁신학교 적응기일 뿐 아니라, 학부모 역시 학교를 통해 자신의 삶을 고양시켜가는 부모 성장기라는 점에서 대한민국의 모든 학부모에게 건네는 희망 보고서이기도 하다. 혁신학교가 궁금한 학부모들이 이 책을 통해 혁신학교 학부모로서의 체험을 미리 하는 데 부족함이 없을 것이다.

## 일반고 리모델링 혁신고가 정답이다

김인호, 오안근 지음 / 값 15,000원

교육 환경이 열악한 지역에 있던, 서울의 한 일반계 고등학교가 혁신학교로서 4년간 도전과 변화를 겪으면서 쌓은 진로, 진학의 비결을 우리 사회 모든 학생, 학부모, 교사, 시민 등에게 낱낱이 소개해주는 책. 이 책은 무엇보다 '혁신학교는 대학 입시에 도움이 안 된다.'는 세간의 편견을 말끔히 떨어 없앤다. 이 책에서 저자들은 '결과' 중심 교육과정을 '과정' 중심으로 바꾸고, 교내 대회와 동아리 활동, 봉사 활동을 장려함으로써 대학 진학이란 놀라운 결과가 어떻게 이루어질 수 있었는지 보여주고 있다.

## 우리가 신뢰하는 학교, 어떻게 만들 것인가?

데보라 마이어 지음 / 서용선 옮김 / 값 15,000원

이 책의 저자인 데보라 마이어는 보수와 진보를 막론하고 미국 공교육 개혁 분야에서 가장 신뢰받는 실천가이자 이론가로 평가받는다. 학교 안에서 '신뢰의 붕괴'를 오늘날 공교육이 직면한 가장 큰 도전으로 인식한다. 이 책의 원제 'In Schools We Trust'에서 나타나듯, 저자는 신뢰할 수 있는 공교육의 조건이 무엇인지 자신의 경험 속에서 제안하고, 탐색하고, 성찰한다.

## 교사, 어떻게 살아야 하는가

김성천 외 지음 / 값 15,000원

오랫동안 교육 현장에서 교육과 연구를 병행해온 저자 5인이 쓴 '신규 교사를 위한 이 시대의 교사론'. 이 책은 학교 구성원과의 관계 맺기부터 학교 현장에서 맞닥뜨리게 되는 여러 가지 문제들과 극복 방법, 교육 개혁에 어떻게 주체로 설 수 있는지, 어떤 과정을 통해 개인의 성장을 도모해야 하는지 등 신규 교사의 궁금점에 대해 두루 답하고 있다.

## 리셋, 교육과정 재구성

서울신은초등학교 교육과정 연구회 모임 지음 / 값 16,000원

서울형 혁신학교인 서울신은초등학교 교사들이 1학년부터 6학년까지 모든 학년의 교육과정을 재구성하고 실천한 경험을 모두 담았다. 이 책에 소개된 혁신학교 4년의 경험은 진정한 학습이란 몸과 마음을 통해 경험함으로써, 생각이나 감정을 다른 사람과 주고받음으로써, 과거 경험을 새로운 지식으로 다시 생각함으로써 실현된다는 점을 잘 보여주고 있다.

### 다섯 빛깔 교육이야기

이상님 지음 / 값 16,000원

충북 혁신학교(행복씨앗학교)인 청주 동화초등학교의 동화 작가 출신 선생님이 아이들과 함께 보낸 한해살이 이야기다. 이오덕 선생의 "아이들의 삶을 가꾸는 교육"을 고민하던 저자가 동화초 아이들을 만나면서 초등학생의 특성에 맞도록 활동 중심의 교육과정을 재구성하는 한편, 표현 위주의 교육을 위한 생활 글쓰기 교육을 실천하면서, 학교 교육을 아이들의 놀이와 생활, 삶과 연결시키고자 노력한 교단 일지를 바탕으로 구성되었다.

### 만들자, 학교협동조합

박주희 · 주수원 지음 / 값 14,500원

이 책은 학교협동조합이 무엇인지, 어떤 유형의 학교협동조합이 가능한지, 전국적으로 현재 학교협동조합의 추진 상황은 어떠한지 국내외 사례를 통해 소개하고 안내하는 한편, 학교협동조합을 운영하는 원리와 구체적인 교육방법을 상세하게 풀어놓고 있다. 저자들의 실천적 지침들을 따라가다 보면 학교협동조합은 더 이상 상상이 아니라 학교 구성원의 필요와 의지, 실천으로 극복할 수 있는 실현 가능한 미래라는 점을 알게 된다.

### 땀샘 최진수의 초등 수업 백과

최진수 지음 / 값 21,000원

초등학교에서 20여 년간 아이들을 가르쳐온 저자가 초등학교 수업에 대해서 기록하고 연구하고 실천하며 쌓아온 경험을 바탕으로 초등학생들과 수업을 함께하는 방법을 담고 있다. 아이들의 학습 동기, 아이들이 수업에 참여하는 방법, 칠판과 공책을 사용하는 방법, 모둠 활동, 교과별 수업, 조사와 발표 등 초등학교 교사가 아이들을 가르칠 때 알아야 할 가장 기본적이면서도 가장 중요한 모든 것을 다루고 있다.

### 혁신 교육 내비게이터 곽노현입니다

곽노현 편저 · 해제 / 값 17,000원

서울시 18대 교육감이자 첫 번째 진보 교육감으로서 혁신 교육을 펼쳤던 곽노현은, 우리 사회 전반을 아우르는 주요 교육 현안들을 이 책에서 포괄적으로 다루고 있다. 2014년 3월부터 1년간 방송된 교육 전문 팟캐스트 '나비 프로젝트' 인터뷰에 출연한 전문가들과 나눈 대화와 그에 대한 성찰적 후기를 담고 있다. 이 책은 그야말로 우리가 '지금 알아야 할 최소한의 교육 이야기'를 포괄하고 있다.

## 무엇이 학교 혁신을 지속가능하게 하는가

권성호, 김현철, 유병규, 정진헌, 정훈 지음 / 값 14,500원

독일 '괴팅겐 통합학교', 미국 '센트럴파크이스트 중등학교', 한국 혁신학교의 사례들을 통해 성공적인 학교 혁신의 공통점을 찾아내고 그것을 지속가능하도록 만들기 위해서 필요한 것은 무엇인지를 보여준다. 독자들은 이 책에서 괴팅겐 통합학교의 볼프강 교장이 말한 것처럼 "좋은 학교"를 만들기 위한 학교 혁신에 세계적으로 보편적이라고 할 만한 공통점을 찾을 수 있다.

## 교과를 꽃 피게하는 독서 수업

시흥 혁신교육지구 중등 독서교육 연구회 지음 / 값 16,500원

이 책은 지난 5년 동안 진행된 혁신교육지구 사업의 일환으로 학교에서 고군분투하며 독서교육을 이끌어왔던 독서지도사들이 실천 경험을 엮어낸 것으로 청소년기 학생들에게 장래 진로, 사랑, 우정, 삶의 지혜를 찾는 데 도움을 주는 독서교육을 잘 보여주고 있다. 특히 이 책에 소개된 국어, 수학, 과학, 사회, 도덕, 미술, 역사 등 다양한 교과와 연계한 협력수업은 독서교육의 새로운 전망을 보여주는 결실이다.

## 혁신학교의 거의 모든 것

김성천, 서용선, 홍섭근 지음 / 값 15,000원

저자들은 이 책에서 혁신학교에 대한 100가지 질문에 답하면서 혁신학교의 역사, 배경, 현황, 평가와 전망을 구체적인 증거를 통해 설명하고 있다. 이 책에 서술된 혁신학교에 관한 100문 100답을 통하여 우리 사회에 필요한 교육은 무엇인지, 교사와 학생들이 더 즐겁게 가르치고 배우면서 성장할 수 있는 교육을 위해 필요한 것이 무엇인지, 그것을 위해서 우리 사회 시민 각자가 자신의 위치에서 무엇을 하면 좋은가를 더 깊이 생각해볼 기회를 얻을 것이다.

## 교실 속 비주얼씽킹

김해동 / 값 14,500원

이 책은 비주얼씽킹 기본기부터 시작하여 교과별 수업, 생활교육, 학급운영 등에 비주얼씽킹을 응용하는 방법을 설명하고 있다. 특히 교사들이 초등학교 1학년부터 고등학교 3학년까지 국어, 수학, 영어, 과학, 사회 등 모든 교과 수업에 비주얼씽킹을 활용할 수 있도록 수업 지도안을 상세하면서도 간결하게 제시하고 있다. 또한 독자들이 책 내용에 대해 더욱 풍부한 이미지와 자료를 접할 수 있도록 저자의 블로그로 연결되는 QR코드를 담고 있다.

### 교육과정-수업-평가 어떻게 혁신할 것인가

이형빈 지음 / 값 15,500원

이 책은 교육과정 사회학자 번스타인(Basil Bernstein)이 제시한 '재맥락화(recontextualized)'의 관점에 따라 저자가 장기간에 걸쳐 일반 학교 한 곳과 혁신학교 두 곳의 수업을 현장에서 면밀하게 관찰하고 심층 인터뷰와 설문조사를 통한 연구를 바탕으로 무기력과 불평등을 재생산하는 교실을 민주적이고 평등한 구조로 바꾸기 위해 교육과정-수업-평가를 어떻게 혁신해야 하는지 제안하는 내용을 담고 있다.

### 혁신학교 효과

한희정 지음 / 값 15,000원

이 책에서 혁신학교 효과를 살펴보기 위해서 저자는 혁신학교가 OECD DeSeCo 프로젝트에 제시된 '핵심 역량'을 가르치고 있는지, 학생·학부모·교사가 서로 배우는 교육 공동체를 이루고 있는지, 학생의 발달을 위한 다양한 교육과정을 운영하고 있는지, 교사의 자율성과 전문성을 강화하고 있는지, 자치적이고 민주적인 학교문화를 가지고 있는지, 지역사회와 협력하고 있는지를 다른 일반 학교와 비교하여 설명한다.

### 교실 속 생태 환경 이야기

김광철 지음 / 값 15,000원

아이들이 자연과 친해지고 즐길 수 있도록 교육하는 것은 쉬운 일이 아니다. 특히 도시 지역에서는 더욱 어렵다. 그래서 이 책은 도시 지역 학교에서도 쉽게 실천에 옮길 수 있는 다양한 생태·환경교육을 폭넓게 다루고 있다. 이 책에서 저자는 계절에 따라 할 수 있는 20가지 환경교육 프로그램을 제시하고, 그 방법, 순서, 재료 등을 상세히 설명해준다

### 이제는 깊이 읽기

양효준 지음 / 값 15,000원

교과서에는 수많은 예화와 발췌문이 들어가 있다. 이런 자료들은 교육부가 교육과정에서 요구하는 기준에 맞춰 어떤 이야기, 소설, 수필, 논픽션 등에서 일부만 가져온 토막글이다. 아이들은 교과서에 수록된 작품이나 이야기 전체를 읽지 못한 상태에서 단편적인 지문만 읽고 이해를 해야 하기 때문에 책을 읽으면서 생각하고 공감할 수 있는 기회와 흥미를 찾을 수 없게 된다. 이 책은 이러한 문제를 개선하기 위해서 한 권이라도 책 전체를 꾸준히 읽어가는 방법인 '깊이 읽기'를 대안으로 소개하고 있다.

### 인성의 기초가 되는 초등 인문학 수업

정철희 지음 / 값 15,500원

이 책은 아이들의 올바른 인성 교육을 위한 새로운 방법으로서 인문학 수업을 제시하고 있다. 이 책에서 설명되고 있는 인문학 수업은 교사가 신화, 문학, 영화, 그림, 역사적 인물의 일대기 등에서 이야기를 찾아 아이들에게 제시하고, 아이들이 그 이야기에 나오는 여러 문제와 인물 등에 대해 자신의 감정을 스스로 공책에 기록하고 일상의 경험과 비교하고 토의와 토론을 통해 자신의 생각을 발전시키는 수업이다.

### 수업, 놀이로 날개를 달다

박현숙, 이응희 지음 / 값 13,500원

이 책은 교육계에서 최근 가장 중요한 과제로 삼고 있는, OECD의 여덟 가지 핵심 역량(DeSeCo)에 따라 여러 놀이들을 분류해서 설명하고 있다. "놀이에 내재된 긴장의 요소는 사람의 심성, 용기, 지구력, 총명함, 공정함 등을 시험하는 수단이 되므로" 그것은 학생들의 역량을 키우는 수단이 된다. 이 책의 저자들은 수업이 놀이를 만났을 때 어떻게 핵심 역량이 강화되는지 이야기하고 있다.

### 땀샘 최진수의 초등 글쓰기

최진수 지음 / 값 17,000원

글쓰기가 아이들에게 필요한 중요한 것이 되려면 먼저 솔직하게 써야 한다. 모르는 것은 '모른다', 잘못은 '잘못이다', 싫은 것은 '싫다', 좋은 것은 '좋다'고 솔직하게 드러낼 때 글쓰기는 아이가 성장하는 디딤돌이 될 수 있다. 그리고 이것은 가르치는 교사에게도 적용된다. 지도하는 사람과 지도받는 사람이 따로 있는 것이 아니라 함께 쓰고 함께 나누면서 서로 성장을 돕는 것이다.

### 성장과 발달을 돕는 초등 평가 혁신

김해경, 손유미, 신은희, 오정희,
이선애, 최혜영, 한희정, 홍순희 지음 / 값 15,500원

이 책은 교육적 대안을 마련하기 위해 혁신학교에서 지난 5~6년 동안 초등학생의 성장과 발달을 돕는 평가를 실천해온, 현장 교사 8명이 자신들의 지혜와 경험을 모아 놓은 최초의 결실을 담고 있다. 독자들은 이 책을 통해 평가는 시험이 아니며 교육과정과 수업의 연장으로서 아이들의 잠재력을 측정하고 적절한 조언을 제공한다는 원래의 목표를 되살리는 첫걸음을 찾을 수 있을 것이다.